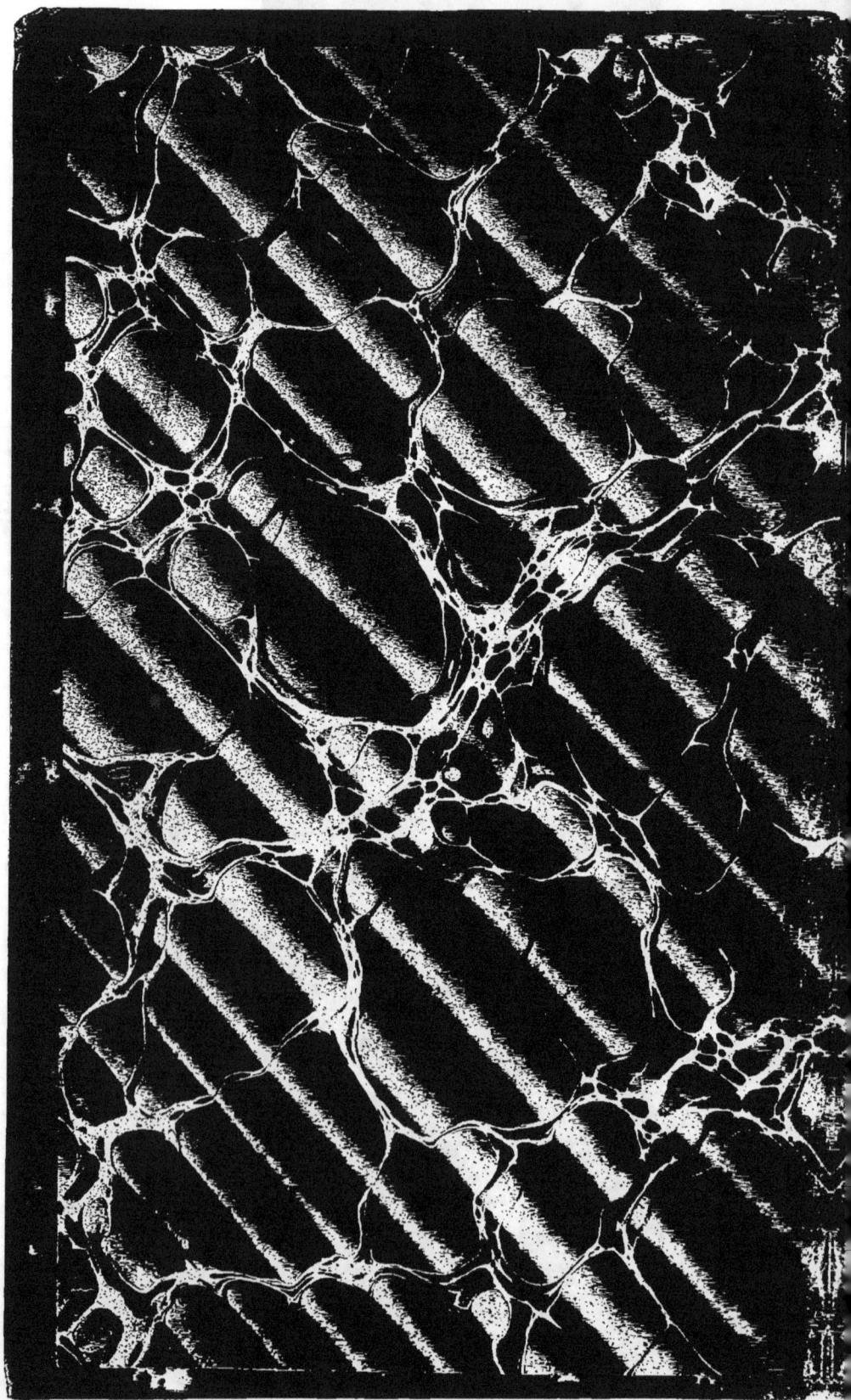

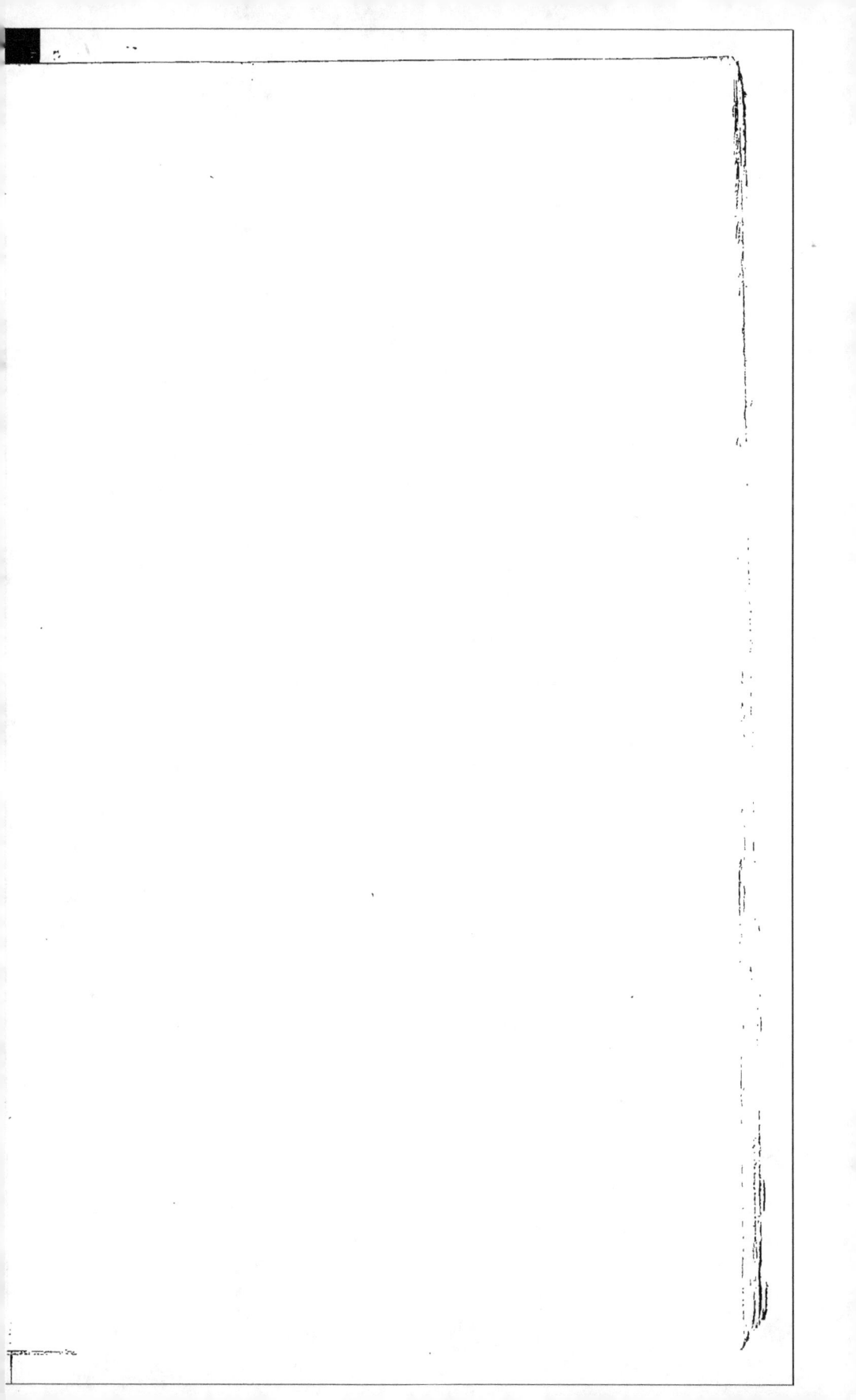

LETTRES A UNE DAME

SUR LA CHARITÉ.

———

OUVRAGES DU MÊME AUTEUR.

ESSAI SUR L'ÉTAT PHYSIQUE, moral et intellectuel des aveugles-nés, avec un nouveau plan pour l'amélioration de leur condition sociale ; 1837. Couronné par l'Académie française ; 1 vol. in-8. — Prix : 4 fr. 50 c.

TRAITÉ DE STATISTIQUE ou Théorie de l'étude des lois d'après lesquelles se développent les faits sociaux ; suivi d'un *Essai de statistique physique et morale de la population française* ; 1840. Couronné par l'Académie des sciences ; 1 vol. in-8. — Prix : 7 fr. 50 c.

Corbeil, imprimerie de Crété.

LETTRES A UNE DAME

SUR

LA CHARITÉ

PRÉSENTANT LE TABLEAU COMPLET

DES ŒUVRES, ASSOCIATIONS ET ÉTABLISSEMENTS

DESTINÉS AU SOULAGEMENT DES CLASSES PAUVRES

2e Édition revue et corrigée

PAR M. P.-A. DUFAU,

Directeur de l'Institut royal des aveugles de Paris.

Etsi habuero prophetiam et noverim
mysteria omnia, et omnem scientiam :
etsi habuero omnem fidem, ita ut
montes transferam, charitatem autem
non habuero, nihil sum.

(*Epist.* PAUL *ad Cor.*, I, cap. XIII.)

PARIS,

GUILLAUMIN ET Cie, LIBRAIRES,

Éditeurs du Journal des Économistes, de la Collection des principaux Économistes,
du Dictionnaire du commerce et des marchandises, etc.

RUE RICHELIEU, 14.

1847

A

LA MÉMOIRE

CHÉRIE ET VÉNÉRÉE

DE MON PÈRE.

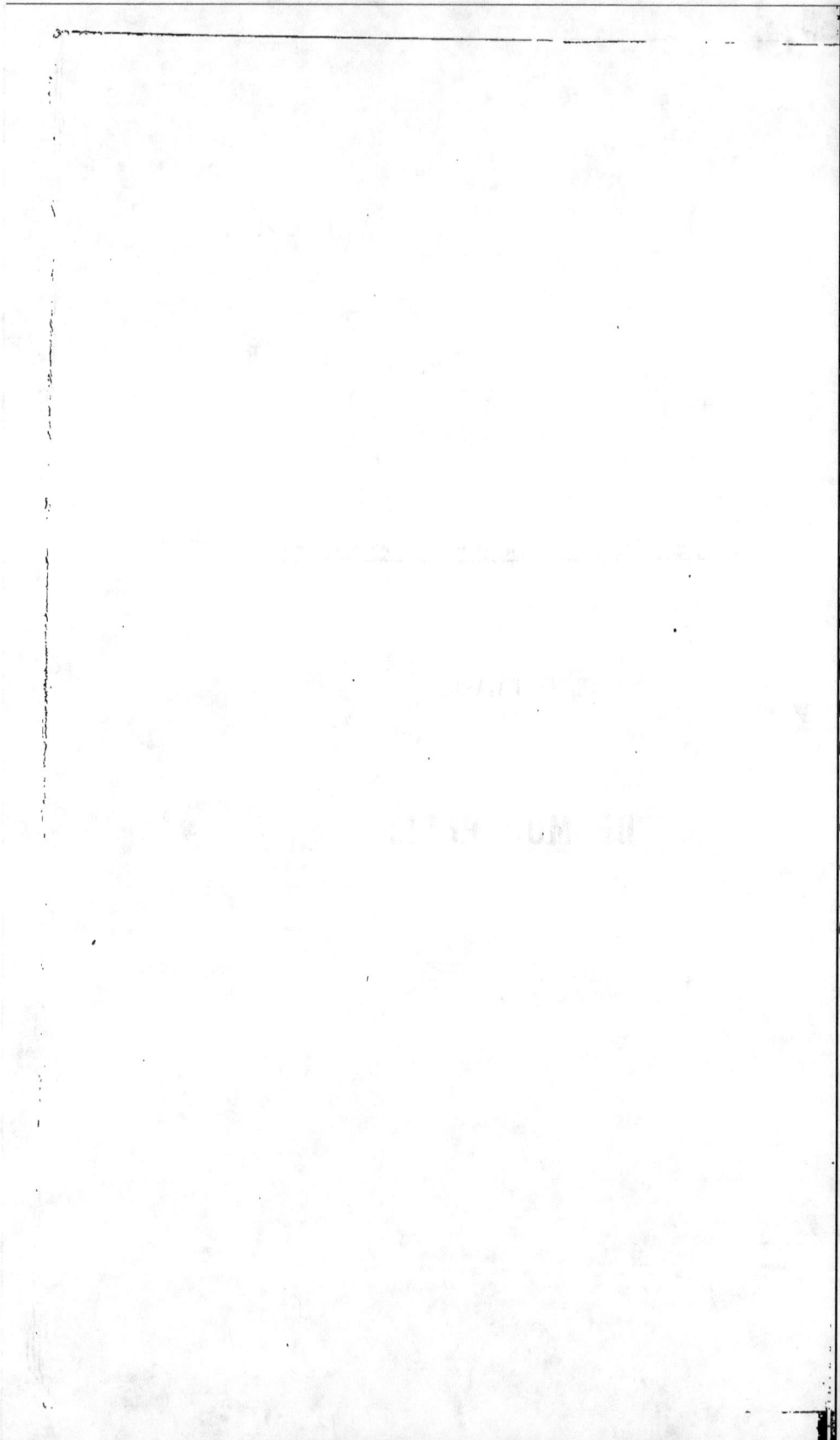

INTRODUCTION.

On ne peut guère contester que, tandis que depuis environ un demi-siècle les sciences et l'industrie ont considérablement accru la richesse des nations, il n'y a, dans le fait, qu'une certaine portion de la population laborieuse qui ait tiré un véritable avantage et obtenu un bien-être réel de cet immense développement de la fortune publique. Les effets s'en sont généralement arrêtés à la classe moyenne, à l'arrière-bourgeoisie. Celle-ci, il est vrai, a partout prospéré; elle a acquis des lumières et s'est procuré des jouissances : on sait ce qu'il lui faut et quels sont les moyens d'accorder de jour en jour davantage à la satisfaction de ses besoins moraux et matériels. L'instruction progressive, qui rend le travail plus intelligent et plus fécond, des débouchés multipliés pour ses produits, à l'exclusion de ceux qui pourraient lui faire concurrence sur le marché national, une participation de plus en plus étendue aux affaires du pays par l'élection, tels sont ses vœux, et nous les voyons graduellement s'accomplir dans tous les états

de l'Europe ; les barrières que devait lui opposer l'ancienne organisation féodale tombent une à une sous nos
yeux, et l'on peut dire avec fondement que le vieux
monde lui appartient.

Mais, derrière la classe moyenne, il y en a une autre
à laquelle cette prospérité n'est évidemment arrivée
que d'une manière très-indirecte et bien insuffisante.
La condition du travailleur est effectivement, à beaucoup d'égards, restée la même ; elle n'a changé qu'en
ce sens qu'il est plus facile d'en sortir et de parvenir,
grâce à notre législation civile, à la petite propriété, au
petit capital, qui placent l'individu dans une région
supérieure. Mais enfin celui qui, soit que l'intelligence
lui fasse défaut, soit qu'il ait à lutter contre des circonstances défavorables, est retenu toute sa vie dans les
chaînes du prolétariat, celui-là, dis-je, ne jouit pas, la
plupart du temps, d'une existence sensiblement meilleure que par le passé, tant sont affaiblis les rayons de
cet astre de la civilisation moderne, après avoir traversé
pour arriver jusqu'à lui le large milieu qu'ils rencontrent dans la classe moyenne. Osons le dire en effet,
car il y a bien plus de péril à le cacher : notre société,
dans ses mœurs et dans ses lois, ne semble qu'à un
très-faible degré combinée pour procurer sa part de
bonheur humain à cette portion de la communauté
qu'on appelle proprement le peuple ; il n'y a même
aucun accord dans les vues, dans les projets qui tendent vers ce résultat. De là aussi ces éléments de misère, de désordre, de crime qui se développent rapidement parmi les classes dont nous nous occupons,

dans les districts industriels surtout, et par suite le fardeau toujours croissant d'une masse d'individus dont
l'existence entre pour un montant de jour en jour plus
élevé dans les charges publiques.

Ces considérations, qui se rapportent, dans notre
pays notamment, à un état de choses très-réel, dont
ne se préoccupe pas assez sans doute le gouvernement,
me semblent devoir expliquer une apparente contradiction que présentent fréquemment de nos jours les
divers organes de la presse, et même les écrits d'économistes rangés du reste sous la même bannière. La
société actuelle est tour à tour peinte dans ces pages
sous les plus sombres ou les plus riantes couleurs. A
des tableaux de désespoir succèdent immédiatement
les plus rassurantes images ; la civilisation est inconti-
nent un fleuve dont les eaux, s'épandant majestueuse-
ment, fécondent et enrichissent le sol, et un torrent
qui mugit et déborde, menaçant la contrée d'une inévitable dévastation. Eh, mon Dieu ! tout cela est exact
dans une certaine mesure, et il ne s'agit que de s'entendre. Ces appréciations si divergentes de notre état
social s'appliquent à des portions distinctes de la population. On voit du bon côté cet état social quand on
s'attache à la classe moyenne pour laquelle se développent chaque jour les bienfaits de la grande réforme
de la fin du dix-huitième siècle; on l'envisage sous son
mauvais aspect, si l'on considère spécialement le sort
des classes ouvrières, lequel n'a été généralement
amélioré que dans une faible proportion et a peut-être
même empiré à quelques égards en certaines localités.

A.

Il est assurément impossible que le spectacle des misères qui accablent, au sein des splendeurs de la civilisation moderne, un si grand nombre de nos concitoyens, n'émeuve pas profondément tout homme animé du sentiment du bien, et j'ajouterai doué de quelque prévoyance politique. La Providence veut en effet qu'une des branches du corps social ne puisse longtemps souffrir seule ; il est menacé tout entier quand elle languit et se dessèche. Il y a là par bonheur une solidarité à laquelle personne ne peut échapper. Nous en avons chaque jour sous les yeux de frappants témoignages ; ce principe morbide, qui dans nos grandes cités se prend aux sources mêmes de la vie et amène la dégénération de l'espèce, ne reste pas enclos dans la chambre sale et fétide du pauvre, où se développent ses premiers germes ; il pénètre peu à peu sous l'alcôve du riche et fait fréquemment de l'héritier d'un beau nom, d'une grande fortune, un être rachitique et débile. L'épidémie du quartier insalubre, des rues fangeuses, des demeures où manquent en même temps le pain et le soleil, vient tout à coup frapper parfois à la porte de l'hôtel où ont été épuisés tous les moyens de rendre l'habitation saine et agréable. Pour tout dire, le contentement des petits a toujours fait la sécurité des grands. Lorsque ici-bas le partage des biens et des maux devient par trop inégal, écoutez et vous entendrez l'orage gronder sourdement dans les régions infimes de la société ; puis bientôt vous verrez l'éclair sillonner la nue, et la foudre tomber en éclats sur votre édifice laborieusement étayé !

Ce sont là des réflexions de nature à frapper les esprits éclairés ; mais il n'en est pas besoin pour tous
ceux chez lesquels quelques émotions religieuses ont
remplacé le froid égoïsme des sociétés sceptiques. Je
puis dire, pour ce qui me concerne, qu'en dehors de
toutes vues politiques, il y a longtemps que j'ai été
saisi d'un pitié profonde à la pensée des souffrances
qui accompagnent si souvent la vie, du berceau à la
tombe, pour les classes laborieuses, et que j'ai demandé
à l'étude et à l'observation les moyens d'en atténuer
tout au moins la gravité. Aussi, lorsqu'il y a environ
deux ans, par le zèle actif d'un homme en qui s'unissent les lumières de l'esprit aux généreux mouvements
du cœur (1), fut réalisée la publication d'un recueil périodique destiné, sous le titre d'ANNALES DE LA CHARITÉ
*à la discussion des questions et à l'examen des institu-
tions qui intéressent les classes pauvres* (2), je m'em-

(1) M. le vicomte de Melun.
(2) Les *Annales de la Charité* paraissent chaque mois, depuis janvier 1845, par cahier de quatre feuilles grand in-8º. La
rédaction est entièrement gratuite ; et, dès la première année, un
excédant de recette de 1,770 fr. 20 c. a pu recevoir une destination charitable.
Les *Annales de la Charité* ont eu jusqu'à ce jour pour principaux collaborateurs : MM. BARANTE (le baron de), pair de France ;
BAUDON, auditeur au conseil d'État ; BOISSARD (le comte de) ;
BOUILLERIE (l'abbé de La), vicaire-général ; CARNÉ (de), député ;
CORMENIN (le vicomte de) ; CRAON (la princesse de) ; DUFAU, directeur de l'Institut royal des Aveugles de Paris ; FALLOUX (le
vicomte de), député ; GÉRANDO (le baron Gustave de), substitut
du procureur du Roi ; GODEFROY (Mme de) ; GODEFROY (de) ; GUI-
RAUD (le baron), de l'Académie française ; LAMARTINE (de) id. ; LAM-
BEL (le vicomte de) ; LEGUAY (Émile) ; LEZARDIÈRE (le vicomte de) ;

pressai, accédant à l'appel qui m'était adressé, d'apporter mon concours à cette œuvre de bien public.

Il y a ceci d'admirable dans la charité qu'elle désarme les passions : plus de haines, plus de récriminations, dès qu'on est placé sur ce terrain véritablement neutre ! Vous voulez, comme moi, l'amélioration du sort des pauvres, dès lors nous sommes alliés ! nous appartenons l'un et l'autre au grand parti qui comprend tous les hommes dont le cœur ne saurait être indifférent en présence des souffrances d'autrui ! C'est ainsi qu'on vit d'abord la Société des *Annales*, puis tout récemment la *Société d'économie charitable* (1) qui devait être le complément de l'autre, se former d'hommes distingués à des titres divers qui, rangés naguère dans des camps opposés, et séparés encore par des opinions très-tranchées, sont tous réunis par un commun dévouement pour la sainte cause de la régénération du peuple, véritable milice marchant dans les voies du

---

MARMIER (Xavier); MARTIN D'OISY, inspecteur-général des établissements de bienfaisance; MELUN (le vicomte de); MICHEL (Mme Eugénie) PETÉTOT (l'abbé), curé de Saint-Louis-d'Antin; QUATREBARBES (le comte de), député; RAINEVILLE (de); ROMANET (le vicomte de), député; SALVO (le marquis de); THURY (le comte Paul de); TRÉLAT (le docteur), médecin de la Salpêtrière; VATISMENIL (de), ancien ministre; VILLENEUVE-BARGEMONT (le vicomte de), de l'Institut; WATTEVILLE (le baron de), inspecteur-général des établissements de bienfaisance.

(1) La *Société d'économie charitable* a pour but l'examen et l'étude de toutes les questions qui intéressent les classes pauvres. Elle se compose de cent membres, qui sont répartis en comités, selon les besoins; elle est administrée par un conseil formé d'un président, de deux vice-présidents et de neuf membres. Le président actuel est M. le vicomte de Melun.

siècle, et animée d'un esprit sans doute plus conforme
à ses tendances que certaines coteries qui font grand
bruit de leur attachement aux intérêts populaires,
mais ne manifestent jamais qu'une bien faible ardeur pour tout ce qui peut servir ses intérêts quand
la politique n'y est pas mêlée : car c'est chose digne
de remarque, de notre temps, la véritable, la bonne
démocratie, celle qui est sans danger pour la société,
c'est dans la charité qu'elle a sa source, parce que la
charité découle de cette loi divine qui recèle l'affranchissement progressif du monde ; tandis que toutes
les lois humaines, faites par les riches et les puissants,
supposent toujours, à quelque degré, l'esclavage ou
l'oppression des faibles !

Pour moi, humble soldat de cette milice, j'ai voulu
payer mon tribut à son œuvre, en publiant quelques
lettres, par lesquelles j'essayais d'initier une dame,
dont un nom illustre est le moindre mérite, à la connaissance des Œuvres, des institutions, des moyens
quelconques, par lesquels l'esprit de charité a jusqu'ici
cherché à venir en aide aux classes nécessiteuses. Ces
lettres, où se trouve résumé l'ensemble, en général si
peu connu parmi le monde, des travaux entrepris
par cette sorte de croisade en faveur de l'humanité
souffrante, ont été réunies sur la demande de quelques
personnes ; elles forment l'écrit qu'on va lire, et que
je soumets à l'appréciation du public.

Il sera, de ma part, l'objet de courtes observations
préalables. J'ai cru devoir avant tout adopter dans cet
exposé, où sont compris des objets si multipliés et si di-

vers, une classification que l'intelligence pût facilement saisir et qui devînt comme un fil conducteur dans les détours du labyrinthe. Il ne s'agit donc que d'un coup d'œil rapide ; mais ce coup d'œil est méthodique : on sait comme on marche et où l'on va. J'ai tâché, du reste, que rien ne manquât à cette seconde édition qui est considérablement augmentée, et où j'ai mis à profit les remarques, en général accompagnées de tant de bienveillance, dont mon travail a été l'objet dans la presse : j'ai donc voulu que le tableau fût autant que possible complet. Plusieurs questions d'une haute importance ne sont à la vérité qu'effleurées ; mais, nulle, je crois, n'est passée sous silence : j'ajouterai que je ne me suis point cru obligé à produire des solutions pour quelques-unes qui divisent encore les hommes versés dans ces matières. Indiquer la difficulté et susciter la réflexion, c'est à quoi, ce me semble, il fallait se borner ici ; tout lecteur sensé approuvera cette prudente réserve : l'esprit de système est toujours prompt dans ses jugements ; mais la vérité n'est pas un système.

Témoin de l'embarras où se trouvent fréquemment les personnes du monde dans la pratique de la charité, faute de renseignements positifs sur les moyens de secours ouverts aux misères diverses qu'elles veulent soulager, j'ai réuni dans un appendice les indications que ne pouvaient contenir ces Lettres (1) ; je crois que le petit répertoire alphabétique qui termine ce volume

(1) C'est pour moi un devoir de reconnaître que la plus grande partie de ces notes a été empruntée au *Manuel des OEuvres*, de M. le vicomte de Melun, in-18, 2e édition, 1845.

sera fort souvent utile en faisant connaître, sans recherches pénibles, l'Œuvre ou l'établissement auxquels
il faut directement s'adresser selon la circonstance ; il
rendra le bien plus facile et augmentera peut-être ainsi
la somme de celui qui se fait actuellement.

Je ne crois pas que personne puisse s'étonner de
voir ces pages empreintes d'un profond sentiment religieux. Quiconque, en effet, étudie avec soin, avec im-
partialité, l'action de tous ces établissements, de toutes
ces associations, dont l'admirable faisceau embrasse
depuis l'enfant qui vient de naître jusqu'au vieillard
pour lequel l'autre vie va commencer, ne peut s'empêcher d'y reconnaître le sceau évangélique. Oui, il
faut être étrangement aveuglé par les préjugés pour
ne pas voir que le grand bienfait qui en découle pour
un nombre considérable d'individus, allégeant ainsi
d'autant le poids des misères sociales, est véritablement d'origine chrétienne. Il ne m'a pas coûté, quant
à moi, d'en faire l'aveu. Que la charité religieuse, au
surplus, ne soit pas toujours d'accord avec les saines
notions de la science économique, je l'accorde volontiers ; qu'elle devienne parfois un masque qu'il faut
arracher, je ne le nie point ; le théâtre a joué la fausse
philanthropie, comme il a joué la fausse dévotion, et
il a eu raison ; car celle-là ne fait pas moins de tort à
la bienfaisance que celle-ci à la religion. Mais y a-t-il
dans quelques abus des motifs suffisants pour méconnaî-
tre et repousser cette fille du ciel qui répand tant de
consolations, qui sèche tant de larmes, qui ferme tant
de plaies, qui est le véritable mobile de ces généreux

élans dont nous sommes à présent même spectateurs et par lesquels se calment et s'atténuent les souffrances publiques qu'il a plu à la Providence de nous infliger ! Non, certes, j'aurais cru manquer à la mission que je m'étais donnée, si je ne lui eusse rendu témoignage à cet égard. Que si le tableau de tous ces bienfaits, dont le christianisme est le mobile pour les classes laborieuses, peut contribuer à affaiblir les funestes préventions dont quelques personnes sont imbues contre les croyances, ce sera un nouveau résultat, assez appréciable par le temps qui court, dont je me féliciterai sincèrement.

Tel est ce travail : il sera, j'ose l'espérer, de quelque utilité. Le mal rencontre de nos jours des peintres hardis jusqu'au cynisme, et qui ont de grandes prétentions à rendre la société plus morale, en le lui montrant ainsi à nu. Quoi qu'on en dise, je pense que le tableau du bien sera toujours la meilleure et la plus sûre des leçons.

LETTRES A UNE DAME

SUR LA CHARITÉ.

LETTRE I.

Circonstance qui amène ces lettres. — Scène de police correctionnelle. — Science à faire. — But et plan du travail. — Classification des individus à secourir. — Considérations générales. — Existence nécessaire de la pauvreté. — Systèmes
socialistes. — La charité date du christianisme. — Étude des
moralistes anciens sous ce rapport. — Sénèque et Cicéron. —
Philanthropie. — Charité légale ou administrative. — Charité
évangélique.

Une circonstance que vous avez sans doute ou-
bliée, madame, mais qui restera gravée dans ma mémoire, m'a inspiré la pensée de cette lettre et d'autres qui la suivront si, comme je l'espère, celle-ci
obtient de vous un favorable accueil. C'était un soir ;
nous nous trouvions ensemble chez la duchesse
de***. Peu de causeurs, mais choisis ; un jeune légiste

1

avait la parole et contait avec aisance quelques-unes
de ces histoires de palais que l'art sait souvent rendre piquantes au détriment de la morale et de la vérité, et qui alimentent chaque matin les feuilles
d'audience. Vous n'aviez pris qu'un médiocre intérêt
à ces tristes récits de scandales ou de crimes, ac-
cueillis, il faut le dire, avec une avide curiosité par la
plupart des dames de la réunion; mais quand vint par
hasard sur les lèvres du narrateur un fait d'un autre
genre, un simple acte de bienfaisance; ce fut votre
tour de prêter l'oreille.

Il s'agissait d'un pauvre petit garçon amené sur
les bancs de la police correctionnelle pour délit de
vagabondage; c'était un orphelin qu'une parente in-
digne paraissait avoir égaré à dessein un soir par les
rues fétides de la Cité et que les sergents de ville
avaient ramassé. Il répondait avec intelligence, les
regards abaissés de honte et montrant un front pâle
et résigné qui excitait la compassion. On ne lui re-
prochait rien; il avait souffert, voilà tout. Les juges
se regardaient, hésitant à prononcer un arrêt qui,
en envoyant cet enfant dans quelque maison de dépôt, en l'associant à des êtres dépravés, eût peut-être
décidé fatalement de son sort à tout jamais, quand
une femme, d'un extérieur commun et encore dans
la force de l'âge, amenée en ce lieu comme témoin
dans quelque querelle de marché qui venait d'être
jugée, s'avança vers la barre et, dans un langage tri-

vial mais expressif, offrit au tribunal de se charger
de cet enfant qui lui tiendrait lieu, dit-elle, des *pauvres anges* qu'il avait plu au Ciel de lui enlever. En
prononçant ces mots, la bonne femme regardait avec
émotion le jeune garçon, et lui, qui auparavant attendait son arrêt, froid et impassible, sanglotant tout
à coup, tendit les bras à cette mère que Dieu lui envoyait. Le président, touché comme l'auditoire tout
entier de cette scène, s'empressa de confier l'orphelin à la femme bienfaisante qui l'emmena sur-le-
champ, prodiguant ses tendresses à celui qui était
déjà *son chéri*.

Voilà ce que raconta notre avocat. Quand il eut
fini, je tournai les yeux sur vous, madame, et je vis
que les vôtres étaient pleins de larmes que vous ne
cherchiez point à cacher. Je gardai le silence, remar-
quant simplement combien les émotions de la sen-
sibilité ajoutent aux charmes de la physionomie.
Frappé de l'impression qu'avait produite sur vous
ce trait d'adoption populaire, je cessai d'être attentif à la conversation, et peu après je me retirai, me
demandant si le hasard ne m'avait pas fait rencontrer une de ces âmes d'élite facilement ouvertes à
une tendre commisération pour les souffrances humaines, et que la Providence suscite pour les soulager.

Vous êtes jeune et ornée de toutes les grâces de
votre sexe, madame; vous portez un de ces noms

respectés encore en dépit des allures démocratiques
de notre époque ; vous possédez une grande fortune.
Me serais-je trompé ? Quand j'ai vu ce rayon divin
de la charité illuminer subitement vos traits, n'é-
tait-ce là qu'une de ces impressions passagères,
promptement effacées par les frivolités fastueuses qui
constituent la vie des riches et des grands, ou bien
était-ce la révélation d'un sentiment profond, d'une
disposition durable ? Consentiriez-vous à descendre
parfois des grandeurs que vous ont faites la nature et
la société pour vous mêler à ces personnes du monde
dont s'honore tant l'humanité, qui vouent au pauvre
une partie de leur existence ? Ne faudrait-il qu'un
de ces encouragements nécessaires aux volontés encore indécises pour vous déterminer à entrer réso-
lument dans cette noble carrière ? Ah ! madame,
j'en ai conçu l'espoir et j'ai pris la plume ! Puissent
les communications que je vous adresserai vous affer-
mir dans une intention salutaire ! Je plaiderai devant vous une grande cause. Certes, elle pourrait
avoir un plus éloquent mais non un plus fervent dé-
fenseur. Je ne chercherai point les discours étu-
diés, les fins aperçus qui plaisent à l'esprit ; c'est
dans mon cœur que je puiserai mes inspirations, et
mon succès sera complet si j'ai conquis à quelqu'une
de nos œuvres charitables une nouvelle patronne
zélée jusqu'au dévouement, ardente jusqu'au sacrifice. Si je l'obtiens, ce succès, mon talent aura été

bien suffisant : je n'en demande pas un autre témoignage.

Mais quelle œuvre adopterez-vous de préférence, madame ? Il en est beaucoup, car, Dieu merci, chacune de nos nombreuses plaies sociales rencontre la main pieuse qui vient apporter le baume destiné à guérir le mal ou à en atténuer la gravité. Quelle est celle de toutes les misères qui excitera le plus vivement votre compassion ? Quelle classe de malheureux choisirez-vous pour en faire l'objet spécial de vos consolations et de vos aumônes ? Voici des infirmes auxquels il faut ouvrir un asile, des jeunes filles qu'il faut préserver de la corruption, des prisonniers qu'il faut ramener à la vertu, des enfants qu'il faut préparer à la pratiquer ! Une réflexion me frappe en entrant avec vous dans ce vaste champ d'études où l'horizon recule toujours à mesure que s'y plonge mon regard : je cherche le guide qui y dirigera nos pas, et n'en trouve aucun autre que le caprice. Nous pouvons y errer çà et là sans fin comme dans les détours d'un vaste labyrinthe. Qui dirait effectivement, pour la plupart des personnes charitables, quel motif elles ont eu de s'attacher plus particulièrement à telle infortune ? Évidemment, c'est presque toujours une circonstance fortuite qui les a entraînées. Eh ! savent-elles seulement s'il n'en existe pas de plus pressantes et auxquelles il eût fallu de préférence venir en aide ! Une jeune femme du monde prêtera complaisamment son concours à une quête, à une loterie de charité ; mais a-t-elle véritablement conscience du bien qu'elle va faire ? Et ceux qui demandent et ceux qui donnent en de telles occasions, lors même qu'ils ne cèdent pas à un entraînement irréfléchi ou bien ne sont pas animés, ce qui arrive assez fréquemment, de sentiments tout à fait étrangers à l'esprit de bienfaisance, ont-ils l'intelligence réelle de l'acte qu'ils accomplissent ? Se sont-ils dit qu'il s'agit d'un devoir de l'ordre le plus élevé, de celui qui devrait appeler de leur part des réflexions approfondies et compter pour beaucoup dans leur existence ?

C'est qu'il y a là dans le fait, madame, une science, une science inconnue encore parce qu'elle est à faire, une science réelle et complète avec ses faits variés, infinis, dont la marche du temps et le développement de notre civilisation accroissent de jour en jour le nombre et l'importance, et qu'il faudrait maintenant s'attacher à analyser et à classer. Les éléments dont elle se formerait ont été parmi nous l'objet d'un nombre considérable d'écrits parfois judicieux et d'un haut intérêt, mais trop souvent aussi un peu lourds et d'une assez fastidieuse lecture. Tout cela forme en somme un amas indigeste et incohérent qu'on ne saurait aborder sans s'armer au préalable de beaucoup de patience et de résignation, et peut-être qu'après bien du temps ainsi absorbé, on serait amené à se dire qu'une seule bonne action eût été en définitive préférable à cette élaboration pénible. Je cherche en vain parmi ces écrits un ouvrage simple et clair, où soient exposés les principes, où soient résumés les faits qui peuvent en être déduits ; un ouvrage qui montre où en est la science du bien public, quels sont les points bien éclaircis et où la théorie et la pratique sont parvenues à se mettre tout à fait d'accord, quels sont ceux au contraire où subsiste encore le dissentiment ; un ouvrage enfin qui discute avec mesure et autorité toutes les questions que soulève ce beau sujet. Je parcours la liste des cours qui constituent le haut enseignement, celui qui est destiné à compléter les études des jeunes gens appelés à figurer dans la société comme avocats, comme prêtres, comme médecins, comme magistrats, comme membres des assemblées municipales et législatives, et je me demande s'il en est beaucoup dans le nombre qui pussent rivaliser d'intérêt avec celui qui aurait pour objet l'*administration des secours publics*. Mais qui y a songé ? Non, rien n'existe, ouvrages ni leçons. Et pourtant, je le répète, quel plus fécond ensemble de notions peut s'offrir à l'examen d'un ami éclairé de l'humanité !

Je n'ai pas la prétention, madame, de remplir cette lacune. Il y a longtemps qu'un poète, que je ne me permettrai pas de citer dans sa langue en vous écrivant, mais dont il est toujours bon de rappeler les

préceptes dans la nôtre, a conseillé à ceux qui écri-
vent de ne choisir qu'un sujet approprié à leur génie, et de prendre garde de charger leurs épaules
d'un fardeau qu'elles sont incapables de supporter(1).
Cet avis sensé ne sera pas perdu pour moi. Non certes, ce n'est pas un traité que je me propose de vous
adresser, mais bien un rapide examen où seront néanmoins retracés avec méthode les divers objets compris dans la science à laquelle il s'agit de vous initier. Nous nous abstiendrons de longues discussions
sur des questions non résolues, et qui ne le seront
peut-être pas de longtemps encore. Quelques digres-
sions çà et là au gré de ma fantaisie ou de la vôtre ;
je dirai souvent ce que j'ai vu moi-même ; c'est le
récit de mes propres impressions que je ferai. Après
m'avoir lu jusqu'au bout, si vous en avez le courage,
vous saurez, je crois, des choses qui vous sont à présent inconnues, ou dont vous n'avez encore qu'une
idée confuse et insuffisante ; et c'est en toute connaissance de cause que vous pourrez marcher dans les
voies de la bienfaisance. J'ose espérer du moins que
tel sera le résultat de ces communications.

Précisons-en d'abord bien nettement le but. Je me
propose de faire connaître tout ce qui a été tenté jusqu'ici par la bienfaisance publique et collective afin
de soulager la misère et la souffrance, sous quelque

_____

(1) Horace, *Art poétique*.

aspect qu'elles se présentent dans l'état social. Pour arriver à une classification indispensable, nous poserons d'abord en principe que les diverses situations qui réclament l'assistance publique ou privée, qu'elles soient amenées par des causes *physiques* ou *morales,* se rattachent toutes à deux grandes catégories qu'un seul mot suffit pour établir : ce mot, c'est le *travail,* qui représente la condition fondamentale et essentielle de l'humanité. L'individu qui réclame les secours d'autrui est apte à un labeur quelconque, ou bien un état particulier, accidentel ou normal, lui interdit de puiser l'existence dans l'emploi de ses forces. Toutes les classes de pauvres et d'affligés viennent, vous le verrez, madame, se ranger naturellement dans l'une ou dans l'autre de ces catégories. La dernière, celle qui se compose de toutes les classes d'individus impropres au travail, est sans doute la plus digne d'intérêt. C'est celle qui appelle le plus vivement la sympathie des âmes charitables, et l'on peut s'en occuper sans avoir à discuter de ces questions restées encore sans solution, parce qu'elles se lient aux problèmes sociaux les plus compliqués. C'est par elle qu'il faut en quelque sorte s'introduire dans la matière. Elle sera aussi l'objet de mes premières lettres.

Et ici encore se présente une classification que l'esprit saisit facilement. J'aperçois : 1° les enfants qui n'ont pas encore l'aptitude corporelle nécessaire

1.

pour l'accomplissement du travail ; 2° les vieillards qui l'ont perdue ; 3° les infirmes qui n'ont pas pu l'acquérir. Nous commencerons donc par nous occuper de tout ce qui a été fait en faveur de l'enfance plongée dans la misère, triste aurore qui présage des jours pleins d'orages ! mais avant de passer à cette partie de mon sujet qui ne vous laissera pas, j'en suis sûr, indifférente, je m'arrêterai un instant à quelques considérations générales sur la pauvreté.

Elle a toujours existé, madame, et, j'ai regret à le dire, elle existera toujours. Elle est l'inévitable conséquence de l'inégalité physique et intellectuelle que présente l'être humain, imparfaite émanation de la perfection divine. Elle se produit avec ces premières acquisitions de l'esprit ou des mains dont les résultats se trouvent, par la force même des choses, inégalement répartis entre les membres de la communauté. La civilisation, même dans son état le plus élémentaire, c'est précisément en définitive cette inégale répartition ; à mesure qu'elle se développe, le principe d'où naît l'opulence pour ceux-ci, le dénûment pour ceux-là, prend plus de puissance et gagne du terrain sur le sol social. Sans contredit les institutions politiques et civiles exercent une haute influence, soit pour accroître, soit pour contrarier cette concentration des fruits de l'activité humaine ; mais l'effet est ainsi affaibli, non la cause supprimée ; elle subsiste et doit subsister, par la raison qu'il y a entre les hommes des passions, des forces, des facultés qu'il est radicalement impossible de mettre en parfait équilibre, par la raison que, parmi les enfants d'Adam, à côté de ceux qui sont destinés à créer tels admirables chefs-d'œuvre de mécanique dont s'étonne l'imagination, il y en a d'autres qui ne sont appelés qu'à y fonctionner presque à l'égal des rouages dont leur main pousse machinalement le moteur.

Vous entendrez souvent le peuple, qui a parfois plus de bon sens que les savants, dire :—Il faut qu'il y ait des pauvres et des riches. Le peuple a raison. Hâtons-nous de l'ajouter, la trop grande accumulation de la fortune publique en quelques mains est un mal; mais sa trop grande dissémination en serait un autre non moins grave. Dans le premier cas il y a plus de pauvres, mais dans le second il n'y aurait plus que des pauvres. En effet, voyez, madame, ce qui résulterait d'un partage égal de toutes les richesses sociales. C'est le ministre Chaptal qui a calculé, au commencement du siècle, que la répartition du revenu territorial par tête donnerait à chacun un revenu annuel de 9 francs. Supposons que ce revenu soit bien augmenté depuis cette époque. Accroissez-le, si vous voulez, d'une somme double, pour représenter le partage du revenu industriel. Ne parlons pas de tout ce qu'il y a d'absurde dans cette thèse, puisque par le fait même du partage se trou-

verait sur-le-champ anéantie une immense partie
des capitaux qui produisent justement les richesses
à partager. Reconnaissez seulement que dans ce beau
système le revenu assigné à chaque individu pour
son année ne formerait pas l'équivalent de ce qui
lui est nécessaire pour vivre un mois.

Je sais qu'une question va se présenter à votre esprit ; vous vous direz : Mais si chaque individu ne
saurait vivre avec sa part égale dans la fortune publique, de quoi vivent donc ces masses populaires
qui n'en possèdent pas la moindre parcelle ? Un mot
résout cette difficulté : elles vivent au moyen du *salaire,* c'est-à-dire de la rétribution offerte à un travail, à un office quelconque par le détenteur du
capital, c'est-à-dire par celui qui peut payer cet office,
ce travail. Voilà, madame, la base nécessaire de
l'existence d'une vaste portion de la communauté.
Oh ! qu'il y ait ici amplement lieu à l'examen ; que
la marche de la société doive être rectifiée à bien
des égards ; que la rétribution soit souvent faite
contrairement au droit sens et à l'équité ; qu'il en
résulte un accroissement de maux pour les classes
laborieuses ; que ce soit même une des causes mani-
festes de certaines misères, je l'admets volontiers !
Mais laissons aux économistes ces hautes questions
qu'il leur appartient de résoudre quand ils seront
d'accord. Pour moi, je me garderai de me hasarder
sur cette mer orageuse, où je courrais grand risque

assurément de faire naufrage. Je recule devant le
péril et me tiens humblement au port que la charité
ouvre à ma faible nacelle, la charité qui ne s'inquiète
guère des grands problèmes et aspire simplement,
en attendant la solution, à fermer des plaies, à soulager des souffrances.

Mais dans notre époque aventureuse cette réserve
n'est guère de mise. De nos jours les écoliers tran-
chent lestement les difficultés qui ont embarrassé les
philosophes de tous les âges ; on met les questions
sociales en feuilletons, et tout homme tant soit peu
complet est toujours prêt à produire un système entier d'organisation des choses humaines. Vous avez
sans doute, madame, entendu parler de quelques-
unes de ces tentatives dites *socialistes* qui ont fixé l'attention publique dans ces dernières années. Moi, j'ai
dû en suivre avec soin le développement, soit dans
l'entretien des adeptes, soit dans leurs livres. A Dieu
ne plaise qu'il y ait jamais dans mon cœur ou sur
mes lèvres d'amères railleries à l'égard d'hommes qui
se sont sentis pleins d'un immense désir de soulager
les souffrances de l'humanité, et qui, dans le secret
de leur conscience, ont cru avoir trouvé le remède
à tant de maux ! Mais, hélas ! de quelles folies écri-
tes et même en partie réalisées n'avons-nous pas été
témoins ! La propriété, l'héritage, la famille, tout a
été enveloppé dans ces témérités misérables. Heureusement, les systèmes se succèdent ; l'un chasse et

fait oublier l'autre. C'est qu'au fond de tout cela il
n'y a rien. Les novateurs exposent merveilleusement ce que présente de défectueux l'état de choses
au sein duquel nous vivons ; comme œuvre critique, leurs travaux sont admirables, mais quand il
s'agit du remède, c'est autre chose. Tels que ces habiles charlatans du monde médical, il se trouve
toujours en définitive qu'ils n'ont à nous offrir pour
guérir tous nos maux que quelque drogue insignifiante qui ne guérit que ceux qui ne sont pas malades. Éloignons-nous de ce champ de divagations et
disons que s'il est beau de chercher le souverain
bien pour les hommes, il y a aussi quelque mérite
à leur en faire dans son court passage sur cette terre.
L'avenir n'appartient qu'au génie ; le présent est le
lot de tous ; des siècles viendront où l'on ne souf-
frira plus, soit, mais on souffre aujourd'hui ; au
nom du Ciel, consentez à ce que nous nous atta-
chions au soulagement de ces souffrances et descen-
dez un instant de vos spéculations pour nous aider ;
car c'est là désormais la plus belle mission qu'ait à
remplir ici-bas le talent !

Oui, madame, le soulagement des pauvres est une
mission pour les classes élevées par l'intelligence
depuis l'avénement de la loi chrétienne. Sous l'influence de cette loi divine, une grande, une étonnante révolution s'est accomplie. La civilisation
présente, à partir de cette grande ère, une face entiè-

rement différente. Jetez en effet un coup d'œil rapide sur l'antiquité sous ce rapport : l'on n'y trouve aucune trace de ces institutions charitables qui se rencontrent à chaque pas dans nos cités. C'est qu'on se débarrassait dès l'enfance des infirmes, comme on le fait encore de nos jours dans certaines contrées où le christianisme n'a pas pénétré. Puis on possédait ou on était possédé ; tout ce qui n'était pas riche était esclave ; l'esclave mangeait et dormait sous le toit de son maître ; mais le patricien le faisait jeter dans son vivier pour engraisser ses poissons, et quand il était vieux on l'envoyait mourir de faim et de misère dans une île du Tibre. Je ne finirais pas si je voulais citer tous les traits frappants qui caractérisent cet état de choses. Dans Juvénal (1), une jeune dame, pour se désennuyer, prie son mari de faire mettre en croix un de ses esclaves, et, sur son observation qu'il y aurait de la cruauté à livrer ainsi au supplice un homme qui n'a commis aucun crime, elle répond naïvement : *Un esclave est-il donc un homme ?* Ne frémissez-vous pas, madame, en songeant à toutes les horreurs que suppose une pareille manière de voir à l'égard d'une immense portion de l'humanité, de celle qui répond à ce que nous appelons aujourd'hui la classe laborieuse ? Oh ! que l'Évangile fut bien en effet la bonne nouvelle pour cette portion de

(1) Satire VI.

l'humanité, l'Évangile qui apprit à l'homme orgueilleux de ses grandeurs que son esclave avait un père
commun avec lui dans le ciel, l'Évangile qui, montrant à la femme ivre de ses charmes l'idiot au repoussant aspect, lui dit : Il est ton frère !

Ce fait, madame, que la doctrine évangélique est
venue changer la face des choses humaines en ce qui
concernait les êtres dénués et souffrants, est hors de
doute pour toute personne qui ne laisse pas égarer
son jugement par de funestes préventions, par ce
zèle fougueux où se manifeste parfois l'incrédulité de
nos jours, comme jadis la foi intolérante de nos pères.
Vous savez qu'au quatrième siècle de l'ère chrétienne, il y eut un empereur auquel l'histoire a laissé
le surnom de *l'Apostat*, et qui, éclairé par de fausses
lueurs philosophiques, conçut le projet bizarre d'arrêter la grande rénovation chrétienne, et appliqua
un génie réel à ramener l'humanité au culte de Ju-
piter et de Vénus ! Eh bien, voici ce que vous lisez,
en propres termes, dans une lettre adressée par Ju-
lien à un de ses lieutenants : « Établis, dans chaque
cité, des hospices pour que les Grecs sans asile ou sans
moyens de vivre y jouissent de nos bienfaits, quelle
que soit d'ailleurs la religion qu'ils professent. Il
serait par trop honteux que nos sujets fussent dépour-
vus de tout secours de notre part, tandis qu'on ne
voit aucun mendiant ni chez les Juifs, ni même parmi
la secte impie des Galiléens, *qui nourrit non-seule-*

ment ses pauvres, mais souvent les nôtres (1). »
Quel témoignage plus concluant pourrais-je invoquer ?

J'indiquais tout à l'heure, madame, les raisons sociales qui expliquent la pauvreté au sein d'une civilisation fière de ses progrès. La religion a, elle aussi, son explication qui est puisée aux sources mêmes de la condition humaine. A ses yeux, la pauvreté existe nécessairement, parce qu'elle est l'origine de rapports nouveaux entre les hommes, parce qu'elle suscite un lien de fraternité qui tend à former une société entièrement inconnue aux temps anciens. Il faut qu'il y ait des pauvres, afin qu'il y ait des misères à supporter et à soulager, afin qu'il y ait devant Dieu pour les uns un mérite dans la résignation, et pour les autres dans le dévouement ! « Comment se serait-on aimé sur la terre, dit heureusement un écrivain contemporain, si l'on n'avait pas souffert (2) ! » Ces paroles résument toute la philosophie chrétienne à cet égard. Je ne m'arrêterai pas davantage sur une thèse admirablement développée par nos grands auteurs sacrés, et qui ne semble pas avoir été soupçonnée par l'antiquité.

On éprouve en effet une vive surprise en lisant, au point de vue où nous nous sommes placés, les moralistes anciens. Le philosophe Sénèque a fait des

(1) Epist. LI, Jul. à Arsace.
(2) Emile Souvestre, *De l'homme et de l'argent.*

traités sur toutes les vertus ; mais dans le nombre ne figure pas la charité, qui, oserai-je le dire, n'avait pas encore été inventée. Il est en réalité impossible de trouver dans son long ouvrage *Sur les bienfaits* une seule phrase qui se rapporte à notre objet. L'illustre Cicéron a écrit un traité *Des devoirs* : il y parle de largesses faites au peuple, du rachat des prisonniers, du payement des dettes de certaines familles tombées dans l'infortune ; mais tout cela en vue de s'assurer des clients fidèles et dévoués. « Ce faisant, dit-il, il faut agir avec prudence et prendre garde de se ruiner. Il est bien, après tout, que notre cœur incline vers les malheureux, *à moins qu'ils ne soient dignes de leur malheur* (1). » Voilà en deux mots toute cette morale du paganisme. Comparez-la avec celle qui était prêchée vers le même temps dans une autre partie du monde romain et qui s'annonçait ainsi : « Donnez au pauvre, consolez l'affligé, soignez le malade, dépouillez-vous pour votre prochain et tendez surtout la main à celui qui a péché. » Ce sont là les enseignements sublimes des livres saints de l'Ancien et du Nouveau Testament, car la loi hébraïque n'est à cet égard que le préambule de la loi chrétienne ; on y voit figurer les êtres souffrants à chaque feuillet, tandis qu'on pourrait croire, en lisant les philosophes, qu'il n'y en avait point,

(1) Liv. II, chap. xviii.

que l'âge d'or s'était perpétué jusque-là parmi les mortels. Oui, encore un coup, cette morale du christianisme a changé la face du monde. N'hésitons pas à le reconnaître, c'est à elle qu'il faut rapporter tous les genres de secours ouverts à tous les genres de douleurs, et quand la philanthropie moderne marche parallèlement dans la même voie, c'est son influence qu'elle subit sans s'en apercevoir. Qu'elle s'en affranchisse, et elle ne sera plus que cette sagesse habile à disserter froidement sur les maux de l'humanité, mais complétement impuissante à les guérir.

Je viens de prononcer un mot, la philanthropie, madame, qui attend aussi son commentaire, je m'expliquerai à cet égard avec une entière franchise. Dans les voies du bien il y a pour ceux qui veulent l'accomplir deux modes qui mènent à peu près au même but. On peut donner à ceux qui éprouvent des besoins sans réflexion, sans recherche aucune, en cédant à une pure impulsion d'amour pour son semblable, en rapportant à Dieu le mérite de l'acte de bienfaisance. Alors on s'expose indubitablement à ne pas toujours dispenser l'aumône d'une manière bien judicieuse ; elle ne va pas constamment à qui la mérite ; elle devient parfois un encouragement à la paresse, à tous les vices. Ces considérations ont amené une manière de faire le bien plus froide et plus prudente, qui a moins en vue le résultat du don pour celui qui le reçoit que pour la société au sein de laquelle il vit. Ces deux charités-là partent d'un principe différent et ne procèdent pas de même; la dernière a été appelée *charité administrative ou légale*, parce que c'est sous l'influence des principes qui lui servent de base qu'ont été rédigés les lois et règlements qui régissent la plupart des institutions de bienfaisance, celles du moins auxquelles préside l'autorité civile. J'appellerai l'autre *charité évangélique*, parce qu'elle a son origine dans les sources intimes de la religion chrétienne. La charité légale a commencé avec cette rude ordonnance du roi Jean le Bon en 1350, qui condamnait pour la récidive les *oiseux valides* mendiant dans les rues de Paris *au pilori et à la marque sur le front avec un fer chaud!* C'était la charité évangélique qui animait saint Vincent de Paul quand il commençait en faveur des enfants abandonnés cette fondation célèbre dont je vous entretiendrai dans ma prochaine lettre, cette fondation qui donne aujourd'hui tant d'embarras à la charité légale. Je dirai, madame, de ces deux charités que l'une est la charité du cœur, l'autre la charité de la raison: celle-ci convient surtout aux hommes; celle-là est bien plus l'apanage des personnes de votre sexe. La première se rattache à la philosophie religieuse, la seconde à cette philosophie de l'humanité en faveur de laquelle a été créé le terme de philanthropie qui avait pourtant aussi son acception chrétienne, puisque l'apôtre saint Paul l'applique au Sauveur lui-même (1). Longtemps il y a eu exclusion entre elles, mais ce dissentiment était fâcheux, et, grâce à Dieu, les préventions respectives qui en étaient l'origine ne sont plus dans nos mœurs. Qu'elles soient unies, et le bien deviendra plus facile et plus réel. Elles ont d'ailleurs à se rendre de mutuels services : la charité légale peut emprunter dans l'occasion à l'autre quelques-uns de ses sublimes élans, tandis que celle-ci gagnerait parfois dans le contact cette sage réserve qui épargne des déceptions, des découragements à la vertu. De cette combinaison résulterait la charité parfaite, celle qui, telle que l'habile irrigateur des prés et des jardins, sait toujours diriger la source des dons de manière que rien ne soit perdu de son cours bienfaisant et que le riche filet se porte constamment sur le sol desséché auquel il doit rendre la vie et la fécondité.

(1) Epist. ad Tit., cap. III.

LETTRE II.

Que c'est un douloureux aspect, madame, que cette coïncidence si fréquente dans notre état social de l'enfance et de la misère! Eh quoi! voici un pauvre petit être qui vient à la lumière à la suite d'un enfantement que la première faute a rendu laborieux ! La nature devrait lui sourire, la société devrait faire bon accueil à son entrée dans le monde ! Hélas ! point du tout ! Ce n'est pas assez des souffrances qui résultent pour lui de cette irruption subite dans le milieu nouveau où il s'essaye à vivre, le dénûment, l'abandon, l'attendent à la sortie du sein de sa mère ! Avant d'avoir fait le premier pas au travers des rudes épreuves de la vie, il en subit déjà toutes les conséquences les plus funestes ; il a faim, il a froid, il va expirer de détresse si quelque pitié n'est éveillée dans les cœurs par les mouvements sans but , par les vagissements inarticulés que suscitent des souffrances

qu'il ressent avant de pouvoir s'en rendre compte.
Oh! quel triste et amer contraste que tant d'innocence et d'infortune ainsi réunies dans une créature
humaine, et qui ne serait pas ému en présence d'un
pareil tableau !

Je rappelais, madame, dans ma première lettre, quel
fut longtemps le sort de ces enfants qui deviennent dès
le berceau, pour les familles mal partagées des biens de
ce monde, un insupportable fardeau. Insistons sur ce
point. Les usages et la législation de l'antiquité con-
sacraient à cet égard les dispositions les plus bar-
bares. La Grèce et Rome autorisèrent la vente ou
l'abandon des enfants, et, dans bien des cas, l'infanticide, celui de tous les crimes qui doit être la plus
monstrueuse violation des lois de la nature, se trouvait compris parmi les droits de la paternité ! Les
enfants abandonnés sur la voie publique devenaient
de rigueur esclaves de ceux qui, en les recueillant,
les avaient infailliblement préservés de la mort. Tout
changea graduellement lorsqu'eut triomphé la loi
de celui qui était venu sur la terre pour protéger les
faibles et les malheureux. Les empereurs chrétiens
s'occupèrent du sort des enfants délaissés ; les évê-
ques devinrent leurs pères ; des refuges se formèrent
en divers lieux. On voit dès le onzième siècle, dans
le midi de la France, un ordre hospitalier du Saint-
Esprit ouvrir à Montpellier un asile à cette classe
d'infortunés. En 1362, cet exemple fut suivi à Paris

par une confrérie sous les auspices de l'évêque ; mais ce n'étaient là que des essais passagers et insuffisants, après lesquels l'établissement célèbre, dû trois siècles plus tard à l'homme vénérable dont le nom rappelle les miracles de la charité, n'en put pas moins être considéré comme une véritable création.

Vous voyez bien, madame, que je veux vous parler de ce *bon monsieur Vincent*, comme on l'appelait de son vivant et avant que l'Église n'eût entouré son front de l'auréole des élus. Ce fut vers 1637 qu'il songea au sort funeste des petits enfants délaissés. Or telle était alors la situation de ces malheureuses créatures. On évaluait à environ quatre cents le nombre de ceux qui étaient annuellement exposés à Paris ; on les recueillait dans une maison de la Cité dite *maison de la Couche* et sise au port Saint-Landry, dont le nom est resté à une des rues les plus misérables de ce misérable quartier. Cet asile était soutenu aux frais des seigneurs ecclésiastiques, et de temps à autre, pour alléger le poids de la dépense, on plaçait aux portes de la métropole un vaste berceau dans lequel étaient plusieurs de ces *enfants-Dieu*, ainsi les nommait-on, gémissant et tendant les mains aux passants. A la maison de la Couche étaient préposées quelques pauvres veuves avec des servantes, qui, ne voyant là qu'œuvre mercenaire, en usaient à l'égard du dépôt qui leur était confié avec négligence ou barbarie. Les enfants y entraient

2

ou en sortaient morts ou vivants sans qu'on en tînt compte ni registre. Il en mourait journellement faute de soins une très-grande quantité; on vendait ceux qui survivaient au prix de quelques sous à des bateleurs, à des femmes perdues ; enfin, dit-on, chose horrible! à d'abominables gens à qui il fallait le sang d'un enfant pour accomplir d'infâmes sortiléges. Voilà quelle était leur destinée! et de quelle douloureuse émotion n'est-on pas saisi en songeant que plus d'une fois peut-être quelque beau génie ou quelque bienfaiteur de l'humanité dut être en germe parmi ces enfants ainsi livrés pour une pièce de monnaie à la mort ou à l'infamie !

Vincent de Paul, ayant eu connaissance de ces faits horribles, sentit ses entrailles s'émouvoir d'une sainte pitié; il envoya d'abord quelques-unes de ces dames, dont il s'était entouré et qui sont l'origine d'une autre fondation non moins célèbre sur laquelle nous aurons à revenir plus loin, pour constater l'état des choses à la maison de la Couche, puis il s'occupa immédiatement, avec ce zèle qui ne connaissait point d'obstacles, d'ouvrir un asile aux pauvres innocents. Une maison située près de la porte Saint-Victor et qui sert encore aujourd'hui de demeure aux sœurs chargées de distribuer les secours dans le 12ᵉ arrondissement, louée à cet effet, fut destinée à en recevoir un certain nombre pour y être nourris et soignés par des mères que la charité leur suscitait

à défaut de celles qu'ils avaient perdues. Les ressources étaient faibles et il fallut se borner au commencement à douze nouveau-nés qui furent désignés
par la voie du sort comme pour laisser aux secrètes
vues de la Providence le soin de décider ceux qui
seraient préservés, ceux qui seraient abandonnés.
Ce petit établissement date de 1638.

Le nombre des enfants adoptés s'accrut graduellement à mesure que les aumônes devinrent plus abondantes. Alors, on vit le saint prêtre, par un hiver
rigoureux, chercher lui-même au milieu de la nuit,
recueillir dans son manteau et réchauffer contre son
sein de petits enfants ainsi délaissés sur le pavé. On
savait la mission d'humanité qu'il s'était donnée, et
il devint bientôt l'objet de la vénération publique.
La tradition a conservé ce fait qu'arrêté un jour
vers l'aube par des bandits, il lui suffit de se nom-
mer pour voir les misérables s'écarter avec respect,
le laissant continuer sa pieuse tournée.

Il nous est resté un journal écrit à cette époque par
les dames préposées à l'asile que venait de fonder
saint Vincent de Paul. Les paroles les plus éloquentes ne sauraient suppléer à ce simple langage. Je
transcris, madame, quelques lignes que vous ne
pourrez assurément lire sans un vif intérêt :

« 22 janvier. Monsieur Vincent est arrivé vers
les onze heures du soir ; il nous a apporté deux enfants; l'un peut avoir dix jours, l'autre est plus âgé :

ils pleuraient les pauvres petits ! madame la supérieure les a confiés à des nourrices. — 25 id. Les
rues sont remplies de neige ; nous attendons M. Vincent ; il n'est point venu ce soir. — 26 id. Le pauvre M. Vincent est transi de froid. Il nous arrive avec
un enfant, mais il est déjà sevré, celui-là ; cela fait
pitié de le voir ! il a des cheveux blonds, une marque
à son bras. Mon Dieu ! mon Dieu, qu'il faut avoir le
cœur dur pour abandonner ainsi une pauvre petite
créature ! — 7 février. L'air est bien vif. Monsieur Vincent est venu visiter notre communauté ;
ce saint homme est toujours à pied. La supérieure
lui a offert de se reposer ; il a couru bien vite à ses
petits enfants ; c'est merveille d'entendre ses douces
paroles, ses belles consolations ! Ces petites créatures
l'écoutent comme leur père. Oh ! qu'il le mérite
bien, ce bon monsieur Vincent ! J'ai vu aujourd'hui
ses larmes couler ; un de nos petits est mort : — C'est
un ange, s'est-il écrié, mais il est bien dur de ne plus
le voir ! »

En 1648, l'œuvre avait fait de grands progrès ; et
le fondateur pouvait dire à l'assemblée générale des
dames qui y avaient concouru avec lui, que déjà cinq
à six cents jeunes victimes avaient été sauvées par
leur dévouement. Mais de nouveaux, de plus grands
sacrifices étaient réclamés par lui pour continuer,
pour étendre le bienfait. Ce fut alors que Vincent
de Paul, montrant quelques-uns de ces enfants qui

jouaient innocemment sur les marches de l'autel devant lequel il se tenait debout, sans savoir qu'il s'agissait de décider de leur sort futur, prononça ces paroles mémorables :—« Or sus, mesdames, la compassion vous a fait adopter ces petites créatures pour vos propres enfants ; vous êtes leurs mères selon la grâce, depuis que leurs mères selon la nature les ont abandonnés. Voulez-vous les abandonner à votre tour ? leur vie et leur mort sont entre vos mains. Je m'en vais recueillir les voix et les suffrages. L'aumône que vous donnerez ou que vous refuserez est un terrible jugement. Il est temps de prononcer leur arrêt et de savoir si vous ne voulez plus avoir de miséricorde pour eux ! »

L'émotion fut générale et l'avenir de l'établissement assuré. Il a subi depuis diverses phases. Les enfants adoptifs de Vincent de Paul ont été successivement établis à Bicêtre, à l'hospice de Saint-Lazare, dans l'hôpital du faubourg Saint-Antoine, au parvis Notre-Dame dans le bâtiment occupé aujourd'hui par l'administration générale des hospices, puis enfin rue d'Enfer dans l'ancienne maison de Port-Royal. Les bâtiments actuels sont vastes et aérés, et l'on y a ajouté dans ces derniers temps des constructions nouvelles. J'ai visité ce bel établissement et je me souviendrai toujours de ce que je ressentis en me trouvant tout à coup dans une salle spacieuse au milieu de cette foule d'enfants qui n'avaient point

2.

connu leur mère ; cette réflexion me saisit ; je me reportai involontairement à une mémoire vénérée, et mes yeux se mouillèrent à la pensée que toutes ces jeunes créatures avaient été privées pour leurs premiers pas dans le monde des soins de cette providence terrestre qu'on appelle la tendresse maternelle. Je fus conduit à la *crèche* ; c'est la salle où sont déposés les enfants à leur entrée dans l'hospice ; j'y fus reçu par une sœur qui y présidait, quoique bien jeune, et qui se trouvait merveilleusement choisie pour cette mission, car son regard et son sourire avaient quelque chose d'angélique. En ce moment même, une petite fille était apportée, et l'on frappa devant moi la médaille qui attachée à son cou ne devait plus la quitter. Pauvre enfant ! c'était là désormais son seul titre pour établir une triste identité et prendre rang dans la société civile ! Je parcourus successivement toutes les salles. Le classement des enfants sous le rapport du sexe, de l'âge et des maladies qu'ils peuvent apporter dans l'hospice ou y contracter est bien entendu, quoique insuffisant encore peut-être. C'est l'inconvénient des maisons destinées à l'enfance que les principes morbifiques s'y propagent et s'y localisent avec beaucoup de facilité. Le seul moyen d'atténuation en des cas semblables, c'est l'isolement ; mais il n'est pas toujours loisible de l'appliquer complétement à une population qui ne s'élève pas à moins de cinq à six cents individus.

Cette terrible ophthalmie puriforme qui se prend aux nouveau-nés et amène si fréquemment la cécité exerce surtout de cruels ravages dans cet hospice. Je ne doute pas que l'administration habile et prévoyante qui règle les destins de nos établissements hospitaliers ne s'attache à combattre et ne parvienne à atténuer les graves résultats que je signale.

Vous avez pu remarquer, madame, que jusqu'ici je vous ai toujours parlé d'enfants abandonnés et non d'enfants *trouvés*. J'ai une grande autorité pour proscrire cette dénomination vulgaire : c'est une loi de 1793. Il ne faut assurément pas se piquer d'un respect absolu pour tous les actes législatifs de cette époque qui en a produit parfois, vous le savez, de fort atroces et de fort ridicules ; mais je donne mon entière adhésion à celui-ci. Qui ne connaît l'influence des termes sur les idées ? Que sont ceux qu'on appelle les *enfants trouvés* dans l'acception ordinaire et selon la première impression produite sur l'esprit ? le résultat du désordre, de la débauche toujours, du crime quelquefois. Il y a inévitablement d'abord liaison entre ce titre et l'idée de naissances illégitimes, d'êtres repoussés par la famille, flétris pour ainsi dire avant que de naître, et qui ne peuvent jamais effacer dans les voies du monde l'empreinte de cette flétrissure. Et pourtant on se tromperait étrangement si l'on supposait qu'un hospice ouvert aux enfants délaissés n'est alimenté que par les naissances naturelles ; il n'en est rien. S'il est vrai que le plus grand nombre des enfants déposés sont en effet de ceux dont rougissent celles qui leur ont donné le jour, il n'est pas moins vrai que la misère leur en associe un assez grand nombre issus d'unions consacrées par la loi civile et religieuse ; ceci a été constaté d'une manière très-formelle. Dans les villes, des vicissitudes de fortune condamnent à ce fatal abandon des enfants dont la venue avait été accueillie avec ivresse ; le fait n'est pas moins fréquent dans les campagnes. On a souvent pu découvrir la ruse de telle paysanne qui, après avoir déposé son nouveau-né au *tour* de la ville voisine, imitant la mère de Moïse aux aguets sur les bords du fleuve où flottait le berceau du futur législateur des Hébreux, parvint adroitement à devenir la nourrice de l'enfant que sa misère l'avait contrainte d'abandonner. C'est donc sans raison qu'on frapperait de cette appellation funeste d'enfants trouvés tous ceux qui sont déposés dans ces hospices. La Convention veut qu'on les appelle *orphelins* ; orphelins, soit. Ne le sont-ils pas en effet ceux qui n'ont point connu et ne connaîtront jamais, sauf de rares exceptions, leurs parents ! C'est d'après cette considération que l'administration des hospices de Paris a en dernier lieu confondu dans le même établissement les orphelins dont les auteurs sont connus, et les *enfants trouvés* dont les auteurs sont inconnus ; car c'est là dans le fait toute la différence. Je l'en loue et crois que

cet exemple devrait partout être imité : il en résulterait un heureux changement quant à l'avenir des enfants élevés dans ces établissements ; car le préjugé
craignant de se tromper s'affaiblirait par degrés et
finalement s'effacerait de nos mœurs.

Quoi qu'il en soit, à la suite de la belle création
dont je viens de vous esquisser l'histoire, d'autres
établissements semblables se formèrent dans les
principales villes du royaume. En 1784, le ministre Necker portait à 40,000 le nombre des enfants
ainsi élevés dans les hospices ; aujourd'hui on en
compte au delà de 120,000 répartis dans 300 établissements environ ou placés par eux à la campagne
moyennant de petites pensions. La dépense, qui
était vers le commencement du siècle de quatre à
cinq millions, doit s'élever à près du double ; c'est là,
comme vous le voyez, madame, une progression
rapide et dont on s'est beaucoup effrayé dans ces
derniers temps. Les uns ont vu dans ce fait un frappant témoignage du développement de l'immoralité
publique ; les autres ne l'ont considéré que sous le
rapport de la charge toujours croissante qui en résulte pour le pays. On s'est livré à cet égard à une
vive controverse dont je me bornerai seulement à
marquer les traits principaux.

Les hospices d'enfants trouvés, dit-on en substance, ont fait tout le mal, parce qu'ils sont un encouragement pour les pauvres à se décharger sur la

communauté du soin d'élever les enfants qu'ils mettent au monde ; ils favorisent ainsi le progrès des habitudes de désordre et d'inconduite parmi les classes laborieuses, et ne sont pas même un bienfait pour ceux qu'on y admet, qui y meurent avant l'âge ou bien en sortent pour devenir des vagabonds sans nom et sans état. De là on en est venu à proposer la suppression de ces hospices. Mais n'est-ce pas là toujours la même manière de raisonner à l'égard de ce qui est humain où l'abus se mêle toujours jusqu'à un certain degré? Telle chose n'est pas parfaite, eh bien! détruisons-la. C'est ainsi que chaque jour, avec des lumières superficielles, on procède à l'égard de toutes les institutions politiques, civiles et religieuses. Heureusement, une pensée plus réfléchie intervient pour préserver ce qu'un zèle peu mesuré se hâte de condamner. Les asiles que la charité chrétienne ouvrit à l'enfance délaissée ont trouvé d'habiles apologistes. Non, ils ne sont pas un encouragement pour l'immoralité, car il est constant que dans les pays où il y a le plus de ces asiles, comme en quelques parties de l'Italie, il y a moins de naissances illégitimes ! Serait-il plus moral de contraindre les victimes du libertinage à afficher leur honte, à garder moyennant secours, le produit de leurs désordres? Quelle éducation en recevraient-ils, et seraient-ils moins entachés? Si la mortalité de ces enfants est grande, il faut en accuser les vices de la société dont le germe est en eux bien plus que les hospices qui les reçoivent. D'ailleurs, par suite d'améliorations incessantes, cette mortalité diminue de jour en jour, et c'est justement ce qui augmente surtout le nombre des enfants aux frais des hospices et par conséquent la charge publique. L'accroissement des abandons n'est pas aussi considérable qu'on pourrait le croire ; mais les enfants abandonnés vivent plus longtemps, et c'est là sans doute un heureux résultat, bien qu'il entraîne une augmentation de dépense. Qu'on cherche autant que possible à réprimer les abus qui se sont glissés dans cette partie de l'administration des secours publics ; que de sévères règlements préviennent l'admission d'enfants qui devraient manifestement rester à la charge des familles ; qu'on supprime, si l'on veut, le *tour*, cette niche mobile placée à la porte de l'hospice et qui rend aux premières lueurs de l'aube le dépôt du nouveau-né si facile ; mais qu'on ne conclue pas qu'il faut fermer ces asiles, au risque de voir, comme au temps de saint Vincent de Paul, des enfants misérablement exposés chaque nuit dans les rues de nos cités opulentes.

Tels sont, madame, les principaux arguments invoqués en faveur du maintien des asyles dont nous nous occupons et qu'a fort bien résumés le célèbre philanthrope de Gérando dans un grand ouvrage (1)

(1) *Traité de la Bienfaisance publique*, 2ᵉ part., liv. Iᵉʳ.

auquel je ferai plus d'un emprunt; ces arguments, je ne les adopte pas tous, mais je me range pleinement à la conclusion.

Le même débat se reproduira au surplus à propos d'autres établissements. On n'a fait grâce à presque aucun; on a dit : le remède au mal dont gémit la société ne le guérit pas entièrement, supprimons le remède. Nous, nous disons une fois pour toutes que le mal serait plus grand encore sans le remède. Vous le savez d'ailleurs, nous voulons surtout constater tout ce qui a été tenté pour le soulagement de ceux qui réclament les secours de la charité. Que ces secours soient distribués avec plus ou moins d'intelligence ou d'économie, c'est une autre question, sur laquelle nous n'avons à émettre çà et là que des doutes. On écrira longtemps encore pour ou contre l'existence de beaucoup d'asiles ouverts aux misères humaines. Mais, en attendant, nombre d'individus iront y chercher un soulagement à leurs douleurs et y bénir la Providence qui en a inspiré la pensée aux nobles âmes; et voilà le point essentiel.

Insistons toutefois, madame, sur quelques considérations importantes qu'appelle cet objet tant débattu. Il est bien évident que la société doit avoir ici pour but d'alléger ses charges en réduisant le nombre des abandons d'enfants, autant qu'on le peut sans compromettre la vie de ces malheureuses créatures et sans porter atteinte d'autre part à la morale

publique, immense intérêt, qu'au point de vue administratif, on est en général trop enclin à sacrifier à
la dépense indispensable pour le sauvegarder. Tel
est en effet le résultat que poursuivent activement les
conseils généraux des départements appelés chaque
année à émettre leurs vœux à ce sujet. Mais quelle
divergence d'opinions, quel conflit de propositions
inconciliables! ceux-ci demandent la suppression des
tours auxquels ils rapportent tout le mal; ceux-là
voient dans cette suppression une provocation assurée à l'infanticide; quelques-uns proposent le déplacement des enfants abandonnés, que d'autres repoussent comme une mesure meurtrière et inefficace;
tels consentent à ce que l'on secoure ces jeunes victimes du libertinage pour lesquelles on avait créé dans
d'autres temps la dénomination légale de *filles-mères,*
tandis que plusieurs considèrent une pareille con-
cession, comme un honteux scandale, comme un
outrage aux bonnes mœurs! La statistique si souvent
faite d'une manière superficielle et inintelligente, vient
encore compliquer le débat, en fournissant des données, dont s'emparent tour à tour les contestants ; où
donc est la vérité dans tout cela? Eh, madame, il se
pourrait bien qu'ici, comme en beaucoup de choses,
la vérité fût au milieu et qu'il n'y eût pas moyen
d'adopter à cet égard aucune opinion absolue, aucun
système exclusif! je suis pour moi disposé à croire que
si l'on veut bien étudier les circonstances qui tiennent

à l'état moral et matériel des diverses localités, on est amené à reconnaître que telle mesure qui convient dans un lieu, doit être repoussée dans un autre. Pour ne parler, par exemple, que de ces secours accordés aux victimes de la séduction, à la condition d'élever elles-mêmes l'enfant issu d'une première faute, je n'y vois pas beaucoup d'inconvénients dans ces vastes cités, où le secret de la vie est si facilement caché, tandis que de tels secours deviendraient peut-être dans un village une sorte de prime d'encouragement au vice qui croirait dès lors avoir libre carrière et pourrait s'étaler impudemment aux yeux.

Quoi qu'il en soit, tranchant à plusieurs égards la question, l'administration des hospices de Paris a pris, dans ces derniers temps, diverses mesures pour rendre les abandons moins nombreux. Ces mesures, mises en activité de 1838 à 1844, ont eu pour résultat de réduire à 26,000 environ, pendant cette période, le nombre des abandons qui avait dépassé 37,000 pendant les sept années précédentes. On a donc cru devoir persévérer dans ce système et y ajouter quelques développements. En 1845, un arrêté du conseil général, sur le rapport d'une commission spéciale, a statué, entre autres dispositions, que le préfet de police *sera prié de faire exercer aux environs de l'hospice et du tour*, par des agents placés sous sa direction, la surveillance nécessaire pour prévenir les abus de l'abandon (art. 7) ; que des secours pourraient être accordés aux mères qui allaiteront elles-mêmes leurs enfants ou continueront à en prendre soin (art. 17); que le droit de recherche exigé des parents pour avoir des nouvelles de leur enfant abandonné sera réduit à 5 fr. (il était de 30 fr.) et qu'on devra mettre à profit le moment de la recherche pour les engager à le reprendre (art. 21).

C'est au temps à justifier ces mesures que je puis, après ce qui a été dit précédemment, me borner à énumérer simplement ici sans plus ample commentaire.

Nous venons de parler de la crèche des enfants abandonnés. Ceci a été récemment imité en faveur des nouveau-nés appartenant à des mères qui ont simplement besoin d'être secourues. Mais ici je rencontre tout d'abord l'action d'une société charitable, d'une œuvre, et je vous demande la permission de m'arrêter à quelques considérations générales sur l'esprit d'association appliqué à la charité.

LETTRE III.

Charité privée. — Ses avantages et ses inconvénients. — Pauvres
honteux. — Charité publique ou collective. — Esprit d'association appliqué à la charité. — Considérations générales sur les
œuvres. — Crèches parisiennes. — M. Marbeau. — Asiles
pour la première enfance. — Me Milet et M. Cochin. — Asile
Fénélon.

Dès le début de cette correspondance dont vous
voulez bien, madame, encourager la continuation,
envisageant la charité dans son principe, j'avais été
amené à cette distinction fondamentale de deux charités, l'une selon l'inspiration religieuse, l'autre selon la règle administrative. Je rencontre maintenant
une nouvelle classification, si je suis la charité dans
son mode d'action, et je l'appelle tour à tour sous ce
nouvel aspect : charité *privée* et charité *publique ou
collective.*

On a trop déprécié parfois la charité privée, qui
est après tout la base et l'origine de l'autre. Elle
devient, lorsqu'elle est pratiquée avec intelligence,
la source de véritables bienfaits. Elle a surtout pour
domaine spécial ces misères imprévues qui résultent,
dans nos sociétés agitées, des caprices de la fortune
et constituent ce qu'on appelle les *pauvres honteux!*

Couverte d'un voile au travers duquel pénètre le regard de Dieu seul, elle se présente à ceux que la foudre a frappés et qui, naguère au sein de l'opulence, sont aujourd'hui voués à un affreux dénûment. Dans ses offrandes, dans ses consolations elle sait l'art de ménager cette pudeur que garde le malheur immérité. Oh! que dans sa pieuse mission il y a souvent de puissance pour ramener des cœurs qu'égarait le désespoir et où débordaient toutes les amertumes de la vie, pour les façonner en quelque sorte à cette expérience nouvelle de l'adversité !

En dehors de ces situations exceptionnelles et dans la région sociale où réside habituellement la pauvreté, la charité privée a ce grand avantage de mettre les êtres souffrants en communication avec ceux qui peuvent soulager les maux dont ils sont affligés. C'est par elle que se trouve justifiée cette parole si profonde de l'Écriture : *le riche et le pauvre qui sont égaux devant Dieu, se sont rencontrés !* Oui, ils se sont rencontrés ; et cette rencontre a été salutaire pour l'un et pour l'autre : celui-là est devenu meilleur en distribuant le bienfait, celui-ci, en le recevant ; d'un côté s'est affaibli l'orgueil qui naît de la fortune, de la grandeur ; de l'autre se sont apaisées les passions qui fermentent si naturellement dans le sein de ceux à qui tout manque en présence des superfluités du luxe. Ce sentiment d'*amour pour celui qui souffre, de tendre compassion* qu'expriment ces termes mêmes de *charité* et d'*aumône* pris dans leur acception chrétienne, a rétabli une sorte d'équilibre moral entre ceux qui possèdent et ceux qui ne possèdent pas les biens de ce monde, et amené un état de choses d'où résulte, en définitive, plus de bien pour les masses que ne pourraient jamais leur en procurer les vains systèmes des novateurs.

Mais pour que la charité privée porte de tels fruits, il faut, madame, vous le comprendrez sans peine, qu'elle soit faite directement; il faut qu'il n'y ait point d'intermédiaire entre celui qu'accable la misère et celui dont l'âme sait y compatir. Je suis tout à fait à cet égard de l'avis d'un écrivain appartenant à votre sexe et dont j'aurai peut-être d'autres occasions de citer l'excellent écrit. Ne me parlez pas de l'aumône faite ainsi à distance et *comme on la tendrait au bout d'un bâton à quelque pestiféré* (1). Je veux que la charité privée ait le courage du bien ; qu'elle ne redoute pas de pénétrer dans l'asile du pauvre, de se trouver face à face avec la pénurie, avec la dégradation. Je veux qu'elle surmonte les dégoûts, les serrements de cœur, qui l'attendent dans cette mansarde sombre et fétide, où elle trouvera tout d'abord au misérable chevet, la maladie et la faim, ces hôtes blêmes et livides du pauvre. La voilà avec son sublime dévouement. La voilà telle que savent pres-

(1) *Il y a des pauvres à Paris et ailleurs* ; par Mme A. de Gasparin. In-18, 1846, p. 65.

que exclusivement l'accomplir les femmes. En effet, dans notre société, les hommes, parmi les soins divers qui les absorbent, ne peuvent qu'avoir çà et là quelques inspirations charitables. C'est aux femmes à les réaliser. Je dirai à ce sujet avec un poète dont vous pouvez aussi, madame, revendiquer les œuvres gracieuses :

> O femmes ! votre main n'est pas seulement faite
> Pour nouer des rubans et des bouquets de fête :
> Dieu la fit avant tout pour essuyer des pleurs !

Ce saint ministère, le seul auquel ce sexe doive aspirer, est en harmonie avec ces qualités de l'âme qui le distinguent et l'honorent. N'en doutez pas, de jour en jour, au fur et à mesure que sera mieux comprise la nécessité, dans les conditions de nos sociétés modernes, de faire régulièrement redescendre dans les rangs inférieurs une partie de ces richesses qui tendent toujours à s'agglomérer en haut, ce ministère prendra plus d'importance et deviendra plus fécond.

La charité privée dont j'ai cherché à apprécier tout le mérite a aussi quelques inconvénients ; individuelle et mystérieuse, elle s'égare parfois, elle doit nécessairement s'égarer souvent dans la distribution des secours. Il est impossible qu'il ne lui arrive pas d'être trompée par les apparences, de donner quand il faudrait refuser, de refuser quand il faudrait donner ; elle est toujours dans l'alternative de se montrer dure au malheur ou faible pour le vice. De plus, et c'est là son principal défaut, lorsqu'elle cesse de marcher au hasard, lorsqu'elle a bien constaté le caractère réel et respectable des souffrances qu'il s'agit de soulager, elle se trouve complétement insuffisante pour le faire.

Or, madame, quand la charité privée se tient pour insuffisante, elle se fait publique ou collective.

De tout temps certaines personnes ont eu l'idée de se réunir pour le bien comme d'autres pour le mal ; mais ce n'étaient là que des agrégations passagères, qu'une circonstance fortuite avait formées et que dissolvaient d'autres circonstances semblables. Anciennement on les appelait confréries ; souvent ces confréries n'avaient pour durée que l'existence de la personne qui en avait eu la première pensée ; elles reposaient d'ailleurs sur un lien mystique, étranger aux œuvres, et qui tendait à trop subordonner les actes aux pratiques. Dans le fait, on n'y retrouve pas cet esprit d'association né de nos jours et qui est appelé à renouveler la face des affaires humaines. Cette puissance s'est d'abord révélée à la société par ses applications au commerce, à l'industrie ; puis ces applications se sont étendues et multipliées. La charité s'est demandé pourquoi elle ne mettrait pas en jeu un ressort dont la cupidité a tiré si bon parti. De là toutes ces associations qui, depuis envi-

3.

ron un demi-siècle, ont pris d'année en année, dans notre pays, une extension toujours croissante et qui sont pour le pauvre l'origine d'un bien immense que je vous ferai connaître au fur et à mesure que l'objet que se propose chaque association viendra s'offrir à ma plume, car chacune aura son tour dans cette galerie.

C'est qu'il n'est donné qu'à peu de personnes de pouvoir exercer isolément, soit par leur intelligence, soit par leur fortune, une action de quelque importance ; au contraire, il est donné à tous de pouvoir beaucoup en groupant des efforts individuels, de si mince valeur qu'ils soient. Ces efforts non-seulement s'accroissent en proportion du nombre des individus qui s'unissent, mais encore de la puissance de cette réunion elle-même ; une force véritable est créée de rien. L'antiquité représentait ceci par l'apologue du vieillard qui, rassemblant ses enfants autour de son lit de mort, présentait à l'un d'eux un faisceau de dards qui résistait à ses efforts et dont chacun séparé de la masse était brisé par lui sans difficulté. Chaque misère, chaque souffrance a aussi trouvé son faisceau qui combat victorieusement l'action de maux contre lesquels viendraient échouer les tentatives isolées de ses membres.

Les associations charitables, madame, se forment ordinairement par le zèle ardent et opiniâtre de personnes qui veulent arriver à un but précis et dont

nul obstacle ne saurait décourager le bon vouloir ;
elles se régissent par un conseil, par des comités,
par un secrétaire général, par un agent. Bien des
motifs divers sont le mobile des personnes qui con-
tractent ce lien d'association. Des calculs humains s'y
cachent souvent sous le masque de l'amour des pauvres. On veut se mettre en avant, faire parler de soi,
inscrire son nom dans de fastueuses listes qu'impri-
ment les journaux. Eh ! madame, jetons un voile sur
ces faiblesses ! le bien se fait, n'est-ce pas là l'essentiel? Gémissons au contraire de ce que ces motifs
n'exercent pas dans le fait une plus grande influence
qui tournerait à l'avantage des œuvres. En réalité,
quand on parcourt les listes de la plupart des sociétés, on est étonné d'y retrouver sans cesse les mêmes
noms; on ne sort guère d'un certain cercle; c'est
qu'il y a tendance à s'adresser toujours à quelques
personnes qui sont connues pour être accessibles à
cette manière d'exercer la bienfaisance, tandis que
d'autres la repoussent. Est-ce à dire que ces dernières préfèrent, comme elles le donnent à entendre,
faire le bien en secret et sans bruit, qu'elles veulent
que leur bienfait arrive en quelque sorte inaperçu à
sa destination? Je veux le croire; rien assurément
de plus respectable, je le répète, que ce mystère dont
s'enveloppe la charité privée; toutefois, dans notre
état de société, cette réserve n'est pas toujours bien
judicieuse. Mon Dieu ! pourquoi se cacher pour faire

le bien lorsque tant de gens s'affichent pour faire le mal ! J'aime que la charité collective ne rougisse pas de ses œuvres. Au milieu d'un monde égoïste et railleur où cette disposition de l'âme à compatir aux misères d'autrui passera fréquemment pour duperie, c'est peu de ressentir au fond de son cœur une généreuse émotion, il ne faut pas craindre de la laisser paraître au dehors. Oh non ! ne mettez pas d'ostentation dans vos bienfaits, mais n'en redoutez pas trop non plus le soupçon ; donnez publiquement selon vos ressources ; ne soyez pas orgueilleux de donner beaucoup ni humilié de donner peu ; et si, par votre adhésion ouverte à un acte public de bienfaisance, vous pouvez déterminer celle de quelques autres, croyez-moi, ne la refusez jamais !

Disons-le : à côté de quelques personnes qui apportent dans la pratique du bien cette sorte de pudeur, combien en est-il pour lesquelles ce n'est là qu'un prétexte qui colore l'indifférence et la dureté ! Si vous êtes jamais appelée, madame, aux labeurs d'une dame patronesse, vous comprendrez comment il se fait qu'on ait constamment recours à ces personnes qui réservent toujours un sourire affable, une expression de sympathie à toute demande en faveur des pauvres, quand vous verrez l'accueil froid et gêné qui vous attend auprès de beaucoup d'autres, auprès des riches surtout, sauf d'honorables exceptions; car il est d'observation que ce sont en général

ceux qui ont peu qui compatissent le plus aux misères de ceux qui n'ont rien ; examinez leur contenance
en vous écoutant : ils sont accablés de pareilles demandes, chaque jour elles se renouvellent, et leurs revenus n'y suffiraient pas s'ils ne s'imposaient une réserve
indispensable ; puis, n'ont-ils pas leurs pauvres ?

—Ah ! que je plains les pauvres qui n'ont pour
ressource que de tels riches ! C'est, au surplus, le cas
de s'armer de persévérance. Je connais des dames
dont le zèle est à cet égard au-dessus de tout éloge.
Elles ont pris leur parti de ne pas sortir de chez les
gens sans avoir un succès tel quel ; elles livrent donc
un rude assaut à cette bourse rebelle. La place est
aussi bien assaillie que bien défendue ; le cœur est-
il resté inaccessible, elles s'attaquent à l'amour-pro-
pre ; elles bravent les paroles rudes, les remarques
humiliantes. L'importunité arrache enfin une offrande ; elles se consolent de la mauvaise grâce avec
laquelle elle a été accordée en songeant au soulagement que va en retirer telle ou telle infortune.

Je compte à Paris seulement quatre-vingts associations de bienfaisance, dont les ressources annuel-
les doivent s'élever à deux millions. C'est peu, sans
doute, et nous sommes encore loin, sous ce rapport,
de l'Angleterre, où la presque universalité des établissements charitables sont soutenus par les souscriptions volontaires d'associations, parmi lesquelles
il en est qui ont à elles seules presque autant d'im-

portance que toutes les nôtres réunies. C'est peu, di-
sons-nous, et voilà pourtant deux millions qui s'é-
changent directement chaque année en aliments, en
habits, en combustible, etc., pour ceux à qui tout
manque. Des économistes de salon vous diront, madame, que l'emploi de ces sommes, en produits divers de l'industrie, eût également, après tout, tourné à
l'avantage des classes laborieuses. Défiez-vous de cette
théorie, qui renferme encore un excellent prétexte
pour fermer sa bourse aux malheureux. Oui, sans
doute, en définitive, quand vous achetez des soieries,
des châles, des dentelles, il y a dans l'acquisition de ces
riches produits une création de travail pour les ouvriers qui les accomplissent; le prix qui en est payé
descendra par degrés, des mains du marchand, jusqu'aux individus qui sont placés au dernier rang dans
l'échelle de la production; mais pendant son trajet
l'extrême misère a pu succomber. N'avez-vous pas
remarqué parfois, madame, à la porte du magnifique
magasin où vous entriez pour faire quelques emplet-
tes, de pauvres gens regardant au travers des car-
reaux, l'œil creux et le front pâle, ces étalages si bien
combinés pour exciter les désirs des passants? L'argent que vous verserez au comptoir pour solder les
fabrications de Lyon, de Mulhouse ou de Valenciennes, viendra-t-il en aide aux besoins pressants qui les
assiégent! Évidemment non. J'en conclus que si les
consommations de luxe sont nécessaires pour alimen-

ter le travail de certaines classes de producteurs, il faut savoir distraire de ces consommations ce qui doit aller directement au soulagement des misères inhérentes à l'existence même de nos grandes cités. Et voilà aussi ce que font les personnes qui, comblées des dons de la fortune, sont animées d'une pensée bienfaisante.

Mais combien, je le répète, le cercle devrait en être plus étendu ! Je vois figurer sur les listes des associations diverses des pairs de France, des députés, des conseillers d'État, des membres de nos cours supérieures, des banquiers, des avocats, des gens de lettres ; mais combien est-il de pairs de France, de députés, de conseillers d'État, de membres de nos cours supérieures, de banquiers, d'avocats, de gens de lettres, qui ne figurent sur aucune ! Ah ! que de bien pourrait être fait, si, dans chaque famille, parmi les classes aisées, on se faisait une loi d'appartenir au moins à une société charitable ! Resterait-il une seule misère sans soulagement, si par une sorte de partage fraternel et chrétien, tous ceux qui n'ont pas besoin de secours s'imposaient l'obligation d'en accorder à ceux qui en réclament, ne fût-ce que dans la plus faible proportion ! Je voudrais voir surtout développer cette disposition chez les enfants. Songez-y, madame, l'éducation tout entière est comprise dans la pratique éclairée de la charité. Que ne pourrait-on pas attendre d'une génération de bonne heure inscrite dans ces registres de la bienfaisance collective, et ainsi initiée, avant même d'entrer sur la scène du monde, au douloureux spectacle qu'y présente l'existence d'un si grand nombre d'individus ! Quelle immense action résulterait de l'adoption de la vue que j'indique ici pour préparer aux pauvres un meilleur avenir et changer les destinées ultérieures de la société !

Je reviens aux crèches. L'idée première doit en être rapportée à un habitant de Paris, magistrat municipal du 1er arrondissement, qui a exposé l'historique de cette institution nouvelle dans un petit écrit où chaque page décèle une louable ardeur pour la cause de l'humanité souffrante (1). Ce fut en visitant un jour, comme membre du bureau de bienfaisance, dans le quartier populeux de Chaillot, une pauvre blanchisseuse, qu'il conçut le projet maintenant réalisé de la crèche. Elle avait trois enfants. L'aîné, qui était âgé de plus de deux ans, se rendait à l'*asile*, dont nous allons nous occuper dans un instant ; les deux autres étaient confiés à une sevreuse à qui il fallait donner 14 sous par jour sur les 2 fr. qu'elle gagnait quand elle avait de l'ouvrage. Elle nourrissait à grand'peine le plus jeune aux heures de repas. Cette situation excita l'intérêt du généreux visiteur. Pourquoi, se dit-il, la société ne viendrait-elle pas en aide à cette mère et à toutes celles qui se trouvent dans une po-

_____

(1) *Des Crèches;* par J.-B. Marbeau, in-18.

sition conforme, et elles sont en si grand nombre ! Pourquoi ne leur offrirait-elle pas un moyen de concilier l'accomplissement des devoirs de la maternité avec la continuation du travail nécessaire au soutien de la famille ! Il communiqua ses vues à son bureau qui les accueillit avec empressement ; le concours de plusieurs personnes charitables fut invoqué non sans succès et bientôt la première crèche s'ouvrit dans Chaillot même où la pensée en avait été conçue.

Une crèche, madame, est donc un établissement fort modeste où sont déposés et soignés, moyennant une très-faible rétribution (c'est 20 centimes par jour à la crèche de Chaillot), par des berceuses choisies avec précaution, les nouveau-nés que leurs mères viennent allaiter dans le cours de la journée. Il y a là, vous le reconnaîtrez facilement, un double bienfait : pour l'enfant et pour la famille pauvre où il est venu prendre rang. Qu'arrive-t-il ordinairement dans la classe ouvrière ? La mère, obligée de gagner une portion de la journée indispensable pour l'existence de tous, quitte son foyer dès le matin et confie son jeune enfant à un autre un peu plus âgé. Vous avez pu voir parfois au passage, dans les rues de nos faubourgs, quelque petite fille de huit à dix ans, chargée d'un enfant dont le poids est à peine approprié à ses forces et qu'elle traîne partout. Il y a là le plus souvent, il faut le dire, un germe d'instinct maternel qui fait que la pauvre petite créature n'est pas trop délaissée, quoiqu'on ne s'inquiète guère de ses cris; mais cette jeune gardienne elle-même perd ainsi son temps; elle n'est point à l'école; ses yeux s'accoutument à voir le mal, ses oreilles à l'entendre; elle prend des habitudes d'oisiveté et de vagabondage; et si elle est un jour une de ces femmes sans ordre et sans soins qui font la ruine d'un pauvre ménage, c'est peut-être à cette circonstance qu'il faudra l'attribuer. Si l'enfant est confié au dehors à quelque mercenaire, vous avez vu par le fait cité quelle charge il impose à une famille d'ouvriers! Dans la crèche, au contraire, il est bien soigné pour rien ou pour peu de chose, laissant ses aînés libres de se rendre où les attend l'instruction et la moralité. Oui, la crèche est une heureuse création qu'on ne saurait trop se hâter d'étendre à tous les quartiers de Paris et à toutes les villes du royaume, au grand soulagement des classes laborieuses; déjà plusieurs crèches nouvelles se sont ouvertes dans les autres arrondissements, et beaucoup sont en projet. Visitez, madame, un de ces petits établissements à l'heure où les pauvres femmes s'y rendent de leurs travaux divers pour rapprocher de toutes ces bouches avides la nourriture que recèle leur sein, et je promets à votre cœur de jeune mère un spectacle intéressant. Les cris se sont apaisés comme par enchantement dans ces berceaux propres et bien tenus; et toutes ces femmes, joyeuses de se retrouver avec leurs enfants, que la nécessité de leur condition les oblige à abandonner un instant, bénissent le Ciel de les voir entourés de tous les soins d'une charité intelligente.

De la crèche à l'asile, il n'y a qu'un pas. Le premier asile pour l'enfance fut fondé à Paris, il y a environ trente années, au faubourg Saint-Honoré, par madame de Pastoret, dont le nom rappelle une active participation à tant d'œuvres charitables; mais ce ne fut que quelques années après que cette utile institution prit tout son développement, grâce aux efforts de madame Milet, aujourd'hui inspectrice des asiles de Paris. Cette honorable dame avait pu, dans une tournée au delà du détroit, constater elle-même les bons résultats de ces établissements qui, sous le nom d'*infants' schools,* s'étaient rapidement multipliés dans toutes les parties du Royaume-Uni. Elle en fit connaître à son retour l'organisation; un comité de dames se forma au faubourg Saint-Marceau, sous les auspices d'un de ces hommes appartenant à l'édilité parisienne qui rappellent une bienfaisance héréditaire, de M. Cochin, dont on regrette encore la perte prématurée, et bientôt après un asile fut annexé au bel établissement qu'il avait consacré dans ce quartier à l'instruction primaire. Sur le même modèle, d'autres se sont successivement établis; on en compte aujourd'hui à Paris dix-neuf recevant de quatre à cinq mille enfants âgés de deux à six ans, et dans toute la France quatre cent quatre-vingt-neuf, où sont reçus environ quatre-vingt-seize mille enfants (1). Vous voyez quel rapide accroissement a pris l'institution, et pressentirez facilement quel avenir lui est réservé.

Ce sont presque partout des dames qui inspectent, surveillent ou dirigent les asiles, parce que c'est seulement de votre sexe, madame, le nôtre en convient, qu'il faut attendre ces soins minutieux, attentifs, que réclament ces jeunes créatures. J'ai visité quelques asiles à Paris ou ailleurs; qui en voit un les voit tous. Figurez-vous deux longues estrades de bancs très-bas, en pente douce, sur lesquels sont rangés d'un côté les petits garçons, de l'autre les petites filles, de telle sorte que la directrice ait constamment sous les yeux tous ces enfants; au devant quelques simples appareils supportant des cartons où sont peintes de grandes lettres, la machine à calculer, formée de longues files de petites boules, qui matérialise en quelque façon la numération, ou tel autre moyen de communiquer ces premières notions de l'enseignement qui sera plus tard sérieusement entrepris dans l'école. Divers mouvements qui se font d'ensemble et de temps en temps, quelques chants faciles fournissent un aliment à cet incessant besoin de se mouvoir et de crier, qui est le propre du premier âge. Un asile bien tenu, et où tout dé-

(1) Rapport au Roi sur l'instruction primaire, 1845.

cèle une pensée bienveillante pour l'enfance, offre un tableau digne d'un haut intérêt. Rude est la besogne pour la personne qui le dirige; il faut une patience que Dieu seul peut donner. Celle qui ne puiserait pas ses forces en lui resterait infaillible-ment au-dessous de cette tâche. Elle doit y penser beaucoup et même en parler souvent en l'accomplis-sant; car c'est ainsi qu'elle jette dans ces jeunes cœurs les premières semences du sentiment reli-gieux qui sera un jour leur meilleur appui parmi les misères de la vie. C'est une chose merveilleuse, au surplus, que la facilité avec laquelle on fait entrer dans l'esprit des enfants cette idée sublime d'un Être tout-puissant qui punit et récompense. L'âme, sem-blable à ces instruments dont il suffit d'effleurer les cordes pour obtenir une vibration sonore, répond sans effort au moindre appel à cet égard. La re-marque en a été souvent faite dans les asiles.

On y voit aussi se développer d'une façon pour ainsi dire spontanée d'autres bons sentiments, car le cœur de l'homme est, même dès le berceau, le théâ-tre de ce perpétuel antagonisme du bien et du mal qui constitue l'existence de ce bas monde. Je me sou-viens d'un fait qui s'était passé dans un asile peu de jours avant celui où je le visitai. Cela est bien enfan-tin, madame, mais n'excitera pourtant pas, j'en suis sûr, votre dédain. Il s'agissait d'un ouvrier veuf qui avait à reconduire à sa grand'mère une petite fille

âgée de trois ans. Point d'argent pour faire les qua-
rante-cinq lieues qui le séparaient de la vieille femme,
et l'on était en plein hiver ! Le brave homme se préparait pourtant à partir à pied, son enfant dans ses
bras, quand la directrice de l'asile eut l'idée de faire
un appel au cœur de ses jeunes camarades. Elle leur
demanda s'ils ne voudraient pas bien sacrifier quelque peu de ce qui leur était donné pour acheter des
friandises, afin que la petite fille pût aller en voiture
et éviter le froid et la faim. Un jeune garçon déclara
sur-le-champ qu'il avait cinq sous à la maison et les
donnerait de bon cœur. Tous les autres de s'écrier à
qui mieux mieux : J'ai deux sous ! j'ai un sou ! Le
lendemain, l'autorisation ayant été obtenue des parents, les deux petites filles les plus âgées de la troupe,
c'est-à-dire de cinq à six ans, firent la collecte dont
le produit fut remis au père qu'il aida à faire un
moins pénible voyage. Certes, madame, voilà une
humble quête, mais je me trompe, ou les anges sou-
rirent du haut des cieux en voyant ces pauvres petits
se cotiser de la sorte pour faire du bien à leur semblable, avec un cœur innocent et pur et exempt
de tous ces sentiments qui ne se mêlent que trop
fréquemment aux générosités fastueuses de nos
temples.

L'asile Fénélon fondé il y a quatre ans, par M. l'abbé
Dubeau à Vaujours près de Paris, n'a d'un asile ordinaire que le nom. Des orphelins y sont admis dès

l'âge de trois ans pour y recevoir les soins que réclame la première enfance, et plus tard l'instruction
primaire et même quelque pratique des premiers travaux agricoles. Cet établissement qui a ainsi un caractère mixte par lequel il se rapproche de quelques au--
tres dont nous parlerons ci-après, est appelé, grâce
à l'impulsion que lui a imprimée l'honorable magistrat qui préside la société sous la protection de
laquelle il est placé, M. de la Palme, à remplir
complétement le but utile que s'est proposé son
fondateur.

Mais ces enfants que nous voyons préservés de
l'abandon et recueillis par des moyens divers, le moment est arrivé de songer pour eux à l'instruction et
au travail. C'est là un nouvel ordre de faits dans lequel nous allons entrer, et où nous aurons occasion
de recueillir une foule de remarques qui exciteront
également, je l'espère, votre vif intérêt.

LETTRE IV.

Question de l'instruction populaire. — Le roman moderne. — Projet d'association pour la propagation des bons livres. — Cabinets de lecture pour le peuple. -- Bibliothèques des paroisses. — État de l'instruction primaire. — Nombre des écoles et des élèves. — Instituteurs. — Frères des écoles chrétiennes. — Écoles normales. — Sociétés pour l'enseignement élémentaire. — Méthode d'enseignement mutuel. — Société charitable des écoles du 10e arrondissement.

La question de l'instruction du peuple a été, madame, l'objet d'une controverse longue et animée, mais aujourd'hui, Dieu merci, épuisée. Personne ne conteste plus qu'il soit utile de donner aux classes laborieuses des enseignements appropriés à cette condition ; les arguments qu'on opposait à cette thèse ont fait leur temps et ne seront plus reproduits. Aux opinions exagérées émises de part et d'autre ont succédé des appréciations modérées et justes. L'instruction populaire n'est assurément pas le remède à tous les maux ; elle ne guérit pas toutes les plaies sociales. L'ouvrier qui sait lire peut lire le mauvais comme le bon, et dans bien des cas, il faut le dire, c'est le mauvais qu'il préférera. Si parmi les individus traduits devant les tribunaux il y a beaucoup d'ignorants, on peut dire aussi que parmi les condamnés des bagnes et des maisons centrales, il y

4

a bon nombre de coupables fort instruits. Hélas !
ne s'est-il pas trouvé, dans ces derniers temps, d'ef-
froyables assassins qui étaient initiés à toutes les sub-
tilités de nos débats littéraires et philosophiques !
Mais ce sont là des faits partiels, et il n'en est pas
moins vrai qu'une instruction sage et mesurée, surtout appuyée sur les croyances religieuses, est un
immense bienfait pour le peuple, dont elle accroît
tout au moins le bien-être, et c'est déjà beaucoup
sans doute, car dans ces régions de la société, l'expérience ne le démontre que trop, c'est souvent la misère qui amène l'immoralité, comme aussi d'autre
part l'immoralité amène la misère. Tel est effectivement le déplorable cercle vicieux dans lequel se
trouvent renfermés une foule d'individus appartenant à la population laborieuse des grandes cités ;
ils s'y débattent en vain dans le cours de leur existence et n'en sortent finalement que par la mort.

Si l'on réunissait au surplus tous ces dictons consacrés, toutes ces histoires traditionnelles, toutes ces
recettes d'un grossier empirisme, toutes ces super-
stitions ridicules qui constituent la science du peuple,
notamment du peuple des campagnes, on verrait
qu'il y a là beaucoup d'instruction ; seulement, c'est
l'instruction de l'erreur, et c'est celle de la vérité
qu'il lui faut. Puis telle est la marche du siècle, et il
vaut mieux s'attacher à la régulariser qu'à la combattre ; on ne peut empêcher le torrent de rouler au

loin ses eaux mugissantes ; mais on peut, au moyen de digues, préserver la plaine de l'inondation. Considérez enfin que le mal que pourra faire l'instruction quand elle a été mal dirigée et localisée chez quelques-uns s'efface quand elle se généralise. N'est-il qu'un homme instruit dans un village, il deviendra dangereux s'il a des tendances perverses ; mais si tout le monde est instruit comme lui, ses exemples et ses leçons n'exerceront plus d'influence sur personne.

Ce qu'il faut donc d'abord, madame, c'est instruire et ensuite faire en sorte qu'il ne soit fait qu'un bon usage de l'instruction par le choix intelligent des lectures. Quand on savait lire autrefois parmi le peuple, on lisait la bibliothèque bleue et autres productions du même genre, la plupart du temps dénuées de bon sens et grossières dans la forme. Certes, la moralité publique n'avait rien à gagner à ces lectures ; mais celles qui de nos jours menacent graduellement de devenir, dans notre pays, le seul aliment intellectuel des masses, feront vivement regretter des contes ridicules et des chansons malséantes, car elles présentent de bien plus graves dangers. Je veux parler, madame, du roman qui s'est emparé de la presse périodique et qui du feuilleton descend insensiblement par la multiplicité et le bon marché de ses produits jusqu'aux classes populaires, pour y devenir le germe d'une véritable révolution dans les esprits.

Cent écrivains, dont plusieurs sont doués d'un incontestable talent de style et qui presque tous savent l'art facile de saisir l'imagination, ont incessamment sur le métier de ces fictions où tout est dénaturé à plaisir, aussi bien l'histoire des hommes que celle des sentiments et des passions de l'humanité; une est-elle à peine achevée qu'une autre commence; quelques écrivains en conduisent deux ou trois à la fois et alimentent ainsi en même temps plusieurs feuilles. Il est des gens qui tiennent, en quelque sorte, boutique de romans tout faits auxquels il ne manque qu'un nom d'auteur en possession d'exciter l'intérêt public; et comme l'agiotage se mêle à tout de nos jours, je ne serais pas surpris qu'il s'emparât de ces opérations et qu'on en vînt à coter ces grands hommes à la Bourse, à la suite des chemins de fer et des rentes étrangères. De récents procès ont fait connaître à ce sujet d'incroyables transactions entre les entrepreneurs de romans et les feuilles publiques. Je pourrais, madame, citer tel d'entre eux qui est littéralement *affermé* par certain journal, pour lequel il écrit comme on laboure et auquel il est tenu de livrer à tant la ligne ou la page, par mois ou par an, une quantité fixe de cette étrange marchandise! O honte littéraire! ô triste spectacle offert par un pays qui a produit tant de chefs-d'œuvre dont s'honore l'esprit humain!

Jadis on prétendait que la lecture des romans,

même bons, est presque toujours nuisible, qu'elle
ne peut qu'exalter en nous des penchants qu'il appartient, au contraire, à la raison de contenir, que
faire envisager la vie et la société sous un jour faux
et trompeur ; on cherchait donc généralement à empêcher cette lecture : une mère prudente l'interdisait
absolument à sa fille ; un mari sensé ne la conseillait
guère à sa femme ; c'était tout au plus un délasse-
ment passagèrement admissible pour les personnes
d'un certain âge. Mais voici que de nos jours le roman, qu'on dérobait au regard dans un coin de sa
bibliothèque, est transporté dans le journal, livre de
chacun et de chaque jour ; là il met en défaut la
plus active surveillance ; là il arrive à tous dans la
famille comme les eaux du fleuve infernal aux lèvres de Tantale, irritant chaque matin une curiosité
qui voudra enfin être satisfaite. On se ferait difficilement une idée de tous les tableaux licencieux, de
toutes les doctrines immorales, de tout le déborde-
ment corrupteur qui s'est ainsi, feuille à feuille, impudemment étalé depuis vingt ans aux yeux d'un
nombre incalculable de lecteurs. Car c'est le propre
de ce mode de publicité par fragments de pouvoir
faire lire simultanément le même ouvrage par une
foule d'individus. Si l'on réfléchit que le tirage de certains journaux s'est élevé par l'abaissement du prix
d'abonnement à trente et même à quarante mille
feuilles, on comprendra l'action que doit exercer sur

les mœurs cette portion de la presse périodique. Voici
en effet d'abord trente ou quarante mille exemplaires
du livre dangereux qui passent de main en main ; mais
ce n'est rien encore : la composition typographique
soumise à l'opération peu coûteuse du *cliché,* c'est-à-
dire coulée en planches métalliques, en produira autant de milliers de copies nouvelles qu'on voudra ; il
n'en coûte que quelques efforts de bras et du papier.
On aura ainsi le moyen de livrer au prix de *cinquante
centimes* la matière d'un volume in-8°, signé d'un
nom fameux ! De cette façon le roman-feuilleton est
partout à la fois, au salon, au magasin, dans la loge
du portier, dans la mansarde de l'ouvrière ; il frappe
à toutes les portes et pénètre dans tous les esprits
pour y semer les idées les plus antipathiques aux
saines habitudes d'ordre sur lesquelles repose l'existence calme et prospère de la société ! Ajoutons, et
ceci n'est pas ce qu'il y a de moins grave, que partout où il a entrée il domine et fait peu à peu tomber dans l'oubli quelques bons volumes de littérature, d'histoire et de voyages, qui avaient anciennement élu domicile jusque dans les plus humbles familles et étaient lus de génération en génération. Le
moyen que la lecture n'en paraisse pas dès lors insi-
pide ! c'est l'eau emmiellée qu'on voudrait faire goû-
ter au palais émoussé par l'usage des liqueurs fortes.

N'y a-t-il pas lieu de s'étonner de l'indifférence
avec laquelle nombre de personnes appartenant aux

rangs élevés de la société et même y fonctionnant parmi les pouvoirs publics voient l'irruption de cette étrange littérature qui tend à anéantir graduellement dans notre pays toute saine critique, tout bon goût, tout sentiment réel de l'art. Faut-il le dire même : une foule d'hommes graves que la réflexion semblait devoir prémunir contre un fol engouement ont pris au sérieux quelques-unes de ces œuvres ; on en a vu qui, obéissant à l'impulsion donnée par les masses, dénuées de sens et d'instruction, se passionnaient tout à coup pour telle ou telle de ces productions frivoles. Alors le vertige devenait général : le précieux feuilleton était attendu avec impatience et avidement dévoré! l'interruption de l'interminable histoire eût semblé une calamité publique !... En vérité, c'est là un spectacle affligeant et en présence duquel on serait tenté de se demander si nous marchons (ce qu'à Dieu ne plaise!) à ces siècles de décadence où un grand empire tourne au Bas-Empire ; si nous aussi, imitant cette clameur célèbre des Romains dégradés : *du pain et des jeux du cirque !* nous devons bientôt nous borner à nous écrier : *du pain et des romans !*

Tous les efforts des amis du bien doivent s'unir pour arrêter, en favorisant l'essor de l'instruction populaire, cette tendance vers les funestes lectures qu'on voit, de proche en proche, envahir toutes les classes de la population. Il n'y a lieu ici qu'à une action indirecte, mais qui peut être toutefois très-efficace :

il faut opposer les bons livres aux mauvais ; rendre ceux
qui sont susceptibles d'améliorer le cœur et la raison
accessibles à toutes les bourses, à toutes les intelligences. Déjà plusieurs sociétés se sont formées pour la
propagation des publications utiles, mais elles avaient
un caractère trop exclusivement religieux. D'autres
entreprises de ce genre étaient purement industrielles ; le but ne saurait être atteint de cette manière.
Je voudrais voir se former une vaste association de
bienfaisance, qui n'aurait d'autre objet que de faire
arriver au peuple la nourriture intellectuelle qui lui
convient. Je ne tracerai pas son programme : cela
seul serait une œuvre importante. Tous les moyens
propres à provoquer la publication et la circulation
des bons ouvrages rentreraient dans son domaine ;
certaines contrées, l'Écosse par exemple où se sont
formées jusque dans des districts reculés, des bibliothèques ambulantes qui pénètrent successivement
partout, devraient être étudiées avec soin. Rien ne
serait plus efficace pour combattre le fatal déborde-
ment des mauvaises publications que la formation de
ces bibliothèques. Un esprit distingué en signalait
naguère l'importance (1). On dédaignerait dans beaucoup de familles le roman immoral et le drame, qui
n'est la plupart du temps que le roman découpé
en dialogues, si l'on pouvait se procurer facilement,

(1) M. de Vatimesnil, *Annales de la charité*, no 5.

sans frais ou à peu de frais, quelques livres à la fois
instructifs et attrayants. Il faut bien comprendre que,
même dans l'existence la plus laborieuse, il reste encore des instants qui peuvent être livrés à la lecture
et deviennent un repos délicieux pour le corps. L'âge,
la maladie, je ne sais combien de circonstances imprévues, amènent forcément de ces périodes où les
bras s'arrêtent et laissent toute liberté d'action à l'ê-
tre moral et intelligent. La religion et l'hygiène sont
d'accord pour prescrire ces interruptions hebdomadaires du travail, qui absorbent un sixième de l'existence. Comment l'ouvrier usera-t-il de tous ses loisirs ! Chose étrange ! le jour où il pourrait surtout
lire, s'éclairer, se moraliser par l'instruction, ce
jour-là nos grands dépôts de livres, qu'il devrait, lui
aussi, fréquenter dans l'occasion, sont tous fermés ! Il
n'a, hélas ! pour lieu de distraction que le cabaret,
le cabaret, où il se laisse insensiblement entraîner à
de honteux excès, et où s'absorbe en un seul jour le
fruit de ses sueurs de la semaine, destiné parfois à
faire subsister une femme et des enfants !

Pourquoi l'association dont je suppose l'existence
ne fonderait-elle pas de véritables cabinets de lecture
populaires, ouverts surtout le dimanche et où
l'homme appartenant aux classes laborieuses irait,
quand le goût du savoir utile a été suscité en lui, se
délasser de ses travaux et alimenter son esprit de
notions intéressantes et curieuses sur les sciences et

les arts, sur l'histoire et les usages des divers pays ?
Quelles sommes considérables seraient à la longue
enlevées aux consommations abusives et pernicieu-
ses par de tels établissements ! Plus j'y songe et plus
j'en vois sortir d'heureuses conséquences pour améliorer peu à peu les mœurs et les habitudes d'une
grande partie de la population des villes. Il faudrait
que le choix des volumes qui composeraient ces modestes cabinets littéraires fût fait avec beaucoup de
sagacité et de discernement : de bonnes traductions,
des réimpressions d'ouvrages oubliés, des composi-
tions demandées à quelques écrivains faits pour s'associer à cette noble entreprise, donneraient satisfaction
au besoin de nouveauté qui se manifeste chez tous les
esprits dans ces époques d'agitations politiques et sociales telles que celle où nous vivons ; il faudrait n'y
admettre les journaux qu'avec une grande réserve ;
non sans doute que je veuille que le peuple, dans la
forme de gouvernement qui nous régit, reste complétement étranger à la marche générale des affaires ;
mais la vérité et la raison ont tant de peine à s'y faire
jour au travers des exagérations de l'esprit de parti !
et il est trop vrai que, bien qu'il y soit sans cesse question de la cause et des intérêts du peuple, il n'y trouvera le plus souvent que des amis dont les conseils,
s'ils étaient littéralement suivis, l'entraîneraient bientôt dans les plus funestes erreurs !

Je ne me donnerai point ici, au surplus, madame, le

mérite de l'invention. Quelques tentatives que je dois vous faire connaître attestent combien est généralement senti le besoin de compléter, par de saines lectures, l'œuvre de l'instruction populaire. Sans parler de plusieurs associations charitables auxquelles j'aurai occasion de revenir plus tard et qui s'attachent, entre autres soins, à fournir de bons livres aux malades, aux prisonniers, aux élèves des écoles d'adultes, etc., je ferai une mention plus spéciale des *Bibliothèques des paroisses*, fondées dans plusieurs quartiers de Paris. Celle de Saint-Sulpice, que dirige un vicaire de cette église, admet des ouvrages de tout genre. Moyennant une cotisation annuelle de dix francs, tout habitant de cette capitale est admis à emprunter des livres; le prêt est gratuit pour les personnes de la paroisse qui ne pourraient payer la cotisation. Les autres, qui existent à Saint-Thomas-d'Aquin, à Saint-Roch, etc., sont formées sur les mêmes bases. On a créé de semblables bibliothèques dans plusieurs villes, telles que Bordeaux, Cambrai, Valenciennes, etc. C'est là, sans doute, une institution utile et bienfaisante, mais dont, après les considérations qui précèdent, il serait superflu de faire ressortir l'insuffisance.

Ce n'est pas sans dessein, madame, que j'ai fait précéder de ces réflexions développées les renseignements que j'avais à placer sous vos yeux sur l'état de l'instruction primaire en France; nous avons ainsi fait nos réserves et pouvons, sans hésitation, constater les résultats très-satisfaisants que présente notre pays sous ce rapport. La loi du 20 juin 1833, qui a donné aux écoles du peuple leur organisation actuelle, a imprimé un essor qui ne s'est plus ralenti depuis, et qui ajoute chaque année un progrès nouveau à ceux des précédentes années. J'emprunterai, à cet égard, quelques données officielles au dernier compte rendu émané du ministère de l'instruction publique (1). En 1843 on comptait 59,838 écoles primaires et 4,496 de plus qu'en 1841 ; il n'y avait plus que 2,460 communes qui fussent privées de tous moyens d'instruction, soit à cause de leur pauvreté, soit à cause de leur ignorance qui est telle qu'elles nient la lumière et la repoussent; mais toutes payent l'impôt spécial, lequel est économisé au Trésor et permettra plus tard, avec l'aide de l'État, de les faire participer bon gré, mal gré au bienfait de l'instruction ; de cette sorte il ne restera plus bientôt une seule partie du royaume qui pût être représentée, dans la carte ingénieuse de M. Ch. Dupin, sous ces teintes sombres dont une grande partie du territoire était couverte lorsqu'il la publia pour la première fois.

Dans la même année 1843, les écoles ont été fréquentées par 3,164,297 enfants dont les deux cin-

(1) Paris, imprimerie royale, 1845.

quièmes environ appartenaient au sexe féminin. Le nombre des élèves s'était accru depuis 1840 de 267,333. La statistique évalue à cinq millions, sur notre population totale, le nombre des enfants âgés de six à treize ans, c'est-à-dire qui sont aptes à recevoir l'instruction primaire ; les trois cinquièmes de ces enfants fréquentent par conséquent les écoles ; mais il ne s'agit ici que de ceux qui les suivent avec régularité ; beaucoup d'autres s'y présentent par moments ou bien reçoivent des leçons de maîtres ambulants qui vont de commune en commune, semant au passage quelques germes d'instruction, de telle sorte que le ministre a pu dire qu'il n'y a plus guère que 600,000 enfants complétement en dehors de ce mouvement qui enveloppe la population tout entière et la retire des ténèbres. Voilà certes un état de choses qu'on peut signaler avec quelque satisfaction. Combien pourtant sommes-nous loin encore de la situation que présentent certains pays étrangers ! Aux États-Unis, par exemple, l'État de New-Yorck, sur une population de près de deux millions et demi d'habitants, renferme plus de 9,000 écoles que suivent 660,000 enfants de cinq à seize ans !

Du reste, il faut rendre à notre population ce témoignage qu'elle n'oppose pas en général de résistance individuelle au progrès. Partout les familles cèdent facilement à l'invitation qui leur est faite d'envoyer leurs enfants à l'école. Vous savez peut-être, madame, qu'il est des États d'Allemagne où la législation condamne à la prison ou à l'amende tels parents qui s'obstinent à ne pas laisser instruire leurs enfants. Jamais une semblable pénalité ne sera né-cessaire en France. Le génie naturel de la nation ré-vèle instinctivement, même à ses plus humbles habitants, le prix inestimable de l'instruction pour l'amélioration de leur condition morale et matérielle.

La dotation de l'instruction primaire, madame, est importante; elle se forme de fonds alloués par l'État, par les conseils généraux, par les communes. Elle s'est rapprochée en 1843 de 16,000,000 fr., et l'on a calculé que dans les dix dernières années il avait été dépensé 64,000,000 fr. environ pour doter d'une maison d'école propre, aérée et commode, ces in-stituteurs dont le sort éveille chaque année la sollici-tude de nos assemblées législatives. On a fait sans doute beaucoup pour eux depuis l'époque où des membres de l'Université, chargés d'une mission offi-cielle, parcourant les campagnes, y trouvèrent des instituteurs réduits par la misère à se faire sonneurs et fossoyeurs, sabotiers et même cabaretiers (1). Toutefois, on peut juger qu'il y a lieu de faire quelque chose de plus encore en leur faveur, quand on voit que sur cent instituteurs il y en a soixante-dix qui ne re-

(1) Tableau de l'instruction primaire en France d'après des do-cuments authentiques, par F. Lorain, in-8, 1837.

çoivent pas moyennement, soit en traitement fixe, soit en rétributions mensuelles, au delà de 485 fr., somme qui doit suffire pour l'existence honorable d'une famille !

Sur les 75,500 individus qui forment le personnel de l'instruction primaire, près de 17,000 appartiennent à des associations religieuses, et dans ce nombre figurent seulement 3,128 individus du sexe masculin. La presque totalité font partie de ces dignes frères des écoles chrétiennes qui ont rendu de si éminents services à la cause de l'instruction populaire en France, depuis l'époque où le vénérable abbé de la Salle fonda leur institut. Ce fut en 1688 que l'humble milice, marchant sur les traces de congrégations plus anciennes qui avaient défriché le sol, entreprit, elle aussi, de défricher l'intelligence inculte et rude du peuple. On peut se faire une idée de la tâche qu'elle s'imposait, en songeant que le pays sortait à peine alors d'un temps où l'on tenait parfois à mérite, dans les hautes classes, de ne pas connaître les premiers éléments de l'instruction ; elle l'a poursuivie, cette tâche, avec zèle et patience, n'ayant pas même la consolation, dans ses ingrats labeurs, d'échapper à cet esprit de sarcasme, arme fatale que nous manions avec tant d'habileté, et qui a fait de si profondes blessures en France aux choses les plus respectables. Pendant la grande tourmente révolutionnaire qui ensevelit dans un com-

mun naufrage toutes les institutions religieuses, elle
disparut, mais ce fut pour reparaître au retour du
calme et pour reprendre sans bruit ses travaux violemment interrompus. Quelques autres congrégations se sont, dans ces derniers temps, formées sur
le même modèle et dans le même but. Si aux trois
mille frères environ consacrés aux écoles nous en
ajoutons quelques centaines que nous retrouverons
dans les prisons, dans les maisons de fous, partout
où il s'agit de faire, au nom du Christ, abnégation
de soi pour l'âme ou le corps d'autrui, nous obte-
nons l'ensemble de ce personnel religieux. Il faut
soigneusement noter ce nombre, madame, car vous
n'ignorez pas quelles appréhensions sont éveillées
dans beaucoup d'esprits de nos jours par l'existence
des congrégations. Il n'y a pas là, vous l'avoue-
rez, un grand danger ; le siècle peut marcher en
toute sécurité, sans craindre d'être arrêté dans sa
course par quelques pauvres frères épars au milieu
de 35,000,000 d'individus, d'autant plus qu'ils ne
refusent nullement de marcher avec lui ; car,
comme j'ai eu moi-même occasion de m'en assurer,
ils ne sont pas restés en arrière des perfectionnements que le temps a amenés dans l'enseignement ;
depuis qu'ils sont obligés (loi de 1833), de se présenter aux mêmes examens que les laïques et d'obtenir pour enseigner, les mêmes brevets de capacité,
plusieurs de leurs écoles peuvent rivaliser avec les

meilleures de celles qui sont dirigées par des personnes étrangères aux congrégations. Voilà ce qu'on peut franchement avouer ; et croyez bien que c'est ici un simple acte de justice dans ma bouche. Loin de moi aucune pensée de dénigrement à l'égard de nos instituteurs laïques ! Le corps en est généralement fort respectable. D'année en année il sort des écoles normales des jeunes gens capables et imbus des plus saines doctrines qu'ils vont porter dans nos campagnes. La direction sagement religieuse de nos écoles est un fait incontestable, et il suffit de remarquer combien il est rare qu'un instituteur soit atteint par quelques-unes de ces peines disciplinaires que l'autorité réserve aux infractions à la règle pour bien apprécier ces hommes si laborieux et si utiles.

A côté de cette importante action de l'Etat sur le développement de l'instruction primaire, il faut mentionner la part prise par quelques associations qui se sont formées dans le but de seconder ce développement. Citons d'abord la *Société pour l'enseignement élémentaire*, qui date à présent de trente années et compta parmi ses fondateurs les Larochefoucauld-Liancourt, les de Gérando, les Lasteyrie, etc. Cette association a fait beaucoup pour la cause de l'instruction populaire. C'est elle surtout qui a le plus contribué à l'entourer de la faveur publique. On lui doit également la publication de plusieurs bons ouvrages élémentaires. D'après son instigation, plusieurs au-

tres Sociétés analogues s'étaient formées dans les départements ; leur concours est devenu moins nécessaire depuis que le gouvernement a pris une part si
considérable dans l'œuvre de l'instruction générale.
Toutefois, quelques-unes subsistent encore ; telle est
celle d'Angers dont l'existence est déjà fort ancienne
et qui entretient et administre, comme celle de Paris,
quelques écoles fort recommandables.

C'est la Société parisienne pour l'enseignement
élémentaire qui a introduit et maintenu en France
une méthode mise en grand discrédit sous les deux
règnes précédents ; je veux parler de la méthode
mutuelle. Ce mot, madame, rappelle une controverse longue et vive dont on commence à s'étonner
aujourd'hui. Cette méthode fut peut-être trop vantée
par ses défenseurs et certainement trop décriée par
ses adversaires. L'esprit de parti l'opposa d'une part
avec une sorte d'affectation aux méthodes individuelle et simultanée adoptées dans les écoles des
frères, et en fit de l'autre assez ridiculement, à cause
de sa date ou de ses patrons, comme une sorte d'é-
lément de subversion. Exagération des deux côtés !
Quant à moi, madame, je le dirai avec franchise,
j'ai vu mettre successivement en pratique ces procédés divers qu'on peut employer pour faire entrer
dans le cerveau de l'enfant les notions élémentaires,
et savez-vous la conclusion à laquelle je suis arrivé ?
C'est qu'il n'y a point de mauvaise méthode pour

un bon maître et que la meilleure école est toujours, quelle que soit la méthode qui y règne, celle qui possède le maître le plus habile.

Je ne laisserai pas cet objet sans faire mention de la *Société charitable des écoles chétiennes*, du Xe arrondissement dont l'objet est de s'occuper des enfants qui fréquentent ces écoles, de pourvoir à leurs besoins moraux et matériels, de veiller à ce que le bienfait de l'instruction qu'ils reçoivent ait des suites durables, œuvre paternelle qui devrait être imitée dans toutes les autres parties de notre grande métropole.

LETTRE V.

Un jour, madame, j'eus occasion de me trouver
avec un ouvrier dont la physionomie et les manières
intéressaient au premier abord par une sorte d'as-
surance modeste et polie, peu ordinaire dans cette
condition. C'était un ébéniste qui touchait à peine à
sa vingt-cinquième année. Je lui rendis un léger
service et j'appelai sa confiance ; préoccupé déjà des
écueils qui entourent le jeune apprenti au sein de
nos grands centres d'industrie et de dépravation, je
lui demandai quelques détails sur son enfance, il me
les communiqua sans difficulté ; je les consignai par
écrit et vous les transmets aujourd'hui simplement,
sans avoir la prétention de faire un de ces récits d'a-
ventures populaires qui sont à présent tant au goût
du jour. Non, je n'y veux voir que le grave état de
choses qu'ils décèlent, et dont il est impossible de

n'être pas profondément saisi lorsqu'on y porte ses regards !

Son père était tourneur sur métaux et sa mère rempaillait en fin pour un fabricant de chaises ; ils habitaient le faubourg Saint-Antoine, et avaient vécu quelque temps heureux, comme on peut l'être ici-bas ; mais insensiblement le mari se lassa de cette existence paisible et régulière et retomba dans ses anciennes habitudes. Il chômait plusieurs jours de la semaine et ne bougeait plus du cabaret les jours où il n'allait pas à l'atelier. Le soir, rentrant ivre chez lui, il battait sa jeune femme à la moindre plainte qu'elle laissait exhaler et s'irritait même des larmes qu'elle versait en silence ; comme il ne lui rapportait presque plus rien du produit de ses journées, la misère vint peu à peu envahir le ménage, car le travail de la pauvre rempailleuse, que le chagrin et la maladie interrompaient de temps à autre, n'était pas suffisant pour le soutenir ; tous les effets mobiliers furent successivement vendus ou engagés ; et bientôt même il fallut invoquer les secours du bureau de bienfaisance. L'enfant issu de cette triste union grandissait avec ce tableau sous les yeux. De sales lambeaux lui servaient de vêtements et il n'y avait pas toujours au logis du pain à lui donner quand il disait : J'ai faim. Une de ces catastrophes qui accompagnent assez souvent les dérèglements des ouvriers vint ajouter encore à son malheur.

Un soir, son père, à la suite d'une affreuse rixe de cabaret, fut transporté mourant à l'hôpital ; la jeune femme, sur-le-champ avertie, y courut ; il entendit ses sanglots, ouvrit les yeux et expira en faisant un geste pour saisir sa main... La veuve, la première émotion calmée, reprit courage et vécut quelque temps moins malheureuse qu'avant de perdre celui qui avait dû lui rendre plus doux à porter le fardeau d'une laborieuse existence ; mais plusieurs années de souffrances avaient ruiné sa santé ; puis son mari, dans un moment de délire, lui avait certain jour porté un coup violent dont elle s'était toujours ressentie sans en rien dire. Ses efforts pour lutter contre le mal furent vains ; elle languit plusieurs mois ; l'hôpital la reçut à son tour, elle y mourut pleurant sur le sort de l'orphelin qu'elle laissait après elle à l'âge de dix ans, sans appui, sans protecteur et dans un complet dénûment.

Une vieille femme, qui occupait un grenier dans la maison qu'habitait la pauvre mère, avait consenti à recevoir l'enfant pendant sa maladie, et, mue par la compassion, elle le garda après sa mort. C'était une ancienne marchande qui vivait seule d'une façon assez misérable de quelques économies péniblement amassées. Elle ressemblait à un grand nombre de ses pareilles de la génération actuelle ; elle n'était pas précisément perverse, mais elle n'avait pas de principes ; elle n'eut pas encouragé à faire le mal, mais

elle ne le condamnait guère, surtout si elle y trouvait du profit ; elle avait, pour pallier les écarts de
conduite, de ces maximes relâchées qui, dans l'adolescence, font sur la moralité l'effet d'un poison lent
sur le corps ; sous la direction d'une telle femme, il
ne devait plus être question pour l'enfant de l'école
des frères où il allait auparavant; elle voulut pourtant qu'il continuât de se rendre au catéchisme de la
paroisse, bien qu'elle fût *philosophe* et que le mot
de prêtre se traduisît toujours dans sa bouche par une
de ces épithètes haineuses, traditionnelles chez une
partie du peuple parisien, depuis le bon temps du
culte de la raison ; elle voulut donc qu'il allât au catéchisme car ne fallait-il pas qu'il fît sa première
communion? Mais l'enfant, qui voyait peu de con-
cordance entre son langage et ses intentions, au lieu
d'aller à l'église descendait le faubourg et se rendait
au boulevard du Temple, où il passait sa journée,
rôdant et jouant avec de jeunes garçons de son âge,
regardant les étalages de gravures impudiques, écoutant les chansons grossières des rues, assistant à des
parades immorales, enfin sans cesse dans cette at-
mosphère où la corruption se perçoit en quelque sorte
par tous les sens à la fois, où elle pénètre insensiblement jusqu'au cœur, pour y tarir la source de tous
bons sentiments. La vieille grondait bien un peu
le soir quand il rentrait ; mais, s'il lui apportait quelques sous gagnés tant bien que mal en vendant des

contre-marques ou en abaissant le marchepied des voitures aux portes des spectacles, elle était bien vite apaisée, et il recommençait le lendemain le même train de vie.

L'enfant toutefois gardait encore certaines limites ; il ne se laissait pas entraîner dans ces repaires des rues adjacentes d'où les jeunes gens ne sortent qu'engagés sans retour dans la carrière du crime et de l'infamie ; il en avait peur, il avançait vers la porte, y jetait un œil curieux, mais n'entrait pas ; un secret instinct l'arrêtait ; puis de bonne heure son imagination avait été frappée des terribles conséquences du vice et il s'y sentait peu porté ; il côtoyait donc l'abîme sans y tomber et n'était encore que ce vaurien résolu, vif et remuant, *ce gamin de Paris* dont le théâtre s'est plu à présenter l'image séduisante et dangereuse, sans songer qu'à la suite de l'enfant dont on s'amuse, viendra l'homme qui sera le fléau d'une famille !

Cependant il ne tarda pas à être retiré de cette situation si pleine de périls. Un jour qu'il faisait partie d'une bande qui s'acharnait après une misérable créature dont les regards égarés et la démarche chancelante décelaient de honteux excès, un passant, indigné du spectacle qu'offrait la malheureuse, meurtrie et souillée par les chutes multipliées que lui faisait subir la poursuite de ces enfants sans pitié, voulut leur faire honte de cette conduite. Sa parole

était haute et son geste menaçant, il les traita de
vagabonds qui, au lieu de tourmenter une femme,
devraient êtres d'honnêtes et laborieux apprentis, et
leur prédit que, continuant de la sorte, ils feraient
pis un jour que celle qui était alors en butte à leurs
mauvais traitements. — Le plus grand nombre ne
fit que rire de cette sévère allocution ; mais celui qui
nous occupe n'en rit pas ; il resta frappé, et le soir,
quand il rentra, il dit à sa vieille protectrice : — Je
veux travailler. Le lendemain il entra chez un cha-
pelier du voisinage, qui le troisième jour le battit
avec violence pour je ne sais quelle étourderie ; l'enfant s'enfuit, mais il persista, et quelques jours après,
indécis encore sur l'état qu'il voulait adopter, il se
plaça chez un ferblantier qui l'accablait de travail et
le nourrissait à peine. Il maigrissait et pâlissait à vue
d'œil ; au bout de peu de temps il n'y put tenir et fut
obligé de changer de nouveau d'atelier ; il en changea
plusieurs fois encore, tantôt pour un motif, tantôt
pour un autre ; ici il n'était pas assez fort ; là il n'é-
tait pas assez adroit. Tel maître, abusant de ce qu'il
n'avait à rendre compte de sa conduite à personne,
en faisait un domestique dont il employait tout le
temps pour un peu de pain, sans s'inquiéter de lui
montrer son état : partout, du reste, des occasions de
scandale et de funestes exemples ! Partout il se trouvait quelque ouvrier qui, avancé dans les voies de
la dépravation jusqu'au cynisme, cherchait à faire

des prosélytes pour le mal avec le zèle que d'autres
apportent à une sainte propagande. Parfois il était
initié aux intrigues scandaleuses d'un couple désuni
et immoral. Celui-ci le menait aux barrières le dimanche et le lundi, et l'excitait à fumer et à boire
avec lui; celui-là l'envoyait en course dans tous les
quartiers de Paris, le soir à l'heure où le vice s'empare en quelque façon de la ville et y tient le haut du
pavé... L'enfant résistait encore à tant de séductions;
mais peut-être eût-il bientôt fini par succomber,
quand il eut le bonheur de faire rencontre d'un vieux
maître menuisier qui aimait son état avec cette sorte
de prédilection orgueilleuse qui n'est pas rare chez
les habiles artisans. Le brave homme s'attacha à
cet enfant, et résolut d'en faire un ouvrier digne de
lui; sur ces entrefaites, la vieille femme qui l'avait
recueilli mourut, et ce fut peut-être un second bonheur pour lui, car son influence ne pouvait guère que
lui être nuisible; au contraire, sous la direction de
son vieux maître, en même temps qu'il acquit de
l'habileté, il contracta ces habitudes d'ordre et de
sagesse qui, lorsqu'elles sont prises dans la jeunesse,
deviennent ensuite comme une seconde nature dans
l'âge mûr. Plusieurs années se passèrent ainsi sans
qu'il se dérangeât jamais. Il n'avait formé que d'honnêtes connaissances et plaçait chaque semaine une
petite somme à la caisse d'épargne; enfin, quand je
le connus, il allait épouser une jeune fille, élevée par

les sœurs de l'arrondissement et qui promettait d'ê-
tre une bonne mère de famille et une ménagère intelligente.

Voilà, madame, en substance, ce que me raconta
mon jeune ouvrier; cela est fort simple et fort commun. Eh bien! c'est l'histoire, de vingt, de cent, de
tous! Interrogez-les; il n'y a à changer que les détails, le fond est toujours le même. Celui-ci s'était
sauvé parce qu'il y avait en lui quelques dispositions
heureuses, et parce que la Providence avait mis sur
son chemin un patron comme il y en a peu; mais
combien d'autres qui avaient commencé comme lui,
qui avaient été aux prises avec les mêmes obstacles,
qui avaient rencontré sous leurs pas les mêmes piè-
ges et s'étaient perdus! Il en frémissait lui-même en
y songeant. Il m'avoua qu'en lisant parfois dans un
journal le compte-rendu des assises, il avait reconnu
çà et là, parmi les membres de ces bandes de malfaiteurs poursuivies par la justice, tel ouvrier qu'il
se rappelait avec effroi d'avoir eu pour compagnon
sur la voie publique ou dans quelque atelier. — Ah!
se disait-il alors en soupirant, à quoi a-t-il tenu que
je n'aie fini comme eux !

Oui, madame, c'est là en effet ce qu'a pu se dire
tout ouvrier désormais sûr de lui en tournant ses regards vers sa vie d'apprenti : — A quoi a-t-il tenu
que je ne sois devenu un malheureux réservé au châ-
timent des lois ! — Eh ! que fait au surplus la so-

ciété pour l'empêcher ? Prend-elle sous sa garantie
l'exécution du contrat d'apprentissage? non. Pro-
tége-t-elle la santé, l'existence de l'apprenti ? non.
S'occupe-t-elle de le préserver contre cette fatale
gangrène de l'immoralité, dont la misère, est le
puissant véhicule ? non. Elle le livre, pauvre enfant,
sans défense, sans instruction, sans religion même,
car il a fallu qu'une fausse philosophie lui enlevât encore cet appui, aux atteintes incessantes du vice ; il
en est circonvenu de toutes parts. Jamais le moindre
obstacle, jamais le moindre empêchement à cet égard.
Loin de là, on multiplie indéfiniment les piéges autour de lui. Ah ! s'il est resté vertueux, ce n'est pas
la faute de la société ! elle avait fait tout ce qu'il fallait pour entraîner sa chute ! Mais que lui importe
après tout ! n'a-t-elle pas des prisons et des bagnes
pour en châtier les conséquences !

Eh quoi ! ne se trouvera-t-il pas enfin dans la région du pouvoir, je ne dis pas un homme qui se
préoccupe d'un tel état de choses, car il en est beaucoup, je le sais, qui en sont à présent préoccupés,
mais dont les entrailles soient profondément re-
muées, et qui veuille consacrer à la réforme d'une
grande calamité une partie du temps qu'il dépense
en misérables intrigues politiques ! On parle sans
cesse de la condition du peuple ; mon Dieu ! laissons
ces généralités. Qui ne voit que cette condition serait
changée du jour où, par une combinaison de la lé-

gislation et par l'action de l'autorité, l'apprenti serait garanti, surveillé, moralisé? Voilà le véritable remède aux souffrances qu'endurent les classes laborieuses; tout ce qu'on fait hors de là pour en arrêter le développement reste inefficace parce que les générations, toujours croissantes, en se renouvelant rendent au mal une nouvelle force. Il renaît ainsi plus actif; il s'étend et se perpétue; il prend des racines plus profondes dans l'organisation sociale... Oh! insensés qui avez sous les yeux un marais fangeux dont les eaux malfaisantes s'infiltrent peu à peu dans votre sol, et qui lui opposez quelques digues impuissantes, au lieu d'en opérer le dessèchement par les procédés décisifs dont l'art et l'expérience ont justifié l'efficacité!

On a nommé dans ces derniers temps un grand nombre de commissions pour examiner diverses questions d'intérêt public; quand donc apparaîtra celle qui sera chargée d'étudier la condition de l'apprenti sous toutes ses faces et de rechercher les moyens de la changer radicalement! Oh l'admirable mission! Quelle vive lumière jaillirait de telles recherches sur les questions relatives à l'amélioration du sort des masses! N'est-il pas vrai qu'un Turgot, qu'un Malesherbes, vivant au milieu des faits qui s'accomplissent autour de nous, eussent tenu à honneur de marcher dans cette voie, d'arriver à la solution de ce grand problème! Ce qu'on peut

affirmer, c'est que les idées de tout ce qu'il y a
d'hommes intelligents, même parmi les industriels,
inclinent vers le but que j'indique ici ; je n'en veux
qu'un témoignage. Vous savez, madame, qu'on vient
d'établir à Paris un conseil de prud'hommes pour
l'industrie des métaux. L'administration n'a mis que
trente ans pour élaborer la création de ce fragment
de tribunal de conciliation, qui devient partout un
véritable bienfait pour la classe ouvrière. Eh bien,
un des premiers actes de ce conseil a été de rédiger
un modèle de brevet d'apprentissage, dont je trans-
crirai l'article premier, énonçant les obligations
que contracterait le maître vis-à-vis de son apprenti :

« M. (le maître) s'engage à recevoir chez lui,
« comme apprenti, M..., pendant... années, qui
« commenceront le...., et finiront le...., et à lui
« montrer son état, sans lui en rien cacher, et en
« l'avançant dans la connaissance de cet état, au
« fur et à mesure que sa capacité se développera ;

« A le loger sainement et proprement, en le fai-
« sant coucher seul ;

« A lui donner une nourriture suffisante et con-
« venable ;

« A le blanchir, en lui remettant du linge blanc
« une fois par semaine au moins ;

« A le traiter avec douceur et ménagements ;

« A ne pas prolonger sa journée de travail au

« delà du temps adopté par l'usage des ateliers de
« sa profession ;

« A ne l'employer à aucun travail ni service
« étrangers à cette profession ;

« A ne lui faire faire des courses, traîner ou por-
« ter des fardeaux, pour cette profession qu'autant
« qu'ils n'excéderont pas ses forces ;

« A ne lui infliger aucune punition corporelle, ni
« privation de nourriture ;

« A surveiller sa conduite et ses mœurs ;

« A lui laisser la liberté d'aller à une école du
« soir, de huit à dix heures, et de vaquer à ses de-
« voirs de famille et de religion les dimanches et
« jours de fêtes légales qui seront consacrés au re-
« pos, mais toutefois après le rangement de l'atelier
« jusqu'à dix heures du matin ;

« A le soigner ou faire soigner chez lui en cas de
« maladie qui n'excéderait pas trois jours.

« A prévenir immédiatement M. (son représen-
« tant légal), en cas de maladie, d'absences, d'in-
« conduite ou de tout autre événement qui récla-
« merait son intervention. »

L'autorité publique a pourtant cru, elle aussi, devoir faire quelque chose en faveur des enfants occupés
dans l'industrie. Elle a entendu les protéger contre
cet excès de travail auquel les condamnait la misère
des parents et la cupidité des maîtres. C'est en Angleterre que fut dénoncée pour la première fois à

l'indignation des amis de l'humanité l'existence
d'abus véritablement honteux pour notre civilisation chrétienne. Là, il fut constaté par une enquête
que plusieurs milliers de ces pauvres enfants fonctionnant, hâves et mornes, parmi les rouages des
mécaniques, dans les districts manufacturiers, mou-
raient chaque année, exténués par des efforts qui dé-
passaient leurs forces ; un bill fut porté pour empêcher ou punir ce crime social ; le mal n'était pas
sans doute aussi grave en France, mais n'en réclamait pas moins toutefois une mesure législative ; on
avait pû reconnaître dans quelle forte proportion se
comptent les individus débiles et chétifs partout où
la fabrication emploie beaucoup d'enfants ; il était
manifeste que d'année en année il devenait plus difficile de compléter parmi cette population les con-
tingents pour l'armée. L'homme dégénérait ainsi
visiblement dans nos cités industrielles ; la cause
principale en étant bien définie, on a voulu y pourvoir par la mesure législative du 22 mars 1841 dont
le gouvernement a maintenant pour devoir de surveiller strictement l'exécution. Il faut reconnaître
qu'on n'a pas fait à cet égard jusqu'ici tout ce qu'il
y avait à faire. Quatre années se sont passées sans
qu'on sut si l'administration départementale se mettrait beaucoup en peine de réaliser les dispositions
protectrices de la nouvelle loi ; en 1845 est survenu
un rapport ministériel où l'on a pu voir combien

l'état des choses laisse encore à désirer; sur un grand nombre de points du territoire, la situation des enfants employés dans les fabriques n'a pas éprouvé le moindre changement; partout l'inspection gratuite s'est trouvé inefficace, on ne peut donc qu'insister sur l'intérêt immense de la mesure et sur la nécessité de lui donner son plein et entier accomplissement.

Mais ce qu'on a fait pour le salut des jours de l'enfant dans l'atelier, pourquoi ne le ferait-on pas dans l'intérêt non moins précieux de sa moralité ? Les règles qu'il faudrait établir dans ce but opposeraient-elles à l'action libre du travail une gêne insupportable ? Je ne le pense pas. Je crois que sans grandes entraves et par des moyens fort simples on pourrait faire de nos fabriques pour les enfants qui y sont employés de véritables écoles d'apprentissage où ils seraient maintenus dans les voies du bien et arrachés aux funestes exemples qui les dépravent. On effacerait ainsi l'étrange inconséquence que présente notre état social actuel : vous voyez en effet que l'autorité publique après s'être occupée avec sollicitude de l'enfance du pauvre; après lui avoir ouvert successivement l'asile et l'école, l'abandonne tout à coup lorsque l'adolescence est arrivée, c'est-à-dire à l'époque où son appui lui serait le plus utile pour empêcher que ce faible trésor de moralité à grand'-peine amassé ne fût promptement dissipé et remplacé par cette déplorable science du mal qui s'apprend si vite à l'époque du développement des passions. Comment s'expliquer, je le demande, une telle incurie ! on a pris des soins infinis, on a absorbé des sommes considérables pour développer d'heureux penchants, des habitudes honnêtes chez ces jeunes créatures, et tout à toup les voilà livrées à elles-mêmes sans guide, sans conseil, sans défense contre la contagion du vice ! Hier on les entourait de précautions, on surveillait leurs gestes et leurs paroles ; c'étaient des écoliers ! aujourd'hui on ne s'en inquiète plus ; ce sont des apprentis ! Libre à qui voudra maintenant, je ne saurais trop le répéter, libre à qui voudra de les corrompre, de les perdre ! Nul n'aura à y redire. L'action civile est absente ; la législation est muette ; elle est sourde ; elle est aveugle ; elle ne voit ni n'entend rien de ce qui fera d'un si grand nombre de ces enfants des ouvriers débauchés qui iront peupler les hôpitaux et les prisons et qui, après avoir été une pesante charge pendant qu'on les préparait au bien, en deviendront une bien plus lourde encore depuis qu'ils auront tourné au mal.

Ce que le pouvoir ne fait pas à cet égard, madame, la société l'a entrepris par ses œuvres charitables. J'entre ici au cœur de mon sujet ; c'est en réalité une sorte d'histoire de la réforme de l'apprentissage tel qu'il est constitué par l'usage dont je

vais avoir l'honneur de vous offrir l'esquisse en re-
traçant les travaux de plusieurs associations hautement recommandables.

Voyons d'abord ce qui a été fait dans cette direction en faveur du sexe qui est le plus exposé aux atteintes de la corruption et qui appelle par conséquent
les premiers secours. Paris présente une foule d'institutions conçues dans ce but dont le monde ignore,
en général, l'existence et qui ouvrent des chances
de salut à un assez grand nombre de jeunes filles. Il
s'est formé dans plusieurs paroisses, au sein des
catéchismes de la première communion, des associations en général dites de la *sainte enfance*. Compo-
sées en grande partie de jeunes personnes appartenant aux classes aisées, elles ont un caractère tout
fraternel ; des asiles se sont ouverts sous leur surveillance où des enfants de ce sexe sont, à l'issue de
la première communion, placées pour continuer leur
instruction et apprendre à travailler. Elles y entrent
ainsi vers douze ans et en sortent à vingt. L'œuvre
a alors accompli sa mission.

Deux autres associations, qui ont également pour
objet le placement en apprentissage et la surveillance
des jeunes filles pauvres, méritent une mention spéciale. Celle des *Jeunes économes* a pris naissance
en 1823 ; elle se compose d'un nombre illimité de
sociétaires, dames ou demoiselles, qui s'engagent à
payer 30 centimes par mois. Les enfants, pour par-

ticiper au bienfait de l'œuvre, doivent avoir huit ans accomplis et elles cessent d'en faire partie à dix-huit. Alors, si leur conduite a été constamment bonne, elles reçoivent un trousseau neuf et complet. En 1844, deux cent soixante-seize jeunes filles étaient sous le patronage de cette Société tant dans l'établissement qu'elle a fondé que chez des maîtresses dignes de confiance, et elle avait pu dépenser une somme de 62,755 fr. *L'Association de Sainte-Anne* a le même but et à peu près la même organisation ; mais elle n'a pas d'établissement spécial ; elle patronne près de trois cents jeunes filles.

Quelques-unes de nos plus importantes cités, telles que Lyon, Tours et Metz, possèdent des associations également dites des *Jeunes économes*, et qui marchent sur les traces de la Société parisienne.

Les maisons des sœurs de la Charité, celles des dames de Saint-André, de Saint-Thomas de Villeneuve, etc., reçoivent, à titre gratuit ou moyennant une faible allocation mensuelle payée, soit par des associations, soit par des personnes charitables, de jeunes filles orphelines ou pauvres, qui sont généralement gardées de sept à vingt ans et formées au travail. On en compte à Paris au delà d'un millier que recueillent ainsi ces ouvroirs. Un grand nombre de nos villes possèdent de tels établissements confiés à diverses congrégations. Ces *œuvres de la Providence*, car c'est ainsi qu'on les appelle assez

6

souvent, sont dues en grande partie à des associations
de dames bienfaisantes dont l'administration locale
se plaît à encourager les efforts. Franchissons un
instant les mers, madame, pour assister dans cette
France africaine, conquise par la valeur de nos sol-
dats, à une fondation de ce genre. Déjà, en effet, dans
une habitation située à une demi-lieue d'Alger, et qui
servit longtemps de résidence au consul de Dane-
marck, sont réunies près de 300 jeunes orphelines
d'origine européenne ou mauresque. Elles y reçoivent, sous la surveillance d'un comité de dames,
en tête desquelles figure madame la duchesse d'Isly,
une éducation qui doit en faire des femmes intelli-
gentes et laborieuses, des compagnes sages et modestes pour nos colons.

Cette lettre, madame, ne serait plus qu'un cata-
logue si je voulais énumérer tous les asiles semblables dus à des fondations pieuses; mais j'accorderai
une mention spéciale à la *Maison des enfants délaissées* qui existe à Paris depuis plus de quarante ans,
institution entièrement gratuite, ouverte à cent jeunes
filles, et qui rappelle les noms respectables de mesdames de Carcado et de Saisseval, ses bienfaitrices.

Enfin, dans quelques grands couvents où existent
en même temps de brillants pensionnats, il se trouve
aussi un asile pour des enfants pauvres. Ceci se pra-
tiquait, si je ne me trompe, dans cel où vous avez
été vous-même élevée, madame, et vous avez pu ju-

ger combien cet usage est propre à semer les germes de l'esprit de bienfaisance dans le cœur de jeunes
personnes destinées à vivre plus tard parmi toutes
les superfluités que procure la fortune. Elles ont
ainsi de bonne heure le spectacle utile des tristes conséquences de la misère et contribuent à la soulager,
tout en recevant le bienfait de l'instruction. En effet,
les travaux d'aiguille qui absorbent une partie de
leur journée ont, la plupart du temps, pour objet la
confection du trousseau d'une orpheline. Ces maisons ont de la sorte un triple avantage : elles ouvrent
de saintes retraites à ces âmes que Dieu appelle plus
particulièrement à lui et pour lesquelles ne sont point
faites les vaines joies du monde ; elles sont des établissements d'éducation où se forment ces personnes
d'élite qui, dans leur double condition d'épouses et
de mères, deviennent l'ornement de la société ; elles
affermissent contre les séductions du vice de jeunes
filles de la classe ouvrière. Voilà certes de grands
bienfaits, et il faudrait être animé de préventions
bien aveugles contre les institutions religieuses pour
ne pas reconnaître que celles-ci concourrent puissamment à atténuer ce qu'il y a de vicieux dans notre état social relativement à la condition des femmes.

Jusqu'ici, les fondations dont j'ai parlé concernent
presque exclusivement la population des villes. La
population rurale a été récemment dotée des *ouvroirs
campagnards*, destinés à *compléter l'éducation mé-*

nagère des jeunes filles de la campagne (1). L'actif
et intelligent promoteur de ces utiles établissements,
M. de Cormenin, si célèbre, comme écrivain politique, en a fondé lui-même 22 dans le seul département du Loiret, et il n'est plus dans le canton de
Montargis, si faible commune qui n'ait le sien. Plusieurs départements se mettent en mesure d'imiter
cet honorable exemple.

Toutes les œuvres que je viens d'énumérer rapidement contribuent à préserver de la contagion un
assez grand nombre de jeunes filles du peuple. Celles
qui ont été placées de bonne heure sous ce respectable patronage entrent ensuite dans la société où les
attendent tant de privations d'une part et tant de séductions de l'autre, munies de principes qui deviennent un sûr rempart pour leur sagesse; peu
d'entre elles succombent; l'action de ces œuvres est
donc infiniment salutaire, et il n'y a qu'à faire des
vœux pour qu'elle s'étende de jour en jour davantage. Toutefois, madame, n'apercevez-vous pas là
une importante lacune? N'est-il pas évident qu'un
nombre considérable de jeunes filles se trouvent complétement en dehors de cette pieuse sollicitude? En
effet, dans les asiles dont j'ai parlé, on ne se livre
guère qu'à des ouvrages de couture; or, toutes les
filles pauvres ne sont pas destinées à trouver leur

(1) *Annales de la charité*, 3e nº.

subsistance dans ce genre de travail. Il est parmi les
diverses industries une foule d'objets que les femmes
confectionnent en tout ou en partie. C'est dans ces
ateliers surtout qu'elles se perdent quand elles y sont
jetées jeunes et dénuées de principes. Les faubourgs
de Paris présentent une foule de ces malheureuses
enfants aux formes grêles, aux traits étiolés, dont le
regard, la contenance et la parole décèlent une pré-
coce et déplorable dépravation. Regardez-les en passant sur le seuil des fabriques aux heures de repos,
et vous frémirez. Oh! que l'esprit de charité a ici une
grande mission à remplir, une plaie profonde à ci-
catriser! Oui, cette portion de l'apprentisage attend
une réforme qui peut seule compléter le bienfait
dont les jeunes filles sont l'objet. Nous verrons qu'on
l'a essayé avec succès tout récemment en ce qui concerne les jeunes garçons. Ce sera l'objet de ma prochaine lettre dans laquelle j'aurai à vous entretenir
de plusieurs établissements d'un haut intérêt pour
l'avenir de la société tout entière.

6.

LETTRE VI.

Il y a maintenant quinze ans, madame, un épou-
vantable fléau vint tout à coup frapper la France ; le
choléra, après avoir ravagé diverses contrées de
l'Asie, se précipita sur l'Europe, et bientôt nos campagnes et nos cités en furent atteintes. Laissons à
l'écart les circonstances affreuses qui accompagnè-
rent sa présence à Paris où il fit près de vingt mille
victimes. Quand il eut disparu, il se trouva environ
onze cents orphelins sans asile, sans ressources. Le
prélat qui dirigeait alors le diocèse, M. de Quelen,
crut qu'il y avait là pour lui un grand devoir à remplir, et il adopta généreusement ces orphelins. Une
Œuvre s'organisa sous sa présidence ; un million environ a été successivement recueilli ; tous ces enfants,

placés dans diverses fondations où ils ont reçu l'éducation, puis mis en apprentissage, sont aujourd'hui rentrés dans la société où ils témoignent, en général, par leur conduite des soins pieux dont ils ont été l'objet. En 1844, l'OEuvre a pu déclarer qu'elle avait accompli sa mission et qu'elle n'invoquerait plus l'appui de ses bienfaisants coopérateurs; il n'était que juste de lui consacrer quelques lignes avant de passer à d'autres associations qui, en attendant que l'autorité se saisisse complétement de la question de l'apprentissage, ont fait quelques efforts pour l'avancer à la résoudre.

La première pensée devait être de constituer d'abord en faveur de l'apprenti le patronage, qui, sans rien changer à la condition essentielle et fondamentale de la carrière industrielle, rend au jeune travailleur dans l'atelier une partie des garanties que la loi n'a pas songé à lui donner. *La Société pour le placement en apprentissage des jeunes orphelins* date de l'année 1822; elle adopte de jeunes garçons qui ont perdu leurs parents ou qui ont été abandonnés. Elle pourvoit à leur entretien, et les fait soigneusement visiter par ses membres. Sa protection s'est étendue, en 1846, à cent trente-trois jeunes gens. A côté de cette société, que préside M. E. Cambacérès, vient se placer *l'Association de fabricants et artisans pour l'adoption d'orphelins des deux sexes.* Celle-ci n'était dans l'origine qu'un simple comité de la *Société de la morale chrétienne*, qui s'en détacha en 1842 pour former une œuvre indépendante; elle patronne soixante-dix enfants, dont un cinquième du sexe féminin. Son président, M. Michelot, l'un des dignes magistrats municipaux du X⁰ arrondissement, et M. Ch. Dupin, son président honoraire, dirigent et soutiennent cette association dans ses efforts. Fondée il y a environ dix-huit ans, la *Société des amis de l'enfance*, qui doit à M. le comte Beugnot, son président, une excellente impulsion, a patroné, en 1844, cent cinquante jeunes apprentis appartenant à tous les arrondissements de Paris, et dont plusieurs sont placés dans des établissements dont je vais parler ci-après. Cette société prend entièrement à sa charge l'enfant pauvre, depuis l'âge de huit ans. « Après lui avoir fourni, s'il est nécessaire, le pain, le vêtement, le toit, l'éducation religieuse et l'instruction convenable à sa condition, elle le dirige dans le choix d'un état. L'ayant placé en apprentissage, elle le surveille chez son maître et l'entoure non-seulement d'un patronage affectueux, mais d'une autorité vigilante et paternelle; elle tend enfin à procurer à ses pupilles les joies de l'amitié et de la vie de famille (1). » *L'œuvre de Saint-Jean* borne sa mission aux enfants de deux paroisses, celles de Sainte-Valère et de Saint-

(1) *Compte rendu de* 1846, rapport de M. Am. Hennequin, p. 4.

Pierre du Gros-Caillou. Enfin l'*œuvre de Saint-Vincent de Paul*, que nous retrouverons plus tard, a
aussi son comité de patronage en faveur des jeunes
apprentis.

Le patronage industriel a été également essayé
dans quelques-unes de nos grandes villes, notamment à Lyon, où se présentent à l'attention des amis
de l'humanité un si grand nombre d'institutions
charitables.

Certes, ce sont là de recommandables tentatives ;
mais combien elles sont bornées, combien elles sont
insuffisantes! à quel petit nombre d'enfants s'applique le patronage individuel, comparativement à la
masse de ceux qui le réclament ! C'est qu'il faut le
dire, des difficultés réelles s'opposent à ce qu'il s'éta-
blisse jamais dans notre pays sur une grande échelle;
où prendre d'abord des personnes à qui leur position
permettrait d'accepter le titre de patrons et d'en
remplir les devoirs ? Le nombre de ces existences
qui reposent sur un revenu avec lequel on n'ait pas
besoin de compter est trop limité en France! La vie
y est tellement remplie par les soins, par les occu-
pations qu'imposent la profession qu'on s'est donnée! N'en a-t-on pas un exemple frappant dans ce
qui se passe au sein des administrations hospitalières? On y place des fonctionnaires, des hommes
de loi, des commerçants, mais on les entend se
plaindre sans cesse eux-mêmes du peu de temps

qu'ils ont à consacrer à cette surveillance paternelle
qu'une honorable intention leur a fait accepter ; on
ne peut guère en obtenir qu'une rare présence à des
conseils qui ne sont pas fréquemment réunis et où
les rapports dont les membres se sont chargés se
font 'parfois longtemps attendre ! Comment espérer
de telles personnes cette sollicitude constante et as-
sidue qui peut seule rendre efficace le patronage
individuel ! Sans doute on trouverait encore un assez
grand nombre de personnes qui, en dehors du
tourbillon des affaires, avec une position assurée
qu'elles ont la sagesse de ne plus vouloir compromettre, auraient de longs loisirs à consacrer à une
telle œuvre. Elles ont les bras croisés et languissent,
ne sachant que faire de la vie. Mais parlez-leur de
faire du bien, essayez de leur peindre la satisfaction
si douce qu'il y a à soulager ses semblables, à arracher à la misère, à l'immoralité un être qui y est
infailliblement voué sans retour si on ne lui tend une
main secourable ! Hélas ! vous leur parlez la plupart
du temps une langue étrangère ; elles vous écoute-
ront avec une froide indifférence, ou bien s'éloigne-
ront de vous comme d'un dangereux enthousiaste.
Que voulez-vous ! Elles n'ont jamais vécu dans ce
cercle d'idées et n'y peuvent plus entrer ; il est trop
vrai que l'esprit de spéculation ne se prête guère à
l'esprit de charité ; la tête ici prévaut entièrement
sur le cœur qui se ferme et se dessèche.

Puis, trouvât-on des patrons, trouverait-on toujours des ateliers propres à recevoir les enfants qu'il s'agit de moraliser? L'expérience prouve le contraire; eh! n'est-il pas évident d'ailleurs que c'est parce que le plus grand nombre des ateliers renferment des éléments de corruption, contre lesquels il y a à garantir les jeunes apprentis, qu'on crée le patronage! autrement ce serait fort inutile. Enfin on peut, au moins pour certains cas, élever quelques doutes sur la réalité, sur la durée des résultats du patronage. Quelle influence, en effet, pourraient avoir, dans un atelier où l'apprenti n'aurait que de mauvais exemples sous les yeux, les exhortations passagères d'un patron étranger? Il vit avec ceux qui font le mal, et ne voit que de temps à autre celui qui lui conseille le bien : de quel côté, je le demande, devra en définitive selon toutes les probabilités, pencher la balance?

C'est dans la conviction de l'impossibilité d'arriver complétement au but par le moyen du patronage individuel que quelques personnes ont créé des établissements qui doivent nous arrêter un moment. Le premier en date, *l'institution de Saint-Nicolas*, est située rue de Vaugirard, avec une annexe à Issy. Une mansarde du faubourg Saint-Marceau, où monsieur l'abbé de Bervanger réunit en 1827 sept enfants, en fût le berceau. L'établissement, bien qu'il ait eu à traverser de mauvais jours, compte actuellement 750 enfants, admis de huit à douze ans, et pour lesquels il est payé, soit par les parents ou protecteurs, soit par les sociétés de bienfaisance, 20 ou 25 fr. par mois ! Le but de l'institution c'est, « de joindre l'apprentissage d'un métier aux études élémentaires, et principalement à l'étude de la religion, sans laquelle un ouvrier ne trouve pendant sa vie ni règle pour sa conduite, ni consolation dans ses fatigues, ni espérance pour son avenir. » J'emprunte cette phrase à un petit livret contenant *la règle et les constitutions de l'œuvre*, et où chaque page décèle l'ami de l'enfance. J'ai visité avec un soin minutieux cet établissement, accompagné de son respectable supérieur, sur les pas duquel je me plaisais à voir accourir avec empressement tous ces enfants, l'entourant, le saluant affectueusement, baisant sa main, heureux d'obtenir un mot cordial de *Monseigneur*, car M. de Bervanger a reçu de la cour de Rome un titre qui lui donne droit à cette formule respectueuse. C'était l'heure de la récréation et le moment de se livrer à ces jeux gymnastiques, si salutaires pour la santé des jeunes garçons, et auxquels ils retournaient avec ardeur, après s'être un instant rapprochés de nous. Bientôt la cloche sonna ; tous disparurent rapidement, et un silence absolu remplaça les bruyants éclats qui, un instant auparavant, retentissaient dans le vaste préau. Je parcourus successivement les ateliers, qui sont au nombre de vingt-cinq, la plupart au compte des

contre-maîtres. Alors même on en organisait un
nouveau pour former des mécaniciens. Partout je
trouvai chacun attentif à sa besogne ; nul de ces jeunes et frais visages ne m'offrit cet œil moqueur, cet
air effronté que remarque trop souvent le visiteur
chez l'enfant des fabriques ; le ton des apprentis de
Saint-Nicolas m'a paru poli, et leur regard empreint
de la modestie qui sied à cet âge. Dans son ensemble
cette institution présente le plus satisfaisant aspect,
et l'on peut en espérer les meilleurs résultats.

Je passe, maintenant, madame, à une association
de création récente, qui s'intitule avec une précision
significative : *OEuvre des apprentis*, et à laquelle
semble réservé un brillant avenir. Elle a été réunie
pour la première fois en assemblée générale le
15 mai 1845, et le président du conseil d'administration, M. le vicomte de Melun, a résumé ses travaux
dans un rapport que je voudrais pouvoir transcrire
tout entier, mais dont je vous présenterai du moins
fidèlement la substance. Frappé de l'insuffisance des
efforts partiels des associations de patronage, l'œuvre
a entendu d'abord agir sur la masse des apprentis ;
à cet effet elle leur ouvre des écoles du soir, où ils
viennent consacrer à l'instruction qui leur est utile
les heures dont ils peuvent disposer après le travail
de la journée ; elle confie la direction de ces écoles
aux frères de la doctrine chrétienne, qui dirigent
celles où est admise la première enfance. Ainsi se

renoue pour l'apprenti le lien qui le rattachait à l'instruction religieuse. Il avait laissé les frères et avec
eux bien souvent tout principe préservateur en quit-
tant l'école pour l'atelier ; il les retrouve pour conserver et étendre le savoir modeste qu'il allait oublier ; il les retrouve pour recevoir, à l'âge où ils
peuvent être le plus fructueux, ces exemples de patience et de résignation qui sont la grande leçon de
la vie humaine.

Le dimanche l'œuvre, imitant à cet égard la *Société des amis de l'enfance* dont j'ai parlé plus haut,
reçoit les apprentis et leur procure, à la suite des
offices, des amusements sans danger pour leurs
mœurs. Ces apprentis, qui fréquentent les asiles de
l'œuvre, sont tous sous son patronage ; ce patronage,
heureuse pensée ! est confié à des dames qui forment
un comité auprès de chaque établissement ; chacune
visite, au moins une fois par mois, son protégé ; elle
lui donne un livret sur lequel le maître inscrit les notes du travail, et où le frère mentionne l'exactitude aux
classes et aux réunions du dimanche. Ceux des enfants
patronés qui ont obtenu les meilleures notes reçoivent
leur récompense en nature, principalement en vêtements. Quant aux conditions de placement, c'est un
comité d'hommes qui s'en occupe et désigne à chaque enfant un protecteur spécial, pour passer le
contrat d'apprentissage quand il n'existe pas encore,
et à insérer les stipulations que commandent l'in-

térêt moral ou matériel du protégé ; il devient son tu-
teur industriel, et c'est à lui qu'on s'adresse pour
tout ce qui le concerne. Le comité admet à faire
partie de l'œuvre les maîtres et contre-maîtres qui
versent une légère souscription et s'engagent à recevoir, aux conditions prescrites, ses enfants adoptifs, et au besoin à accepter cette tutelle qu'elle ins-
titue. Cette adjonction est une des grandes espérances
de l'œuvre, qui s'empare ainsi de l'atelier et y ac-
quiert un concours dont nulle autre organisation ne
saurait égaler la puissance et l'efficacité.

Enfin l'œuvre a pour complément des maisons
analogues à l'institution de Saint-Nicolas, où des
enfants placés dans des conditions particulières font
leur apprentissage en restant sous la direction morale des frères.

Et ne croyez pas, madame, que tout ceci soit simplement à l'état de projet. Depuis 1843 existe dans
le XIIe arrondissement, rue Neuve-Saint-Étienne,
une maison qui contient aujourd'hui 160 jeunes apprentis et où le travail a reçu son plein développement. Tous les ateliers y sont à l'entreprise et dirigés
par d'honorables maisons de commerce. Les frères
ne sont que surveillants pendant la durée du jour,
et deviennent simplement instructeurs le soir ou le
dimanche. Déjà quelques jeunes gens ont terminé
leur apprentissage ; la plupart ont demandé à continuer de résider dans la maison comme ouvriers,

et c'est assurément le plus bel éloge qu'on puisse faire de cet établissement.

L'œuvre s'est rapidement propagée dans les divers quartiers de Paris. Au faubourg Saint-Antoine, les frères ouvrirent un jour inopinément l'école du soir et l'asile du dimanche; on rit d'abord de cette tentative téméraire. Quelle apparence qu'elle eût quelque succès parmi cette population dans les loisirs de laquelle les choses pieuses comptent en général pour si peu ! Assurément ils ne tarderaient pas, disait-on, à être obligés de faire retraite faute d'assistants ! Il en fut tout autrement, madame ; les cantiques, chantés d'abord dans le désert, ne tardèrent pas à trouver de l'écho ; huit jours après l'ouverture de la classe du soir, on y comptait 80 apprentis fort assidus, et bientôt le nombre s'éleva à 200 ; tous étaient âgés de plus de douze ans et travaillaient dans des manufactures. Sur ce nombre, *cent trente ne savaient ni lire ni écrire*, et, chrétiens par le baptême seulement, ils avaient complétement oublié Dieu dont on ne leur parlait plus depuis qu'ils étaient livrés à de durs labeurs pour venir en aide à leurs pauvres familles ! Tous firent leur première communion cette année... Voilà de ces faits qu'il faut révéler à notre grande cité pour rabattre un peu son orgueil de capitale du monde civilisé !

Je laisse ici parler le rapporteur : « Avant l'expiration de la deuxième année, l'œuvre est établie dans

cinq quartiers de Paris : dans le faubourg Saint-
Antoine, dans le faubourg Saint-Marceau, le quartier Saint-Denis, le premier et le deuxième arrondissement. Quatre comités de placement, se partageant
toute la ville, tiennent séance chaque semaine à des
heures et des jours séparés, prêts à recevoir toutes
les demandes, à donner des maîtres, à fournir des
apprentis ; ils en ont placé déjà près de deux cents.
Cinq comités de patronage en visitent et en surveillent quatre cent soixante-dix, et bientôt cinq maisons
en recevront le soir et le dimanche au delà de mille.
Voilà le produit du temps, des efforts, de l'argent
dépensé pendant ces deux années. » Ajoutons que
cet argent dépensé pour arriver à un tel résultat ne
s'est élevé qu'à la somme de 32,916 francs !

Un peu plus loin, l'auteur du Rapport fait connaître que les établissements de l'œuvre ont donné les
moyens d'*appliquer complètement* la loi de 1841 qui
protége le jeune ouvrier contre la déplorable situation
résultant de l'absence de toute instruction et de l'excès
du travail, loi *qu'on regardait comme inexécutable
à Paris* (p. 17) : ceci suffit, madame, pour vous
faire saisir la portée de cette œuvre. Du reste, les encouragements ne lui ont pas manqué ; le savant et
vénérable prélat qui gouverne le diocèse en a ac-
cepté la présidence ; plusieurs curés, et plus que
tous les autres celui de Saint-Louis-d'Antin,
M. l'abbé Petétot, secondent activement ses progrès ;

le conseil municipal, le ministère de l'intérieur lui accordent des subventions ; en 1846, M. de Salvandy, animé des plus louables vues, a doté chaque établissement d'un secours de 2,000 fr. qui lui permettra de se compléter et de s'étendre.

Nous franchissons maintenant l'enceinte de la capitale et nous nous trouvons bientôt, grâce à la puissance locomotrice de notre époque, dans un château transformé en école d'apprentissage. Vous pressentez, madame, que je veux vous parler de cette *Colonie de Petit-Bourg* qui a fait déjà tant de bruit, bien qu'elle soit pour ainsi dire née d'hier. Elle est due à la *Société pour le patronage des jeunes garçons pauvres du département de la Seine*, dont le promoteur fut M. Allier, et à laquelle M. le comte Portalis a apporté un concours si dévoué. Par les soins intelligents de son secrétaire général, l'œuvre se propagea rapidement dans tous les rangs de la population parisienne ; l'humble artisan lui apporta son offrande aussi bien que le fonctionnaire de l'ordre le plus élevé ; la presse la seconda ; un prince la prit sous sa protection ; alors toutes les sources de la charité administrative et commerciale affluèrent dans cette direction ; en moins de deux années, une somme de près de 110,000 fr. fut réalisée, et l'établissement inauguré dans une ancienne résidence princière, comme pour mieux attester la transformation sociale qui s'effectue dans notre pays.

Plus de cent jeunes garçons habitent actuellement Petit-Bourg, et y sont régis d'après des règles sages et qui semblent habilement combinées pour arriver à un bon résultat. Le but est, en partageant ces colons entre les travaux agricoles et les industries qui se rapportent plus particulièrement à la culture, de rappeler ainsi *dans les campagnes trop délaissées*, comme le disait M. Portalis à l'assemblée générale du 11 mai, *ce surcroît de population qui encombre nos cités, pèse sur elles, s'y abâtardit et y dégénère;* du reste, c'est au temps à justifier les vues qui ont présidé à la fondation de cet établissement, fondation à laquelle on doit dès à présent, tout au moins, d'avoir excité un vif mouvement dans les esprits en faveur de la question importante qui s'y rattache.

La colonie *agricole et industrielle* de Petit-Bourg forme la transition naturelle pour passer aux établissements où l'apprentissage est exclusivement agricole.

En général, ceux-ci sont consacrés aux enfants abandonnés, aux enfants des hospices d'orphelins. Je vous l'ai déjà dit, madame, ces enfants sont ordinairement confiés, hors de l'asile qui les a d'abord reçus, à des cultivateurs qui consentent à les garder moyennant une allocation mensuelle que paye l'administration. Quoi de mieux conçu au premier abord! L'enfant a sucé le même lait que ceux de la

famille ; il a grandi sous le toit protecteur : il devra
donc y trouver une mère, un père, des frères ! Loin
de là, il n'est trop souvent que l'objet d'une vile
spéculation ; à l'abandon matériel a succédé l'abandon moral, non moins funeste. Considérez un instant
avec moi ce pauvre petit être dans cette habitation
où l'on a cru pouvoir lui rendre les liens et les affections du foyer domestique. Je lis à ce sujet dans le
rapport d'une commission nommée en 1843, par le
préfet d'Eure-et-Loir, les lignes suivantes :

« Il y a d'ordinaire quatre ou cinq enfants trouvés
chez la même nourrice. La commission en a même
compté jusqu'à huit, à quoi il faut souvent ajouter
les enfants de la nourrice elle-même.

« La demeure d'un grand nombre de nourrices
est mal aérée ; quelques-unes n'ont qu'une seule
chambre dans laquelle sont entassés plusieurs enfants
et plusieurs berceaux. Il y en a même qui couchent
dans un seul et même lit avec trois nourrissons.

« Beaucoup de nourrices sont indigentes ; bien
que nourrices *sèches*, elles n'ont ni chèvre, ni vache,
et elles donnent pour toute nourriture aux enfants,
de mauvais pain émietté dans un peu d'eau. L'hiver, elles n'ont pas de feu, et les pieds des enfants
gèlent dans les langes mouillés.

« Il y a des nourrices qui font profession de mendicité ; pendant leur absence, les enfants restent
seuls au logis ou dans les chemins ; quelques-uns

7.

mendient avec leurs nourrices, qui les dressent à exercer seuls cette coupable industrie.

« Quelques nourrices cèdent leurs nourrissons moyennant salaire; d'autres louent les enfants à prix d'argent, soit à des mendiants infirmes ou aveugles, soit à des artisans qui les font travailler avec eux. Dans la commune de ***, les enfants travaillent quatorze heures par jour dans des ateliers malsains!.....

Qu'on s'étonne maintenant s'il se trouve si rarement de bons sujets parmi ceux de ces enfants qui survivent à de pareils traitements! Pour remédier à un état de choses aussi déplorable, on a proposé, dans ces derniers temps (1), d'organiser dans chaque canton un comité de surveillance et de patronage pour les enfants placés dans la circonscription. De tels comités, dont feraient partie les maires, les juges de paix et les curés, ne pourraient assurément que produire de bons résultats, et il est à désirer que cette vue soit favorablement accueillie par l'autorité supérieure.

Le désir de réformer la condition de ces malheureux enfants plus complétement encore qu'on ne pourrait le faire au moyen d'une inspection, a donné naissance à quelques *colonies agricoles spéciales* dont je dois vous parler. *La Société d'adoption*, présidée

(1) De Watteville, *Annales de la Charité*, t. 2, p. 646.

par M. le comte Molé pour recueillir, patronner et former aux travaux des champs *les enfants trouvés, abandonnés et orphelins pauvres*, ne date que de quelques années. Pour réaliser la conception, doublement heureuse au point de vue de l'humanité et de l'intérêt public, qui lui avait donné naissance, il fallait un établissement ; mais la société sachant ce que coûte une telle fondation a préféré de choisir un établissement tout fondé : depuis 1828, un honorable propriétaire du département de l'Oise, M. Bazin, avait créé sur son domaine du Ménil-Saint-Firmin une petite colonie de ces pauvres enfants ; la société a adopté cette colonie et y a transporté ses patronnés. Le nombre des jeunes colons s'est trouvé de la sorte porté à 88. Ils sont placés sous la direction des frères agronomes de saint Vincent-de-Paul, pieuse association de laïques, de laquelle d'importants services sont attendus pour l'amélioration morale de ces enfants qui demandent souvent des soins particuliers. Leurs travaux s'appliquent à 134 hectares cultivés d'après les principes de l'art moderne. L'établissement est donc en pleine activité, et tout lui permet d'espérer un avenir de jour en jour plus prospère.

Il existe en France, madame, d'autres colonies agricoles pour les orphelins et enfants abandonnés, qui, sans avoir la même importance, méritent pourtant quelque mention : telles sont celles de Gradignan auprès de Bordeaux, de Montbellet auprès de Macon, de Bonneval dans le département d'Eure-et-Loir, etc. Des tentatives de ce genre sont faites en Bretagne par M. Duclezieux, par M. l'abbé Fournier ; un projet de fondation d'une semblable colonie agricole en Algérie, est à présent même à l'étude. Je regrette de ne pouvoir entrer dans plus de détails à ce sujet, mais il est temps de m'arrêter. En somme, vous le voyez, quelques milliers de jeunes garçons sont ainsi recueillis ou tout au moins patronnés ; mais il y en a *à Paris seulement plus de vingt mille* dont la situation réclame la sollicitude publique ! Ce qui se fait est donc bien peu de chose encore ; de là une des objections qu'on oppose en général à la création d'établissements d'apprentissage. Est-il possible, dit-on, de couvrir le territoire de pareilles maisons ou colonies, qui imposeraient à l'État et aux particuliers un intolérable fardeau ? Non, sans doute, cela n'est pas possible, et il n'en est pas question ; mais un certain nombre de ces établissements, jetés çà et là dans le pays, ne peuvent que produire le plus salutaire effet. Quand il y en aurait un dans chaque département, ne fût-ce que pour former des artisans ou des agriculteurs moraux et instruits, capables de servir ensuite de modèles et de guides aux autres, il ne faudrait pas s'en plaindre. Je voudrais qu'un certain honneur fût attaché à avoir fait partie de ces sortes d'écoles normales de l'industrie ; que l'ouvrier fût fier d'y avoir appris son état, et se crût obligé, dès lors, d'offrir dans la société l'exemple d'une bonne conduite et de l'amour du travail. Rien, je le demande, pourrait-il être plus propre à amener la réforme générale de la classe ouvrière ? De tels établissements sont dispendieux, il est vrai ; mais pour moi, madame, j'ai pris mon parti de ne pas marchander avec les institutions destinées à avancer la moralisation du peuple, qui est l'œuvre véritable du siècle. Eh quoi ! dans un pays où tant de dépenses fastueuses sont faites sans qu'on y regarde, on serait avare de quelques millions nécessaires pour former de bons et honnêtes ouvriers ! Considérez qu'on en ferait cent avec ce qu'il en coûte pour faire un peintre ou un pianiste qui, leur instruction d'artistes achevée, ont bien de la peine à gagner leur vie ! Non assurément que je propose la suppression de ces encouragements accordés aux beaux-arts, dont je sais tout le prix dans l'existence sociale ; mais il faudrait que les classes nombreuses qui se livrent aux autres arts, à ceux qu'on appelle particulièrement utiles, eussent leur part dans cette large distribution sur les fonds de l'État. Étrange aveuglement ! on ne veut pas voir les fatales conséquences, et, en définitive, aussi les charges qui résultent pour la société de l'abandon où on les laisse ; on multiplie les prisons ; on augmente le nombre des gendarmes ; on étend le système répressif, au lieu de prendre les moyens qui permettraient de le réduire. Punir ce qu'on n'a pas su prévenir, c'est ainsi qu'on a toujours procédé : voilà le mot qui résume la marche constamment adoptée jusqu'ici dans les affaires humaines. Entrons enfin dans d'autres voies !

LETTRE VII.

Enfants malades. — Hôpital spécial de l'Enfant-Jésus. — Aveugles. — Valentin Haüy. — Découverte d'un système spécial d'instruction. — Institution royale des jeunes aveugles. — Société de patronage et de secours pour les aveugles. — Maison de travail pour les aveugles adultes. — Hospice royal des Quinze-Vingts.

Jusqu'ici, madame, nous avons envisagé l'enfant du pauvre dans sa condition ordinaire et normale, c'est-à-dire sous le double rapport de la faiblesse organique qui lui est propre et du dénûment où le placent diverses circonstances sociales. Mais parfois cette condition se présente dans telle situation exceptionnelle qui ajoute à l'infortune qu'il y avait à soulager en elle, et lui donne par conséquent encore de nouveaux droits à la commisération publique. Le nouveau-né porte, en certains cas, lorsqu'il vient au monde, le germe des tristes maladies qu'ont enfantées nos vices et nos désordres. Il grandit et le germe se développe; le mal se prend à sa chair et à ses os; la pauvre créature a puisé dans le sein maternel la mort avec la vie, ou tout au moins le principe d'une difformité qui fera le malheur des années qu'elle aura à passer sur terre. Elle souffre pour des déré-

glements qui se rapportent à un temps où elle n'exis-
tait pas encore ; elle souffre par suite d'une trans-
mission irrégulière et mystérieuse qui passe quelquefois par-dessus une génération pour en frapper une
autre, et choisit capricieusement ses victimes dans
le même foyer ! Oh ! n'est-il pas vrai qu'en voyant
les plaies, les tumeurs hideuses qui couvrent ces
membres frêles et languissants, on serait tenté de
s'indigner contre un état de société qui inflige à l'innocence de semblables misères ! — Je m'arrête : la
charité est étrangère à ces mouvements de censure
amère et passionnée, toujours stériles pour le bien.
Elle se contente de gémir sur les maux de l'humanité, et s'attache à la soulager bien plutôt qu'à la
maudire.

Les enfants dont il s'agit, madame, sont très-nom-
breux au sein des grandes villes où s'amoncelle, dans
des rues étroites et fangeuses, une population qui
n'est que trop en harmonie par ses habitudes de dégradation avec le quartier malsain où elle est par-
quée. En général, on leur affecte dans les hôpitaux
des salles spéciales ; à Paris il y en a un qui leur est
exclusivement consacré. Celui-là est situé dans la rue
de Sèvres, et occupe les bâtiments de l'ancien cou-
vent des filles de l'Enfant-Jésus, fondé par la pieuse
reine Marie de Pologne. Son nom administratif est
l'*Hôpital des Enfants malades* ; mais le hasard lui en
avait donné un si heureux, qui caractérisait si bien

la sainte protection que réclament ces jeunes êtres,
qu'en vérité je le regrette! Du reste ce nom s'est
conservé dans les souvenirs populaires. Cet hôpital,
en effet, c'est simplement l'*Enfant-Jésus* pour les
familles pauvres qui sont contraintes d'y venir chercher la guérison de quelque petit malade dont elles
sont affligées.

Quoi qu'il en soit, les enfants sont admis de deux
à quinze ans dans cet hôpital, où il n'y a pas moins
de 600 lits ; d'assez vastes constructions ont été ajoutées dans les derniers temps à celles qui existaient déjà :
d'autres sont en projet. Cet établissement éveille la
sollicitude toute particulière de l'administration des
hospices, et c'est à bon droit : car, malgré les soins
intelligents dont les jeunes malades sont l'objet, la
mortalité y est grande et il s'y manifeste parfois, dans
la marche des maladies, de regrettables complications qui dénotent peut-être la nécessité d'isoler plus
encore ces enfants, de mettre un plus vaste intervalle
entre les masses d'air vital qui les enveloppent. Les
affections de l'œil y sévissent cruellement comme à
l'hospice des Orphelins; parfois l'enfant qui y est entré scrofuleux en sort aveugle... Pardonnez-moi,
madame, d'arrêter aussi longtemps vos regards sur
ces tristes images. C'est que je ne sache guère dans
le fait un établissement qui présente un objet plus
digne de pitié, plus propre à faire naître de charitables émotions. Hélas! j'ai vu sur le seuil de cette

maison de pauvres mères qui dévoraient leurs larmes à la sortie d'une salle où elles venaient de con-
templer l'état déplorable de l'enfant qu'elles avaient
été si heureuses naguère de sentir tressaillir dans leur
sein ! Que j'aurais voulu avoir alors auprès de moi
quelqu'un de ces jeunes gens prêts à céder à la fougue de l'âge ! un tel spectacle n'était-il pas bien
propre à le retenir au bord de l'abîme ! On vous a
parlé de ce peuple célèbre de l'antiquité qui, pour prémunir l'adolescence contre l'entraînement des passions, en exposait à ses regards l'abrutissement dans
la personne des esclaves. Il me semblait qu'il y avait
là aussi une sorte de leçon lacédémonienne faite pour
provoquer un favorable retour sur soi-même, pour
devenir un heureux préservatif contre de fatals égarements.

Fidèle au plan que je me suis tracé dès le début
de ce travail, et que vous n'avez peut-être pas tout à
fait perdu de vue, madame, je suis maintenant amené
à entrer dans le domaine de ces infirmités qui constituent une autre catégorie d'individus impropres à la
vie laborieuse, ou qui n'y sont rendus que par les
efforts ingénieux de cet esprit de notre société moderne qui tend à améliorer la condition de tous ceux
qui souffrent. Je prononçais tout à l'heure un mot
qui rappelle une des plus funestes affections, la cécité ;
et ici, madame, votre correspondant éprouve quelque embarras ; sa plume hésite dans ses libres allu-

res ; c'est qu'il s'agit d'un objet qui n'est pas pour lui simplement, comme ceux dont il a eu à vous entretenir jusqu'à présent, à l'état de théorie. Ses fonctions, ses devoirs l'appellent à cet égard à une pratique constante de maximes dont il essaye de vous montrer l'application à d'autres matières. Le voilà obligé de se mettre en scène, de se donner à lui-même un rang dans cette galerie dont il s'attache à faire passer successivement les tableaux sous vos yeux... Eh bien, madame, il ne reculera pas devant cette situation délicate ; il dira ce qu'il a fait et ce qu'il veut faire pour une grande infortune avec l'aide de celui qui est la source de tout ce qui se fait de bien ici-bas. Il rendra enfin un compte sincère de l'humble mission qui lui est échue, heureux si vous trouvez qu'il est dans la bonne voie pour l'accomplir !

Parlons donc des aveugles. Ce furent longtemps, dans la pensée publique, des êtres inévitablement voués, quand l'indigence venait encore aggraver leur situation, à chercher leur subsistance dans la merci des passants. Aveugle et mendiant étaient pour ainsi dire deux termes synonymes. A toutes les époques, néanmoins, certains aveugles avaient pu, perçant les ténèbres qui les enveloppaient, acquérir des talents et parvenir même à la renommée. Chez les anciens, on attribuait en général à l'état de cécité une sagesse supérieure, et parfois même le don mensonger de sonder les profondeurs de l'avenir. L'histoire des premiers siècles de l'Église nous a transmis le nom de ce Didyme qui, bien qu'aveugle-né, devint un des oracles de l'illustre école d'Alexandrie, et eut l'honneur de compter saint Jérôme parmi ses disciples. Chez les modernes, l'Anglais Saunderson, également aveugle dès le berceau, était devenu, au commencement du siècle dernier, un des professeurs les plus distingués de l'Université de Cambridge ; il enseignait les sciences physiques, et, chose étonnante, madame, lui qui n'avait jamais vu la lumière, en démontrait avec clarté à ses auditeurs les lois et les propriétés selon la grande théorie newtonienne. Mais ces faits isolés ne changeaient en rien la condition de cette classe d'êtres. Il fallait pour qu'il en fût autrement, un homme qui eût cette conception originale d'un enseignement systématique applicable à l'enfance des aveugles en général, et au moyen duquel pût s'effectuer chez tous le développement intellectuel qu'on remarquait chez quelques-uns qui avaient pu forcer les barrières où se trouvait enchaîné leur entendement. Cet homme se présenta vers la fin du dix-huitième siècle, et son nom doit prendre place parmi ceux des bienfaiteurs de l'humanité. Valentin Haüy, par qui fut commencée dans notre pays la régénération des aveugles, était le fils d'un simple tisserand d'un village de Picardie ; des moines prémontrés du voisinage lui donnèrent quelques soins, ainsi qu'à son frère, qui devint plus tard un minéralogiste célèbre ; puis il fut envoyé à Paris où il acheva ses études, et entra dans les bureaux des affaires étrangères. Alors on s'occupait beaucoup dans le monde des succès obtenus dans l'instruction d'une autre classe d'infortunés dont nous allons bientôt parler. Haüy se demanda un jour s'il était impossible de faire pour les aveugles ce qu'on faisait si heureusement pour les sourds-muets : cette pensée l'agitait en secret, lorsqu'une circonstance fortuite vint donner une impulsion décisive à ses idées et fixa la vocation qu'il n'a plus abandonnée depuis. Il a raconté lui-même que le spectacle de huit ou dix aveugles qui, des lunettes sur le nez et de la musique devant leurs yeux éteints, donnaient dans un lieu public un concert dont s'éjouissaient fort les assistants, lui fit éprouver un tout autre sentiment. Pourquoi, se dit-il, ne mettrait-on pas à la portée de ces pauvres malheureux les moyens dont ils simulent ridiculement l'usage ? « L'aveugle ne connaît-il pas les objets par la diversité de leurs formes ? se méprend-il à la valeur d'une pièce de monnaie ? pourquoi ne distinguerait-il pas un *ut* d'un *sol*, un *a* d'un *b, si ces caractères étaient rendus palpables* (1) ? »

Telle fut l'origine de cet enseignement. Ce fut de la sorte que Valentin Haüy en reconnut la base ingénieuse et simple, qui consiste à remplacer toujours

(1) *Précis historique de l'institution des enfants aveugles*, in-4 ; 1786.

par un signe sensible au doigt de l'aveugle, le signe habituellement tracé pour l'œil du voyant. Sur cette base il élabora tout un système d'instruction auquel on n'a guère ajouté depuis que ces perfectionnements de détail que le temps amène avec lui, mais qui ne sauraient affaiblir le mérite d'une découverte. Il l'expérimenta sur quelques sujets au fur et à mesure qu'il le conçut. La cour et la ville applaudirent à ces tentatives qui excitèrent une vive surprise et un puissant intérêt. Enfin une école fut fondée. C'est cette institution qui, après avoir subi de nombreuses vicissitudes pendant les mauvais jours de la révolution, après avoir assez pauvrement vécu, tantôt dans un quartier, tantôt dans un autre, conformément à cette loi d'instabilité qui a trop longtemps régi notre mobile patrie, a enfin été transférée à la fin de 1843 dans le magnifique bâtiment érigé pour elle sur le boulevard des Invalides par la munificence de l'État.

Sur le modèle de cette institution, madame, soixante à quatre-vingts établissements semblables se sont formés depuis un demi-siècle dans les diverses contrées de l'Europe et aux États-Unis. Dans tous, l'instruction est à la fois intellectuelle, musicale et professionnelle Ces trois éléments s'y retrouvent toujours, bien qu'à des degrés différents. Je m'écarterais de mon but si je voulais vous faire connaître les procédés employés dans les trois branches de cette curieuse éducation. C'est ailleurs qu'il faudrait en faire l'objet d'un examen développé. Je me bornerai ici à quelques notions essentielles sur l'institution de Paris. Elle compte aujourd'hui cent soixante-dix élèves, dont les maîtres sont presque exclusivement aveugles eux-mêmes. Ces élèves sont admis de neuf à treize ans, aux frais de l'État, des départements, des administrations hospitalières et des familles. Un tiers environ appartient au sexe féminin. Tous ne profitent pas également du séjour dans l'établissement, qui est en général de huit années ; mais, si l'on veut apprécier toute l'étendue du bienfait qui en résulte pour le plus grand nombre, il faut, madame, considérer le pauvre enfant qu'on lui confie, sachant à peine marcher quelquefois, tant sa première éducation a été négligée, et qu'on retrouve quelques années après homme fait, instruit et de bonne tenue, apte à occuper un buffet d'orgue dans une des principales églises de Paris !

Après cette institution, la plus importante sans doute de celles qui existent, nous retrouvons à Lille deux écoles d'aveugles ouvertes aux deux sexes et dirigées avec succès par deux congrégations respectables, mais sans importance encore faute de ressources. C'est peu, sans doute, relativement aux besoins. En effet, nous n'avons pas encore de données bien positives sur la statistique de la cécité dans notre pays ; mais elle a été dressée avec soin dans quelques autres, notamment en Prusse. Notre population doit, si la proportion est la même, comprendre de 25 à 30,000 aveugles, et dans ce nombre de 4 à 5,000 individus de un à seize ans. Vous voyez combien sont insuffisants les moyens d'éducation offerts à toute cette jeune population.

Les aveugles appartiennent en général aux familles pauvres, au sein desquelles se manifestent bien plus fréquemment les accidents qui amènent la cécité. L'éducation qu'on leur donne doit donc avoir un but sérieux, c'est-à-dire qu'elle doit tendre à les mettre autant que possible à même d'alléger les charges qu'ils imposent à leurs parents ou à la communauté. C'est ce que comprennent fort bien ceux qui les instruisent, et ces enfants eux-mêmes, qui, calmes et concentrés, non distraits comme nous par les entraînantes impressions de l'œil, réfléchissent de bonne heure. Posons en principe qu'on peut faire faire à cette patience ingénieuse dont les aveugles sont souvent dotés de véritables tours de force. On en a vu qui étaient parvenus à exécuter des mécaniques très-compliquées ; mais l'essentiel n'est pas pour eux d'exciter de stériles transports d'admiration ; il faut que le travail auquel on les applique puisse être fructueux pour l'avenir de ceux qui ne sont pas destinés à trouver une ressource dans l'art musical. Et ici, madame, que de difficultés ! C'est peu que de bien choisir les métiers adaptés à cette condition. Suivez l'aveugle ouvrier, au sortir de l'institut où il a fait son apprentissage. Le voilà lancé sur le terrain de grande et libre concurrence industrielle. Qu'il se présente pour entrer dans un atelier ordinaire, il sera repoussé. Qu'il essaye de travailler en particulier, que d'embarras, pour lui qui ne se meut qu'avec la main d'autrui, pour arriver au placement du fruit de ses labeurs ! Le voyez-vous dans l'arène où les bras du pauvre disputent le travail et le pain du jour aux machines qui se substituent graduellement aux forces individuelles de l'homme ? Et ne croyez pas que sa situation, qui excite si facilement la compassion, lui vienne en aide : point du tout, elle crée contre lui un préjugé qu'il ne surmonte jamais entièrement, et dont le travail qu'il a accompli subit les conséquences. On se refuse à l'admettre, ce travail, parmi les objets de consommation courante, à lui donner sa valeur vénale ; on l'admire comme créé par un aveugle, mais, à ce titre, on y remarque avec vigilance des imperfections qui resteraient inaperçues dans celui du clairvoyant ; en définitive, on veut l'avoir au rabais. Est-il étonnant qu'entrant avec tant de désavantage dans cette carrière, l'ouvrier aveugle ne puisse, sauf de rares exceptions, la parcourir avec succès, et qu'on le voie si souvent, après quelques années d'efforts infructueux, épuisé par la lutte, se croiser les bras et retourner peu à peu à l'oisiveté vers laquelle il incline parfois par suite de sa cécité même ?

8

Consacré, presque au sortir de l'adolescence à
l'instruction des aveugles, vous comprendrez sans
peine, madame, quelles douloureuses émotions je
dus éprouver en reconnaissant combien avaient été
infructueux jusque-là les efforts tentés longtemps
pour préparer aux enfants aveugles quelques ressources contre le besoin. Enfin, je songeai à invoquer
en leur faveur l'association, cette force dont les applications diverses présentent de nos jours un si
étonnant spectacle. Mon appel fut entendu d'une foule
de personnes bienfaisantes, et la *Société de patronage
et de secours pour les aveugles travailleurs* (car les
mendiants sont exclus de ses bienfaits) prit naissance,
il y a six ans, sous la présidence du respectable magistrat dont j'ai déjà eu occasion de citer le nom, de
M. le comte Portalis. Bientôt la société crut devoir
créer un atelier; cet atelier existe aujourd'hui sur le
boulevard d'Enfer; il ne contient encore qu'un faible nombre d'aveugles, occupés avec succès à des
travaux de vannerie, de tissage, etc. La Société pro-
jette une semblable fondation en faveur des jeunes
filles aveugles, dont le sort est plus malheureux encore. Nulle œuvre, madame, j'oserai le dire, ne mérite à un égal degré l'appui des amis de l'humanité;
elle est susceptible de faire un bien immense à une
classe d'infortunés qu'il ne fallait pas simplement secourir, mais aussi tirer de cette sorte d'abaissement
moral auquel elle avait été dès longtemps condamnée.

Continuant à nous occuper des aveugles, nous rencontrons le vaste hospice si connu sous la dénomination de *Quinze-Vingts*, vénérable création de saint Louis, qui nous est parvenue au travers des siècles, non sans avoir éprouvé toutefois quelques vicissitudes. La plus importante se rattache à l'administration du fameux cardinal de Rohan, qui présidait dans l'autre siècle aux destins de l'hospice, en qualité de grand aumônier de France. L'établissement était alors propriétaire de bâtiments considérables, situés dans la rue Saint-Honoré, à peu de distance du Palais-Royal. Les aveugles n'en occupaient qu'une faible portion, humide et malsaine; l'ensemble de ces bâtiments ne présentait guère moins d'une population de cinq mille personnes. Vous pouvez juger par là de la valeur de la propriété. Le cardinal se fit autoriser à la vendre, et céda pour six millions environ cet enclos qui en vaudrait aujourd'hui plus de vingt. Ce marché, qui fut considéré comme entaché d'improbité, assura à l'hospice, au moyen d'un placement de cinq millions sur l'État, une rente de 250,000 fr. qui a été réduite en 1832 à 210,000 fr. par un acte auquel il est impossible de ne pas reconnaître les caractères d'une spoliation. L'établissement fut alors transféré au faubourg Saint-Antoine, dans le local qu'il occupe encore.

L'étranger ne visite pas sans intérêt cet hospice. Il y retrouve quelques vieillards qui furent élèves de

Valentin Haüy: Gailliod, excellent musicien ; Pain-
geon, cet aveugle-né, lauréat du grand concours, appelé depuis à exercer l'enseignement des mathémati-
ques dans un collége royal ; Foucaud, l'ingénieux
inventeur d'un appareil pour faire écrire ses compa-
gnons d'infortune, et plusieurs autres. Du reste, cette
maison a un aspect qui lui est propre. Longtemps
ses habitants furent astreints à la loi du célibat ; ils
formaient une sorte de congrégation, et on leur don-
nait le titre de frères et de sœurs ; mais, depuis, c'est le
principe tout opposé qui a prévalu. L'administration
encourage les unions des membres de l'hospice avec
des individus jouissant de la vue ; elle accorde une sub-
vention de 30 centimes par jour à tout voyant qui
épouse une personne aveugle, 15 centimes à tout enfant au-dessous de seize ans né d'une union de ce genre,
et 50 centimes aux veufs et veuves après cinq ans de
mariage ; ces dispositions ont fait en définitive de l'é-
tablissement une réunion de ménages indigents dont
le chef est atteint de cécité. La pensée à laquelle répond une telle organisation est assurément honorable, mais elle est si fort en désaccord avec les vues
qui prédominent en général de nos jours en économie politique, qu'il était impossible qu'elle ne fût pas
attaquée ; elle l'a été effectivement plusieurs fois
dans nos assemblées politiques du dernier demi-siècle. Quelquefois même le mot de dissolution a été
prononcé. La vieille date et l'origine vénérable de

cet hospice, le bien notable qui résulte de son existence et pour les trois cents aveugles qui y sont
admis, et pour cinq ou six cents autres qui en reçoivent des pensions de 100, 150 et 200 fr., l'ont
protégé et le protégeront toujours contre de telles
atteintes. Qu'il y ait quelques améliorations à introduire dans les conditions fondamentales de cette
maison, nul ne le nie. Commençons par ces améliorations. Par exemple, une règle sévèrement obser-
vée ne devrait-elle pas interdire l'admission d'un
aveugle valide et apte au travail, avant la vieillesse ?
La création de plusieurs ateliers semblables à celui
dont je viens de vous parler rendrait une telle règle
possible, et serait le principe d'une réforme qui permettrait à l'hospice de multiplier considérablement
les secours qu'il distribue. Nulle infortune alors ne
serait assistée avec plus d'intelligence ; car il y aurait école pour les enfants, maison de travail pour
les adultes et asile pour les vieillards. Le système
serait complet.

N.

LETTRE VIII.

Des aveugles nous passons, madame, aux sourds-muets, classe d'êtres qu'une infirmité spéciale place aussi dans une condition exceptionnelle et qui n'a pas moins de titres que la précédente à exciter votre intérêt. N'établissons point de parallèle entre elles ; les désavantages sont plus grands du côté de l'aveugle, sous un rapport, puisqu'il a presque toujours besoin d'un intermédiaire dans les relations sociales ; mais l'instruction est, s'il se peut, plus nécessaire au sourd-muet, qui manque du langage articulé, ce moyen si précieux, et que rien ne peut remplacer complétement pour élever une intelligence au niveau de l'intelligence commune. C'est au moine espagnol Ponce de Léon, qui vivait à la fin du seizième siècle, qu'on rapporte l'origine de l'art d'instruire les sourds-muets ; mais la création véritable de cet art n'en appartient pas moins à la France, et elle est d'une date plus récente; elle recommande aux souvenirs de la postérité le nom de l'abbé de l'Épée, contemporain de Valentin Haüy. Ce fut également une circonstance fortuite qui le porta à se consacrer tout entier à ces infortunés.

Un jour, dans un salon où il attendait le maître du logis, il vit avec surprise deux jeunes personnes qui, assises et occupées d'un travail de couture, gardaient un silence absolu et semblaient complétement étrangères à ce qui se passait autour d'elles. Bientôt la mère rentre et apprend, avec une douloureuse tristesse, à l'abbé de l'Épée, la cruelle situation de ses deux enfants : elles étaient sourdes-muettes; un religieux leur avait donné quelques soins, mais il venait de mourir. L'abbé de l'Épée, vivement intéressé par le malheur de ces jeunes filles, se proposa pour le remplacer. Après ces élèves il en vint d'autres. Graduellement il fonda une institution; c'est celle qui existe encore à Paris et qui est en si grand renom dans toute l'Europe. Il soutint l'établissement naissant de ses deniers; il fit vivre à ses frais ses enfants adoptifs. Comme prêtre, le célèbre instituteur se trouva mêlé à des discussions théologiques qui donnèrent lieu, dit-on, de contester sa parfaite orthodoxie; mais il y a dans sa vie des traits qu'on croirait empruntés à celle de saint Vincent de Paul. Une fois, au milieu d'un hiver rigoureux, on trouva le bon vieillard saisi par le froid et tout tremblant dans son cabinet, où il se privait de feu pour pouvoir consacrer toutes ses ressources aux besoins de ses élèves. Ils accoururent, et ce fut un touchant spectacle que de voir ces pauvres enfants entourer leur vénérable maître, presser ses mains, le combler de caresses, le supplier dans leurs gestes expressifs de se conserver pour eux et de ne plus s'imposer d'aussi dures privations.

Je ne vous dirai que quelques mots, madame, du système d'instruction élaboré par l'abbé de l'Épée. Il a déjà été l'objet de nombreux volumes, et la matière n'est pas épuisée. Les essais qui dataient d'une époque antérieure ne pouvaient guère mener à d'importants résultats : ainsi, l'art de faire proférer des sons, des mots à ces infortunés, était connu ; l'art de représenter nos lettres au moyen d'un alphabet manuel avait été inventé ; mais l'essentiel restait à trouver. On abandonnait ainsi le langage mimique, dont la nature elle-même communique au sourd-muet les premiers éléments, et qui lui fournit un moyen de se mettre en relation, dans une certaine limite, avec le *monde parlant*, lequel s'en sert comme d'un auxiliaire fort appréciable. C'est là ce que sut reconnaître l'abbé de l'Epée ; c'est ce langage qu'il coordonna et systématisa : telle est la création qui fait sa gloire. Ses successeurs, et avant tous l'abbé Sicard qui jouit de son vivant de tant de renommée, adoptèrent cette même base, mais en s'en écartant au gré de leurs vues particulières, soit relativement à la formation de la langue, soit touchant la manière de l'enseigner. Il en est résulté cette conséquence fâcheuse, qu'aujourd'hui il y a peu d'accord entre les maîtres des sourds-muets, non-seulement dans le même pays, parfois aussi dans la même école. Circonstance bizarre! Sur ce terrain, déblayé de tous les embarras qui naissent d'une foule de causes dans une combinaison quelconque du langage articulé, et où par conséquent il semblait qu'on était sur la voie pour arriver à la langue universelle rêvée par les philosophes et cherchée en dernier lieu par l'illustre Leibnitz, il faut justement que les dissentiments des hommes aient suscité la confusion de Babel! En fait, on n'obtient encore que des résultats incomplets et insuffisants, *faute d'un lien commun et d'une méthode uniforme.* Voilà ce que reconnaissait naguère un professeur distingué de l'institution de Paris, M. Morel (1). Qui ramènera l'unité? qui rétablira la concorde? Je l'ignore; je ne fais qu'exposer ici, et me garderai certes d'émettre mon opinion dans un différend que tant d'habiles n'ont pu terminer.

Le nombre des sourds-muets, madame, est, en général, par une de ces coïncidences qui ne sont pas rares quand on observe avec attention les faits sociaux, égal à celui des aveugles. Mais on devient aveu-

_____

(1) *Annales de l'éducation des sourds-muets et des aveugles,* t. 2, p. 178.

gle à tout âge, tandis que le surdo-mutisme se manifeste toujours dans l'enfance. Si donc on compare les
sourds-muets et les aveugles existant dans un pays
quelconque, on trouve que ceux-là sont bien plus
nombreux dans la première période de la vie, et
ceux-ci dans la seconde, de telle sorte qu'en définitive
les quantités s'équilibrent à peu près. Ainsi, dans le
royaume de Prusse, en 1835, on constata que, de 1 an
à 30 ans, il y avait 7,135 sourds-muets et 2,178 aveugles ; et, au-dessus de 30 ans, seulement 2,710 sourds-
muets et 7,034 aveugles : en somme, 9,845 des uns
et 9,212 des autres. Il est donc juste qu'il y ait un
plus grand nombre de maisons d'éducation pour les
sourds-muets que pour les aveugles. On en compte
en France 43 qui reçoivent 15 à 1,600 enfants de
l'un et de l'autre sexe. Deux de ces établissements,
l'institution de Paris et celle de Bordeaux, relevée
par les soins de son habile directeur actuel, M. Va-
lade-Gabel, sont subventionnés par l'État ; 32 autres
écoles sont dirigées par des ecclésiastiques, et dans ce
nombre il en est plusieurs qui pourraient être honorablement citées, surtout pour les résultats moraux
qui y sont obtenus.

L'éducation renouvelle entièrement le sourd-muet.
C'était primitivement un être la plupart du temps
plongé dans une sorte d'abrutissement, dont l'esprit
restait endormi au sein de son enveloppe matérielle,
et qui, témoin inintelligent de tout ce qui s'accom-

plissait autour de lui, devenait même quelquefois
une sorte d'idiot fort dangereux, par suite de cette
fougue des instincts que la raison ne dominait pas.
Par l'influence de l'éducation il s'éveille, toutes ses
facultés sont en jeu, il prend rang dans la société;
bien souvent, toutefois, il a besoin d'appui, surtout
quand il appartient au sexe féminin. Les jeunes sourdes-muettes, en effet, peuvent être facilement initiées
aux travaux d'aiguille des ouvrières ordinaires; mais
ces travaux, dont le salaire est presque toujours,
comme on sait, insuffisant pour assurer l'existence,
ont encore moins d'avantages pour ces pauvres filles.
En 1828, un comité de dames bienfaisantes se forma
dans la vue de s'occuper de leur avenir. On constata
alors que plusieurs, d'abord placées comme ouvrières
ou comme domestiques, avaient successivement, par
suite des difficultés que leur opposait leur infirmité,
perdu leur place, et se trouvaient dans le plus déplorable abandon. On eut alors l'idée de fonder, pour
celles d'entre les anciennes élèves de l'institution qui
étaient sans famille, une *maison de refuge*. Cet établissement existe dans la rue des Postes; il renferme
environ 20 de ces jeunes filles, qui sont consacrées
à la couture. L'association sous le patronage bienveillant de laquelle est placée cette maison si recommandable a pour présidente madame la marquise de
Dolomieu, que sa position officielle, aussi bien que
l'impulsion d'un noble cœur, appelle à partager les

soins d'une auguste sollicitude pour cette infortune et pour beaucoup d'autres.

Une nouvelle infirmité, madame, réclame notre attention ; celle-ci est plus cruelle encore que le surdo-mutisme et la cécité qui laissent, au moins en général, à peu près intact notre attribut le plus précieux, celui qui nous sépare si profondément des autres créatures vivantes, l'entendement, tandis que celle dont je veux parler se prend à l'entendement même. Quel tableau, madame, que celui que nous offre l'aliénation mentale ! Combien notre orgueil est humilié en observant le peu qu'il faut pour éteindre en nous le rayon de la lumière divine, pure origine de tout ce qu'il y a de grand dans notre nature morale ! Combien nous rougissons de notre nature matérielle en la voyant livrée à toutes les aberrations des sens, à tout le désordre d'un organisme qui a perdu son régulateur ! Et combien aussi sommes-nous émus de pitié en contemplant ces pauvres êtres ainsi déchus, pour ainsi dire, de la condition humaine ! Longtemps, madame, ils furent traités avec la plus étrange barbarie, quand l'indigence venait encore accroître leur malheur. On les déposait dans des prisons, dans des réduits où l'on usait envers eux de plus de rigueur qu'à l'égard des criminels ou des animaux auxquels ils se trouvaient associés. Ils étaient là sans air et sans soleil, couchés nus sur le pavé, ou couverts de méchants haillons, ensevelis dans une paille de-

9

venue fétide ; le mode curatif, quand on en essayait
un, n'était guère moins cruel la plupart du temps,
et semblait combiné pour provoquer des accès dont
l'art, au contraire, doit sans cesse s'attacher à diminuer la fréquence. De nos jours, heureusement, une
révolution complète s'est opérée sur ce point. On a
compris l'influence décisive que peut exercer ici la
médecine morale, et, du moins, quand la guérison
est impossible, les malades jouissent, dans l'asile où
ils ont été déposés, d'un sort calme et tranquille ; ils
sont dirigés avec douceur, conformément aux maximes d'une hygiène sagement combinée, et autant
que possible livrés au travail, qui contribue plus que
tout le reste à ramener l'ordre dans leurs idées. J'ai
pu constater moi-même, en visitant naguère un de
nos plus vastes hospices, celui de Bicêtre, dont une
partie sert d'asile à des aliénés, toutes les améliorations dont les établissements qui leur sont consacrés
ont été l'objet. Je ne retrouvai plus le repoussant aspect qui m'avait frappé vingt ans auparavant. Point
de chaînes, point de cachots infects ; je circulai librement dans toutes les cours : une seule, où se prome-
naient des maniaques, dont les accès subits de dé-
mence pouvaient avoir du danger, me fut fermée.
J'entrai dans une salle d'étude, où un assez grand
nombre de ces malheureux insensés étaient activement
occupés de divers travaux. Le plus grand calme régnait dans cette enceinte. Plusieurs me montrèrent

avec empressement des dessins irréprochables. Il y
en avait un qui minutait patiemment un manuscrit,
comme s'il eût oublié que l'imprimerie avait été découverte. A son front grave et chauve, on eût dit quelque vieux copiste du moyen âge. J'emportai de cette
visite des pensées consolantes. La Salpétrière, qui
remplit pour les femmes aliénées le même office que
Bicêtre pour les hommes, a subi une semblable réforme. Il existe encore en France d'autres établissements d'aliénés, dont l'excellente organisation
mérite d'être citée; telle est, entre autres, la maison
de la Guillotière à Lyon (1), tenue par les frères de
Saint-Jean-de-Dieu, respectable congrégation qui,
suivant les traces de son pieux fondateur, s'est vouée
particulièrement aux soins que réclament les fous et
qui a rendu d'importants services à cette classe d'infortunés.

Certaines catégories d'aliénés peuvent guérir;
mais, après que la folie a disparu, il y a une convalescence longue, et qui appelle des soins soutenus.
Le mal se renouvellerait si l'individu était brusque-
ment replacé dans les circonstances qui n'avaient pas
été étrangères à sa production. Dans ces derniers
temps on a eu l'heureuse idée de créer pour les aliénés guéris un patronage bienveillant qui concourt à
leur placement lors de la sortie de l'hospice, les visite

(1) Baron de Watteville, *Statistique des établissements de bienfaisance*, introduction.

et leur accorde des soins s'ils en ont besoin. Deux associations se sont formées dans ce but : l'une présidée par M. le duc de Liancourt, l'autre par Monseigneur l'archevêque de Paris. Celle-ci a fondé un asile où sont reçues les femmes que l'art a pu retirer de ce déplorable état, jusqu'à ce que leur santé soit tout à fait raffermie et leur sort assuré.

Le nombre des aliénés indigents est de 12,500 environ, dont un peu plus de moitié appartient au sexe féminin, disproportion qui se fait remarquer au surplus partout où l'on a dressé la statistique de l'aliénation mentale. Ces aliénés indigents sont une charge départementale qui ne va pas à moins de cinq millions. Ils sont réunis dans 73 établissements, soit spéciaux, soit mixtes, c'est-à-dire où sont admis, dans des bâtiments séparés, d'autres infirmes. Je ne comprends pas parmi ces établissements la maison royale de Charenton, si remarquable sous le rapport scientifique, mais qui n'est pas destinée à l'indigence.

Sur les 12,500 aliénés, madame, le seul département de la Seine en a à sa charge plus du cinquième ; ceux où l'on en compte le plus ensuite sont les Bouches-du-Rhône, le Rhône, le Nord, la Seine-Inférieure, enfin tous ceux qui possèdent nos villes les plus considérables et dont nous admirons la splendeur. Au contraire, la proportion est très-faible dans les départements reculés et pauvres où les cités sont rares et les habitants disséminés sur le sol. On peut conclure de là quelle influence exercent sur le développement de cette cruelle affection les conséquences extrêmes de notre civilisation avancée. En définitive, cette civilisation marchant toujours d'un cours irrésistible vers je ne sais quel but inconnu, laisse sur sa route bien des misères ; elle n'est que juste quand elle s'attache à multiplier le nombre des asiles destinés aux fous, puisqu'elle en augmente incessamment le nombre. Ici, comme en beaucoup de choses, elle fait le mal, puis elle s'efforce de le guérir. Heureux le temps, s'il vient jamais, où elle s'appliquera avant tout à en tarir la source !

A d'autres infirmes, tels que les perclus, estropiés, épileptiques, cancéreux, etc., triste nomenclature ! la bienfaisance publique vient en aide quand l'art médical a épuisé toutes ses ressources ; elle ouvre à leur indigence des asiles spéciaux où ils achèvent moins douloureusement une existence affligée d'un mal qui ne peut être guéri que par la mort. Ces asiles, qu'on appelle en général *hospices des incurables*, remplacent nos anciennes *léproseries* tant multipliées à l'époque où régnait partout cette affreuse maladie qui, grâce à Dieu, a à peu près disparu de l'Europe. Il existe à Paris deux de ces hospices : l'un dans la rue Saint-Martin pour 480 hommes, l'autre dans la rue de Sèvres pour 560 femmes. Du reste, ces établissements se confondent à quelques égards avec ceux qui sont destinés à la vieillesse et dont nous allons maintenant parler.

La charité, madame, s'est donné une belle mission en s'occupant d'une manière toute spéciale de la vieillesse. Cet âge réclamait plus encore peut-être que l'enfance sa pieuse assistance. Et n'est-ce pas, après tout, une autre enfance par la faiblesse physique et morale; une enfance qui touche, elle aussi, au terme de tout ce qui existe? mais elle s'en rapproche, tandis que l'autre s'en éloigne. Puis, dans l'enfant, la grâce naïve, les traits délicats, ce charme de pureté qu'aucun souffle corrupteur n'a encore souillé, excitent facilement de douces émotions. Tout attire en lui; tout repousse au contraire chez le vieillard. Le spectacle de la décrépitude répugne, il fait faire un fâcheux retour sur soi-même; il annonce un avenir plus ou moins prochain vers lequel on fait chaque jour un pas. On se détourne de ces tristes images, et ce mouvement involontaire, suite de la faiblesse humaine, est peu favorable, on le conçoit, à l'être souffrant qui le suscite.

Ajoutons que, comme toute chose a son mauvais côté, notre état social lui-même fournit un puissant élément à ces dispositions adverses à la vieillesse. C'est sans doute un bien que la division des propriétés; mais on peut reconnaître, en étudiant avec soin les populations, dans nos campagnes surtout, avec quelle force la cupidité s'éveille dans les cœurs par l'attente de la possession. Cette passion affreuse est quelquefois portée jusqu'au crime. Quand elle est limitée à un dur égoïsme, à un sec esprit de calcul, elle n'en tourne pas moins au désavantage du vieillard. Le chef d'une famille qui en est atteint voit dès lors dans un père, dans une mère âgés, des personnes pour lesquelles il est obligé de travailler, et au contraire dans un fils, dans une fille en pleine croissance, des êtres qui vont travailler pour lui. « La tendresse paternelle est chose ordinaire, dit M. de Cormenin dans un excellent petit volume (1) qu'il serait désirable de voir répandre surtout parmi les classes laborieuses, la piété filiale est chose rare. Bien des chagrins domestiques, des duretés de cœur, des refus, des mécomptes, des dégoûts, des privations de toute espèce, affligent la vieillesse de l'homme du peuple. Combien y en a-t-il qui se dessèchent d'ennui sur leur grabat, périssant du cœur, de l'âme et du corps, et encore sans pain et sans remèdes ? Combien se désespèrent dans le long isolement des jours et font des prières à la mort pour qu'elle vienne ? »

C'est donc ici que l'esprit de charité, qui a sa base dans le sentiment chrétien, est spécialement appelé à continuer son œuvre sublime. Il est l'appui, le consolateur de celui à qui, après une vie de labeurs,

(1) *Discours de village,* par Timon, 1 vol. in-18, 1846, p. 90.

la nature fait défaut pour la continuer. Il accepte le
fardeau que repousse la famille, et ouvre un asile à
qui n'en a plus d'autre que la tombe, non sans rencontrer, bien entendu, une vive opposition de la
part de personnes nombreuses et considérables qui
cherchent à faire le bien, mais l'entendent d'autre
façon et veulent particulièrement qu'on combatte
cette tendance des familles pauvres à se débarrasser
de leurs vieillards; car nous retrouvons en présence
sur ce point les deux systèmes que j'ai signalés au
début de ce travail : l'un que préoccupe surtout l'intérêt de tous, et qui s'inquiète moins des souffrances
de l'individu; l'autre qui veut avant tout soulager l'individu, sans trop se soucier de la charge qui va dès
lors peser sur tous. Passons là-dessus. La raison conseille une conciliation entre ces vues contraires : le
malheur a ses droits et la société a aussi les siens. Il
serait fâcheux que les établissements destinés à la
vieillesse fussent multipliés au point de devenir d'un
trop facile accès ; mais il est absolument impossible
qu'il n'y en ait pas. Que les vieillards indigents qui
peuvent être secourus sans inconvénient dans leurs
familles y soient maintenus, rien de mieux assurément ; mais un grand nombre sont livrés à un abandon qui réclame le séjour dans un asile public : c'est
ce que démontre le plus simple examen des faits.

Il existe dans les grandes villes des maisons qui ont,
en tout ou en partie, cette destination. A Paris, les

deux grands établissements dont je viens de parler à
propos des aliénés, Bicêtre et la Salpêtrière, sont l'un
et l'autre consacrés à la vieillesse. Le premier contient 3,200 lits, et le second 5,100. Là les octogénaires dans l'indigence sont admis de droit, et les
septuagénaires sur présentation. Il existe quelques autres établissements de ce genre dus à des fondations
particulières et qui ont moins d'importance. Ajou-
tons-y certaines œuvres qui ont la vieillesse pour
objet spécial. La société dite des *Pauvres vieillards*
qui existe depuis 1802, donne des secours aux plus
indigents. *L'œuvre du logement des vieillards,* fondée
en 1844, place les plus pauvres dans des chambres dont elle paye le loyer; elle leur désigne un
protecteur qui les visite, les aide de ses conseils et s'intéresse à tout ce qui peut concerner leur bien-être.
Certains bureaux de bienfaisance ont également des
chambres où sont logés gratuitement les vieillards
pauvres qui ne réunissent pas encore toutes les conditions requises pour trouver place dans un hospice.
La Société *de la Providence* fait les frais de la pension
pour des vieillards sans ressources, dans un asile
spécial. Les vieillards sont au reste compris dans les
secours publics qui s'appliquent à toutes les classes
d'indigents, et dans quelques œuvres générales qui
ont le même objet et dont nous aurons à parler sub-
séquemment.

Nous avons épuisé, madame, les séries d'individus

que leur situation rend en principe impropres au travail régulier et constant, au travail productif du salaire sur lequel repose l'existence de la famille. Nous avons compris dans cet examen l'enfant qui vient de naître et le vieillard qui penche vers la tombe, rencontrant dans l'intervalle les infirmités qui affligent l'espèce humaine. Maintenant nous entrons dans une autre sphère ; nous passons à l'adulte valide, et, par conséquent essentiellement apte à puiser dans l'emploi de ses forces sa subsistance, celle de sa compagne et des enfants qu'elle lui donne. Le même esprit nous suivra dans cette nouvelle carrière où vont se présenter des questions dont les meilleurs esprits sont aujourd'hui fortement préoccupés. Je les aborderai sans parti pris d'avance, sans détermination préconçue d'arriver à des solutions cachées peut-être encore dans un avenir assez éloigné; ma seule prétention est d'indiquer quelle part a ou peut avoir la charité dans ce qui doit s'accomplir à cet égard, de bien préciser son rôle actif et son utile intervention dans ce grand débat où tant de gens ne voient qu'une occasion de jeter au vent des paroles qui ne ferment pas une des plaies, ne consolent pas une des infortunes que présente l'état social, qui ne sèchent pas les larmes du pauvre, ne couvrent pas sa nudité, n'apaisent ni sa faim ni sa soif. Eh n'est-ce pas par là pourtant qu'il faut commencer? Disserter sur les misères de ce monde est bien ; mais les soulager est mieux : telle est ma règle, madame ; je continuerai à m'y conformer dans la suite de cet examen, et vous verrez qu'indiquer avec soin ce qui se fait dans la voie du bien est peut-être le meilleur moyen de démontrer ce qu'il faudrait faire.

LETTRE IX.

Nous abordons, madame, les diverses situations dans lesquelles l'adulte valide, appartenant aux rangs inférieurs de la société, réclame l'assistance privée ou collective ; et ici nous rencontrons d'abord l'état de maladie qui comporte des douleurs, des souffrances infligées à notre périssable humanité et que le dénûment rend bien plus cruelles encore. Ne parlons pas de ses conséquences ultérieures pour la famille que faisait vivre le travail ainsi forcément interrompu, c'est une considération qui viendra plus tard ; occupons-nous simplement du malade qu'accable en outre la misère, et voyons ce qu'a fait l'esprit de charité pour le soulagement de ses maux.

Il a suscité, dans ce but, la création d'asiles qui forment aujourd'hui un des plus importants objets

de l'administration publique. Vous voyez, madame,
que je veux parler des hôpitaux, ces établissements
d'origine chrétienne, aussi bien que les hospices,
comme l'atteste cette dénomination significative et
touchante d'*Hôtel-Dieu* qui leur fut si fréquemment
donnée dans le principe et que plusieurs ont gardée
au travers des siècles. Ils s'ouvrirent sous une pieuse
inspiration dans les premiers temps de l'ère nouvelle.
Lyon, Autun et les autres grandes cités gallo-romai-
nes en furent d'abord dotées ; insensiblement, il n'y
eut plus de ville un peu considérable qui n'eût son
hôpital. Vers la fin du dix-huitième siècle, on comptait en France environ 1000 établissements consacrés
aux malades et aux infirmes. Le nombre des asiles de
l'une et de l'autre catégorie s'est beaucoup accru depuis cette époque. Il est aujourd'hui de 1338 (les
hôpitaux militaires non compris). En 1844, ces établissements ont reçu un demi-million d'individus,
c'est-à-dire environ un soixante-sixième de la population totale. Leurs revenus ordinaires s'élèvent à
cinquante-quatre millions. Ils sont du reste inégalement répartis sur la surface du territoire ; plusieurs
chefs-lieux d'arrondissement n'en ont point ; quelques-uns en ont dont les ressources sont si faibles
que les frais généraux en absorbent la plus grande
partie. Donnons une attention particulière à ceux de
Paris, de cette cité où devaient se concentrer de vastes moyens de secours, puisque la marche des cho-

ses humaines y amoncelle, ainsi que dans toutes les puissantes métropoles, tant de misères.

Nous connaissons déjà ses hospices ; on y compte quinze hôpitaux, les uns généraux, les autres spéciaux, c'est-à-dire affectés à certaines maladies. Les données suivantes, madame, que j'emprunte au compte général de l'administration des hospices pour l'année 1844, vous mettront à même d'apprécier l'immensité des secours qui résultent pour les classes indigentes de l'existence de ces établissements : il y est entré, dans le cours de cette année, 84,396 individus, c'est-à-dire du *neuvième* au *dixième* de la population parisiénne totale, fixée par le recensement de 1841 à 816,500 habitants; sur ce nombre de malades, 71,393 sont sortis des hôpitaux guéris, 7,751 sont décédés et 5,452 étaient en traitement au 1er janvier 1845. Le séjour moyen de chaque malade dans l'hôpital où il a été traité a été de vingt-six jours, et la dépense moyenne de 46 francs 47 centimes.

Les hôpitaux, comme tous les établissements inspirés par le désir d'alléger pour les pauvres le fardeau de l'existence, ont rencontré d'ardents adversaires. On a souvent prétendu qu'il serait bien préférable, sous le double rapport moral et économique, de soigner les malades indigents à domicile. La réponse à cette assertion se trouve dans les données que je viens d'établir. En effet, écartons ce qu'il y aurait d'absurde à supposer que tous les malades,

même ceux qui sont atteints d'affections contagieu-
ses et qu'il faut isoler dans un intérêt de sécurité publique, même ceux dont l'état exige de ces opérations compliquées où brille l'art chirurgical moderne,
pourraient être traités dans leurs demeures dénuées
de tout, la plupart du temps; mais n'est-il pas évident
que les dépenses en visites de médecin, médicaments,
bouillons et aliments, linge, frais de garde, etc., dé-
passeraient de beaucoup la somme à laquelle s'est élevé
le traitement moyen des 84, 396 malades de 1844 ?
A quels désordres, à quelles dilapidations un tel système, appliqué à une aussi grande masse d'individus,
ne donnerait-il pas lieu ! Et puis pense-t-on qu'il serait bien facile d'amener la guérison si l'on ne commençait par retirer le malade du foyer infect où la
misère le retient, et au sein duquel il a si souvent puisé
son mal ! C'est ainsi, madame, que s'évanouissent
devant un examen impartial, ces accusations décla-
matoires portées en général contre des institutions
qui font en définitive un bien incalculable à l'humanité. Remarquons en outre l'étrange préoccupation
qui ne permet pas de voir qu'il y a dans ces critiques
une véritable contradiction, puisque, après tout,
grouper des malades et les faire soigner en commun,
c'est justement réaliser cette vue sociale, si souvent
préconisée de nos jours, qui tend à économiser
le temps et les forces de l'individu au profit du bien-
être général !

Qu'on dise qu'il faut chercher à rendre incessamment meilleure l'administration des établissements
hospitaliers, à en arracher les abus qui s'y introdui-
sent, à la bonne heure. On a beaucoup fait déjà pour
leur amélioration ; mais il reste encore à faire. Si
l'on veut au surplus bien apprécier l'importante réforme qui s'accomplit, on peut le dire de nos jours,
à cet égard, il faut remonter aux années qui ont précédé la révolution. A cette époque encore, l'Hôtel-
Dieu de Paris présentait des faits qu'on croirait à
peine possibles aujourd'hui. On y recevait, bien que
les bâtiments n'eussent point alors l'extension qu'ils
ont reçue depuis, 2,000 et parfois 4,000 malades.
Aussi n'était-il pas rare d'y voir *quatre, six et souvent même huit personnes dans un lit de 52 pouces de
large,* le convalescent côte à côte avec l'agonisant ou le
cadavre même ; dans quelques salles les lits étaient dis-
posés à deux étages, de sorte qu'un malade en avait
un autre à peu de distance qui gémissait au-dessus
ou au-dessous de sa tête. Comme il n'y avait pas là
le quart de la quantité d'air respirable nécessaire
à tout individu, il s'exhalait des lits des vapeurs
chaudes et nauséabondes qui épaississaient l'atmos-
phère au point qu'en la traversant on la voyait pour
ainsi dire se partager en deux masses refoulées jusqu'aux parois, couvertes d'une constante humidité.
Vous pouvez pressentir, madame, quelle mortalité
devait régner dans cet hôpital sous de telles condi-

tions! Il y mourait un malade sur quatre, tandis que la
proportion actuelle est un sur treize à quatorze ; parmi
les accouchements qui s'y effectuaient, un sur dix
était suivi de mort ! Tel fut l'état de choses que constata, en 1780, une commission de l'Académie des
sciences désignée pour soumettre à un sérieux examen
des faits auxquels on peut dire que le zèle philosophique
du siècle était resté trop longtemps indifférent. Le rapport de cette commission, dont la rédaction confiée
au médecin Tenon a fait à ce savant un titre honorable de célébrité, a commencé une ère nouvelle pour
l'Hôtel-Dieu. Tous les changements indiqués dans ce
rapport y ont été successivement introduits, et il est
devenu un établissement qui peut aujourd'hui servir
de modèle sous le rapport de l'ordre, de la propreté
et des soins bienveillants qui adoucissent tout au
moins la souffrance que l'art est quelquefois impuis-
sant à guérir. La réforme s'est de là propagée dans
tous les hôpitaux, où elle n'était pas moins impé-
rieusement réclamée. Il était telle maison, par exemple, où, par suite de l'insuffisance des lits, les malades étaient obligés dans certaines salles de se lever à
heure fixe pendant la nuit pour faire place à d'autres
qui attendaient le moment de dormir à leur tour !...
Quelles misères, madame, et de quelle faible importance sont les plaintes auxquelles donnent encore
lieu nos hôpitaux comparativement aux faits que je
viens d'exposer !

N'oublions pas de mentionner aussi une réforme
administrative fort importante. Avant la révolution,
les hôpitaux et hospices de Paris étaient régis par des
règlements divers et sans aucun lien entre eux. Un
décret, qui date de la première année du siècle, les
plaça sous une même direction. Aujourd'hui ces
établissements sont confiés aux soins d'un conseil général, dont les décisions sont exécutées par six administrateurs, entre lesquels sont répartis tous les objets
que comprend cette vaste administration. D'heureux
résultats ont été amenés par cette organisation, qui
a été introduite d'une manière à peu près conforme dans
toutes les parties du territoire ; des personnes com-
pétentes lui trouvent néanmoins cet inconvénient :
que la responsabilité des actes n'y est pas assez nettement établie, de telle sorte que, si le mal se fait ou
si le bien ne se fait pas, il n'y a guères moyen de savoir à qui s'en prendre. L'observation, du reste, ne
regarde que les choses et point les hommes. En. général, fort honorables sont tous ceux qui président
aux destinées de nos établissements hospitaliers, et
je ne pense pas qu'il y ait beaucoup de pays qui
puissent l'emporter sur le nôtre à cet égard.

Quelque abondants que soient les secours offerts
aux pauvres dans l'état de maladie par les hôpitaux,
ils seraient loin encore de suffire à tous les besoins ;
d'autres les complètent qui sont dus soit à l'administration, soit aux œuvres, et qui doivent avoir

une mention spéciale. Des consultations gratuites
et des visites médicales sont organisées dans chaque
arrondissement pour les indigents dont la maladie
n'exige pas l'entrée dans un hôpital; des remèdes
leur sont délivrés gratuitement aux frais des bureaux
de bienfaisance. La *Société philanthropique*, sur laquelle j'aurai plus tard occasion de revenir, a aussi
établi ce qu'on appelle, suivant l'expression anglaise
importée dans notre langue, des *dispensaires* pour la
distribution gratuite des remèdes. A chacun de ces dispensaires, qui sont au nombre de six, se rattachent
plusieurs médecins, et je vois, dans le dernier rapport de la Société, qu'en 1844 près de 3,000 indigents
ont été visités et traités par eux dans leur domicile.

De semblables secours sont en général organisés
dans les villes à peu près sur les mêmes bases; mais
le peuple des campagnes n'est pas aussi bien partagé.
En général, tout lui manque dans l'état de maladie.
Sans doute, il se trouve bien de temps à autre quelque dame charitable qui, lorsqu'elle habite sa propriété rurale, se fait un devoir de visiter le paysan
malade du voisinage. Chez certains grands proprié-
taires s'est introduit le louable usage de contracter
avec le médecin de la localité la plus rapprochée un
abonnement, où se trouvent compris tous les habitants de la ferme ou de la métairie. Dans quelques
châteaux on distribue gratuitement certains remèdes
aux indigents du pays. Mais ces faits sont exception-

nels. En somme, l'habitant pauvre de nos campagnes est, dans une grande partie de la France, livré au plus triste abandon quand la maladie vient l'accabler. La fièvre le ronge quelquefois pendant des mois entiers, ou bien c'est quelque plaie qui ne se guérit pas. Il diffère toujours d'avoir recours au médecin, dont la visite, si faible qu'en soit le prix, lui devient encore fort onéreuse, d'autant plus que, comme vous le savez, une prescription compliquée l'accompagne invariablement. En effet, madame, tandis qu'à la ville les perfectionnements de la science rendent de jour en jour plus simples les méthodes curatives, il y a pour les champs une pharmacopée spéciale qui comprend une foule de médicaments surannés. La raison en est que le médecin qui les conseille est aussi le pharmacien qui les vend. Cette situation de marchand de remèdes nuit à la confiance qu'il devrait inspirer, et il arrive que l'ignorance populaire le place au niveau et parfois au-dessous du charlatan qui livre à bon marché son admirable secret. Le malade languit ainsi, moins bien soigné que l'animal qui occupe l'étable à côté de lui et pour lequel on se hâte d'appeler le vétérinaire, dès que sa santé donne de l'inquiétude; bien souvent il ne se détermine à se faire traiter sérieusement que lorsqu'il est trop tard.

Des voix éloquentes se sont élevées sous ce rapport, dans ces derniers temps, en faveur de la population laborieuse des campagnes. Il y a deux ans, un homme qui, retiré de la vie politique, y a laissé d'honorables souvenirs, M. le baron Hyde de Neuville, adressa aux Chambres une pétition par laquelle il réclamait l'exécution d'une loi de la République (24 vendémiaire an 11), qui reconnaît à tout malade, habitant des communes rurales, le droit d'être secouru à son domicile de fait ou *admis dans l'hôpital le plus voisin*. Cette loi n'est point abrogée, et toutefois le malade des campagnes n'est que trop souvent repoussé de l'hôpital des villes. Au reste, les principes exposés dans la pétition sont ceux qui dirigent l'administration supérieure et qu'elle s'attache à faire prévaloir auprès des administrations locales (1). C'est le ministre de l'intérieur lui-même qui l'a déclaré en écrivant à M. Hyde de Neuville, déclaration dont il faut prendre acte puisqu'elle n'est pas sans importance pour une portion assez nombreuse de notre population indigente.

Mais l'honorable pétitionnaire voudrait avec raison qu'on allât plus loin. Il rappelle la proposition qui a été faite précédemment d'établir dans chaque canton, en faveur des classes agricoles, un médecin et un pharmacien dont les secours seraient gratuits pour les pauvres. Je ne puis que m'associer à un tel vœu. Le médecin cantonal, s'il était choisi parmi les jeu-

(1) *Annales de la Charité*, 1845, p. 310.

nes hommes qui apportent dans la pratique de cet art une instruction réelle et du dévouement pour l'humanité, ferait un très-grand bien. Il faudrait qu'au dispensaire de la circonscription fussent attachées de ces pieuses Sœurs que nous avons déjà nommées, et sur lesquelles l'occasion se présente de revenir. Le service, ainsi organisé, n'aurait pas un intérêt simplement médical ; il exercerait une haute influence sur la moralité publique dans nos campagnes, si profondément atteinte, surtout aux environs des grandes villes. Dieu veuille, madame, qu'il tombe dans l'esprit de quelqu'un de nos hommes d'État de réaliser cet utile projet ! Peut-être serait-il avantageux qu'une œuvre spéciale se formât pour imprimer l'essor aux esprits sur ce point. Ils y sont déjà bien préparés, car plusieurs conseils généraux ont alloué des sommes pour doter quelques cantons de semblables secours médicaux. Il y a donc tout lieu de croire que ce serait là pour l'État une de ces améliorations faciles et peu dispendieuses, à l'égard desquelles il ne faut qu'y penser et les vouloir.

Il est digne de remarque qu'en préposant les Sœurs de la charité aux secours organisés pour les pauvres malades des campagnes, on ne ferait que ramener l'institution à sa primitive destination. Telle fut, en effet, la première pensée de Vincent de Paul dans la fondation de cet ordre ; il avait été frappé, dans ses missions, de la situation misérable où se trouvait le pauvre cultivateur, privé de tout secours quand quelque grave affection venait le saisir. En 1617, dans la Bresse, où il exerçait son ministère, il réunit quelques dames charitables pour visiter et soigner les malades indigents des villages. L'œuvre se propagea rapidement dans les lieux un peu considérables ; mais Vincent de Paul ne tarda pas à reconnaître la nécessité d'un lien commun entre toutes ces *confréries de charité*, comme il les appelait lui-même. La Providence, pour seconder ses vues, lui fit rencontrer cette Louise de Marillac, veuve du secrétaire de Marie de Médicis, Legras, qui a mérité d'associer son nom à celui du saint fondateur dans cette création célèbre. Après avoir éprouvé la fixité de son zèle par un noviciat de quatre années, il lui proposa de visiter tous les lieux où l'association était établie ; enfin, en 1633, il consentit à ce qu'elle s'engageât par des vœux irrévocables, ainsi que quelques filles animées du même dévouement. Elle donna sa maison pour berceau à la congrégation, qui grandit promptement en nombre et en importance et qui insensiblement remplaça, mais dans les villes seulement, les dames que leurs devoirs de famille ou bien les frivolités du monde détournaient de la sainte mission qu'elles avaient acceptée dans l'origine.

Avec cette sagacité qui n'a jamais été égalée en matière de bienfaisance, Vincent de Paul comprit sur-le-champ tout le parti qu'on pouvait tirer pour le pauvre de cette association, qui n'avait point eu d'analogue encore. Il étendit ses attributions et y fit rentrer tous les genres d'infortune. Les règles générales et particulières qu'il lui donna sont considérées comme un chef-d'œuvre de sagesse. L'amour de **Dieu**, source véritable et pure du sentiment de charité pour les hommes, est le principe fondamental de ces statuts. C'est en son nom que les Sœurs doivent aux pauvres, aux malades, aux prisonniers, les secours, les consolations et jusqu'aux soins les plus rebutants ; elles doivent surmonter toutes les fatigues, dédaigner tous les périls, braver tous les fléaux. Pour elles, point de cilice, point de ces austérités habituelles de la vie religieuse ; peu de pratiques, mais un complet dévouement pour les êtres souffrants ; elles traverseront dans leur simple costume les pompes du monde, constamment occupées à semer le bien sur leur passage ; il faut, dit lui-même Vincent de Paul, qu'elles n'aient *pour clôture que l'obéissance, pour grille que la crainte de Dieu, et pour voile qu'une sainte et exacte modestie !* Que cela est beau, madame, et que de profondeur il y a dans ces simples paroles !

Sous l'influence de ces règles, approuvées en cour de Rome en 1665, la congrégation s'est propagée dans le monde entier, et elle a été la gloire du catholicisme. On peut affirmer, sans crainte d'être démenti, que ces saintes filles se sont concilié une

sorte de vénération universelle ; on les respecte chez
les peuples infidèles ; dans nos contrées, le soldat,
l'ouvrier, jusque dans les tristes écarts par lesquels
se signale le fanatisme irréligieux, ont encore un
sourire bienveillant pour cette robe grise, pour cette
grande coiffe blanche qui cachent si souvent une
sublime abnégation. Voltaire, madame, et c'est tout
dire, Voltaire, qui s'est moqué de tout, a épargné la
Sœur de charité, et de nos jours elle échappe en
général aux sarcasmes de ceux qui croient avoir autant d'esprit que le prodigieux écrivain parce qu'ils
continuent cet apostolat antichrétien qu'il eût sans
doute déserté, comme l'ont fait plusieurs autres écrivains de son temps, s'il lui eût été donné d'assister
aux honteux scandales par lesquels on a cru plus
tard réaliser les conceptions philosophiques du
siècle.

Aux sœurs de saint Vincent de Paul, il faut associer d'autres congrégations telles que celles des dames de saint Augustin, de sainte Marthe, de saint
Thomas de Villeneuve, etc., qui rivalisent de
dévouement avec elles dans les hôpitaux ; et quiconque sait quels monstrueux abus se sont parfois produits
dans certains établissements où les malades étaient
exclusivement confiés à des mercenaires laïques,
pourra apprécier les heureuses conséquences résultant pour les classes pauvres de ces institutions.

En dehors des hôpitaux, c'est aux Sœurs de charité

qu'a été remis à Paris le soin de visiter et de secourir les malades inscrits sur les contrôles de l'indigence. Quelques œuvres, qu'il est juste de signaler, les secondent dans cette pieuse mission. Celle dite *des Pauvres malades* se compose de dames réparties dans chaque arrondissement et dont les unes se chargent de voir les malades concurremment avec les Sœurs, les autres de recueillir des dons en leur faveur. En 1843, 11,000 malades ont été l'objet de cette bienveillante sollicitude, et il leur a été distribué en nature pour une valeur d'environ 23,000 francs. L'œuvre de *la Visite des pauvres dans les hôpitaux*, qui est fort ancienne, est exclusivement consacrée aux femmes. Les dames qui en font partie leur portent des consolations et des secours dans l'asile où elles ont été déposées; elles assistent leurs familles pendant qu'elles en sont absentes et continuent à les secourir dans leur convalescence quand elles sont sorties de l'hôpital. Une maison dite du *Cœur-de-Marie* a été ouverte par l'œuvre en 1840, dans la rue Notre-Dame-des-Champs, pour les jeunes filles convalescentes. Là elles sont reçues et soignées jusqu'à ce qu'on ait pu leur procurer des moyens d'existence. Six cents jeunes filles ont été admises dans cet asile depuis sa fondation. L'*Asile-ouvroir*, fondé vers la même époque par de Gérando, dont il a conservé le nom, a la même destination; il reçoit aussi des jeunes filles sortant des hôpitaux, les garde pendant leur convalescence, et effectue leur placement quand elles sont rétablies.

Rien, en général, madame, ne saurait être plus digne d'intérêt, dans nos grandes cités, que les institutions qui ont pour objet cet état de transition où le pauvre n'est plus assez malade pour garder dans l'hôpital une place que réclame un plus malade que lui, bien que ses forces ne lui permettent pas encore de reprendre le travail qui le faisait vivre. Il faut de toute nécessité que la charité lui vienne en aide alors. Les jeunes femmes particulièrement réclament dans cette situation son appui. C'est le moment où elles sont le plus exposées, c'est le moment où le vice leur tend ses piéges et les dispose à chercher dans de tristes désordres l'existence qu'elles puisaient précédemment dans le travail. L'homme respectable dont le nom retentit chaque année au sein de nos académies qu'il a dotées de prix d'une valeur considérable, avait parfaitement compris combien il importe d'accorder des secours spéciaux à l'état de convalescence. Parmi les fondations qui recommandent aux souvenirs de la postérité le nom de Monthyon, nulle n'est plus intéressante que celle qui a gardé son nom et qui permet à l'administration hospitalière de Paris d'accorder à chaque individu sortant d'un hôpital des secours en nature et en argent suffisants pour le mettre à l'abri des premiers besoins et en position d'attendre du travail. Vous reconnaîtrez, madame, toute l'étendue du bien qui est ainsi opéré en apprenant que c'est une somme de plus de deux cent cinquante mille francs qui reçoit chaque année à Paris cette destination.

Les femmes indigentes réclament aussi les secours de la charité dans l'état de gestation; il constitue en effet une maladie qui appelle des soins particuliers, et dans les derniers temps suspend le travail d'où dépend l'existence. Un hôpital spécial d'accouchement est établi rue de la Bourbe, dans l'ancien bâtiment de la célèbre abbaye de Port-Royal, où 3,000 femmes pauvres sont annuellement admises. Elles y entrent dans le huitième mois de leur grossesse et en sortent huit jours après la délivrance, à moins que l'état de leur santé n'exige un plus long séjour. Mais en dehors des femmes reçues dans cet établissement, il en est nombre d'autres dont l'accouchement doit s'effectuer au sein d'une misère qui réclame des secours, et ici nous retrouverons encore l'action bienfaisante des œuvres. L'une des plus anciennes et des plus recommandables, la *Société de charité maternelle*, a pour but d'assister les pauvres femmes en couches, de les aider et de les encourager à nourrir elles-mêmes leurs enfants. Cette société fut fondée en 1788 sous les auspices de la reine Marie-Antoinette, souveraine heureuse et brillante alors, et pour laquelle commencèrent si peu de temps après des jours funestes terminés par une affreuse catastrophe. Dis-

soute pendant la révolution, la société fut réorga-
nisée en 1810 par Napoléon, qui lui accorda une
dotation de 100,000 francs et la plaça sous la protection de l'impératrice. Aujourd'hui la présidence,
non pas simplement nominale, mais effective, en est
exercée par cette pieuse reine, modèle de vertu
chrétienne, et qui n'a voulu voir dans ce trône, où
tant d'angoisses attendaient l'épouse et la mère, que
de plus abondantes ressources pour faire le bien. Le
conseil d'administration se compose de quarante-huit
dames qui se partagent les douze arrondissements. La
femme indigente admise aux secours de la société,
reçoit une layette, une indemnité mensuelle de cinq
francs pendant quatorze mois, et un secours à la fin
de l'allaitement. Un accoucheur, un médecin attachés à l'œuvre lui prodiguent gratuitement leurs
soins. Près de 930 femmes ont été ainsi secourues en
1845 par la société, moyennant une dépense de
83,700 francs, à raison de 90 francs par personne
secourue. Il y est fait face au moyen d'un revenu où
figure principalement une somme de 45,000 francs
allouée par le ministère de l'intérieur. Quarante-
deux autres villes ont pareillement des Sociétés de
charité maternelle, rattachées à celle dont je viens
de parler et qui suivent son impulsion. A peine ai-je
besoin de vous faire remarquer, madame, que cette
belle institution doit avoir naturellement pour résultat de diminuer beaucoup les abandons d'enfants.

En effet, quelle mère peut se résoudre à délaisser le nouveau-né qu'elle a nourri quelque temps de son lait ! C'est là le caractère de haute moralité de ces sociétés, pour lesquelles on ne saurait désirer un trop grand développement. Elles sont loin encore d'avoir ce degré d'importance qui leur permettrait de suffire à tous les besoins. Ainsi à Paris même, deux sociétés, dites l'une de *Secours à domicile pour le soulagement des femmes enceintes*, fondée en 1827, et l'autre des *Mères de famille*, fondée en 1835, ont pour but de suppléer à cette insuffisance. Elles se composent également de dames classées par quartiers et qui distribuent aux femmes en couches, que les bienfaits de la société maternelle n'atteignent pas, des secours en nature, et leur font donner les soins médicaux qu'exige leur état.

LETTRE X.

Passons, madame, maintenant à un autre genre de maladie. Ce n'est pas seulement de la santé du corps qu'a besoin l'adulte obligé de vivre de son travail; il y a aussi la santé de l'âme, qui ne lui est pas moins nécessaire et dont la perte même entraîne des conséquences plus redoutables encore : celle-ci amène en effet, un chômage qui dure plus longtemps, qui, hélas! parfois ne finit jamais et est accompagné de la misère d'abord, du crime ensuite! Il est trop vrai que la démoralisation, si funeste dans les rangs élevés de la société, devient plus fatale encore à la famille parmi les classes laborieuses, parce que là c'est l'existence même qu'elle met souvent en question. On cite dans le monde telles maisons ruinées par les désordres de ceux qui en étaient les chefs et devaient en être les soutiens. Mais la plupart du temps cette ruine, c'est

la suppression des habitudes de luxe ou de grande
aisance; il est resté quelques débris du capital que de
certaines stipulations ont garantis contre l'insatiable
avidité du dissipateur; il se trouve des parents qui deviennent un appui naturel; l'éducation enfin suscite
des ressources dont on peut tirer parti. Mais qu'un
ouvrier s'abandonne sans retour aux vices abru-
tissants, et il y a sur-le-champ une femme, des enfants sans pain, sans vêtements, réduits au sort
le plus affreux. Ah! que le nombre est grand, dans
nos villes de fabriques surtout, de ces familles dont
la détresse n'a pas d'autre origine! Parmi les hommes
qui s'occupent, de nos jours, de l'amélioration de la
condition générale des masses, les plus éclairés, les
plus judicieux proclament hautement que la principale cause des misères qu'endurent les classes laborieuses, c'est l'esprit de désordre et d'imprévoyance
qui prédomine en elles, c'est l'inconduite à laquelle
elles ne se livrent que trop fréquemment. Même,
un homme dont le nom est une imposante autorité,
M. Hippolyte Passy, dans un excellent rapport à
l'Institut sur un concours, allait naguère jusqu'à
dire que *c'était presque la seule cause* (1). Je cite cette
opinion, madame, dans sa forme la plus absolue,
parce qu'elle fait comprendre toute l'importance qu'il
faut attacher à ces déplorables entraînements où nous

(1) *Journal des Économistes*, 1ʳᵉ année, n 9.

voyons de jour en jour le peuple incliner davantage. Elle a son danger toutefois; trop de gens en effet seraient portés à se dire que, puisqu'il fait lui-même son malheur, ce n'est pas la peine de s'en inquiéter, et qu'il n'a, comme on dit vulgairement, que ce qu'il mérite. Heureusement, ainsi ne raisonne pas l'esprit de charité; en gémissant des excès qui perdent l'ouvrier, il lui tend la main pour le faire entrer dans d'autres voies; il sait qu'il est encore à plaindre dans ces égarements auxquels l'ignorance brutale où il est si souvent plongé n'est pas étrangère, non plus que l'absence de ces sentiments, de ces principes religieux, véritable barrière contre la fougue des passions. Il le considère plus comme une victime que comme un coupable, et c'est dans ce sens que ses efforts sont autrement efficaces pour adoucir, pour atténuer les souffrances populaires que les froides investigations de la science, qui croirait parfois se compromettre par quelques élans généreux.

Il est assez ordinaire, quand on traite cet objet, de se livrer à de vives récriminations contre les pouvoirs publics. Sans vouloir précisément que l'administration, qui fait tant de choses dans notre pays, soit encore responsable de tout le mal qui se produit dans les basses régions de la société, je reconnais, pour ma part, qu'elle ne remplit pas complétement sa mission à cet égard et qu'il y a lieu d'ajouter encore aux reproches que nous lui avons adressés au sujet des apprentis. Il est évident que sa règle fondamentale est de ne se préoccuper que des faits directement nuisibles à la communauté. Elle voit tous les autres avec une froide impassibilité ; elle n'agit pas ou elle n'agit que d'une manière insignifiante pour en arrêter le développement. Les lieux où la démoralisation se propage et s'étend par degrés sont sacrés pour elle, tant qu'il ne s'y commet pas quelques-uns de ces actes énormes dont s'alarme la société. Là, dit-on, elle surveille, elle contient ; soit, mais elle n'empêche pas ; libre à l'adulte de s'y laisser entraîner ; qu'il entre, la porte est ouverte ; qu'il s'y perde sans retour ; toutes les facilités lui sont offertes ; on croirait presque qu'il y a dans ce système de conduite quelque combinaison du génie de la fiscalité, qui ne voit là que le résultat matériel de consommations dont s'accroît chaque année l'impôt aux dépens de la morale publique. Certes, madame, c'est aller loin qu'émettre une telle supposition ; mais l'administration n'y donnera-t-elle pas lieu tant qu'on ne la verra prendre aucune de ces précautions qui seraient susceptibles de rendre le vice un peu moins accessible aux classes ouvrières ?

Eh quoi ! l'on se contentera d'annoter froidement dans des documents statistiques officiels le nombre d'individus que l'abus des boissons fortes aura amenés chaque année à la folie ou à la mort, et l'on ne fera rien pour réprimer cet abus ! On n'exigera aucune garantie de la part de celui qui débite le poison ! on ne lui imposera aucune de ces restrictions qui en rendraient la circulation moins active, moins abondante ! Eh quoi ! dirai-je encore, ce ne sera pas assez que la courtisane du grand monde fasse librement tomber de temps à autre dans le gouffre l'espoir d'une honnête famille ; mais il faudra que chaque jour la prostitution de bas étage envahisse nos rues populeuses, fatigue de ses odieuses provocations l'homme du peuple rentrant chez lui à la suite d'une journée de labeurs, et l'entraîne sans obstacle à une orgie qui en absorbera le produit, destiné quelquefois à donner du pain à ses enfants ! Préservons-nous des déclamations, mais ne craignons pas de dire qu'une foule de mesures qui pourraient être raisonnablement prises pour arrêter le progrès de l'ivrognerie et de la débauche dans les classes ouvrières ne le sont point, par suite d'une incurie que les gens de bien ne sauraient trop déplorer !

Voulez-vous, madame, avoir une juste idée de cette sorte de laisser-aller auquel on croit en général devoir incliner en matière de moralité populaire ? recueillez ce fait que j'ai moi-même constaté en visitant nos grands établissements hospitaliers. Assurément, s'il est des lieux où toutes habitudes de cabaret devraient être interdites, ce sont ces asiles ouverts à la vieillesse plongée dans le dénûment et devenue une charge publique. Eh bien ! là, ma-

dame, vous trouverez ce qu'on appelle des can-
tines, où sont attablés, à de certaines heures, les
indigents buvant du vin ou de l'eau-de-vie; et, si
j'ouvre le compte de l'administration pour 1844, je
vois inscrite parmi les recettes une somme d'environ
quatre-vingt mille francs, comme montant de cette
vente effectuée sans bénéfice! On fait valoir à l'appui du maintien de ces cabarets hospitaliers qu'ils
empêchent les habitants de l'hospice d'aller boire au
dehors et permettent de modérer tout au moins,
l'habitude vicieuse qu'on ne peut déraciner; mais
peu importe au point de vue qui nous occupe.

C'est aux œuvres charitables, expression d'une
meilleure impulsion sociale, qu'il appartient d'appeler l'administration dans une carrière nouvelle,
de la déterminer à changer de système. Il faut
qu'elle en change au surplus, sans quoi tous les efforts des associations resteraient inefficaces; au contraire, s'ils sont secondés par une action prudente et
continue, manifestant clairement le but d'amélioration morale qu'on voudrait atteindre, le succès est
infaillible et la régénération commencera. Cette œuvre de régénération rencontrera bien des obstacles;
elle exigera beaucoup de persévérance; les classes populaires elles-mêmes opposeront à ses tentatives tantôt une résistance réelle, tantôt cette force d'inertie
dont il est plus difficile encore de triompher. On
connaît l'empire des habitudes: le vice façonne l'in-

dividu de telle sorte qu'il semble n'être plus organisé
que pour le pratiquer ; ce devient pour lui un joug
qu'il ne peut, qu'il ne veut briser. La pensée de s'a-
mender lui pèse. Il se paye même de bonnes raisons
pour persévérer dans les mœurs qu'il a contractées.
Ces raisons, on a pris soin de les lui fournir. N'est-
il pas toujours, dans ses écarts, l'homme bon et généreux par excellence ? n'est-ce pas dans son cœur
qu'il faut chercher la loyauté, la droiture, l'attachement à la patrie, le dévouement à toutes les nobles
causes, enfin toutes les vertus complétement étrangères, cela est bien entendu, aux grands et aux
riches ? Les désordres auxquels il se livre sont regrettables sans doute, mais ne faut-il pas qu'il s'étour-
disse sur les maux que lui fait une détestable organisation sociale, qu'il cherche à semer de quelques
joies ce champ de pénibles travaux que ses sueurs
fécondent pour autrui !

Telle est, madame, la morale que prêchent au
peuple ces courtisans habiles qui ne voient en lui
qu'un instrument de leurs secrets desseins. Ah !
que de sincères amis lui tiendraient un tout autre
langage ! ils s'attacheraient à l'éclairer sur ses véritables intérêts, à lui bien faire comprendre l'origine
réelle de la plus grande partie des misères contre
lesquelles il murmure ; ils lui rendraient sensible
cette vérité qu'il y a même au sein des plus humbles
conditions, dans l'esprit de prévoyance, dans la mo-

dération des désirs, dans la sagesse des habitudes domestiques, une existence douce et paisible qui est la transition à une meilleure et n'est fermée à personne ici-bas. C'est en effet celle que présentent bon nombre de familles de la classe moyenne qui n'ont souvent en définitive, pour soutenir un ménage propre et décent, où rien ne manque de l'absolu nécessaire, qu'un revenu qui ne dépasse pas le montant des salaires de l'ouvrier de certains états, salaires avec lesquels il ne trouve pourtant que le moyen de vivre misérablement dans une chambre sale et dénuée. Mais dans ces familles il y a une ménagère qui est un modèle d'ordre et d'économie, il y a un chef à qui il n'arrive jamais de consommer en un jour le produit du travail de la semaine. Dans ces familles on n'a pas l'usage de boire à tous propos pendant la journée, et l'on ne se permet les jours de repos que des distractions peu coûteuses; là toute dépense a un but utile et honnête, et la vie est constamment soumise au fidèle accomplissement de tous les devoirs.

Quelquefois, madame, je me suis demandé ce qui résulterait d'une réforme générale des classes populaires; je me suis représenté les jours nouveaux qui luiraient pour elles si tant d'individus, ouvrant tout à coup les yeux, surmontaient les penchants qui les plongent dans de dégradants excès, si les consommations abusives prenaient un terme ainsi que les

chômages qui en sont la suite ! quel changement
immense ! Calculez par la pensée quel énorme capital, quant à présent perdu, se trouverait immédiatement rendu à leur bien-être, d'un côté, par les sommes qui ne seraient plus dépensées, de l'autre, par
toutes les valeurs qui seraient ajoutées à la masse
actuelle des produits du travail ! Combien de misères
se trouveraient par le fait supprimées, et par suite
que de millions, maintenant absorbés pour les soulager, pourraient être consacrés à activer encore le
mouvement industriel ! Cette conception d'une rénovation générale et subite est sans doute une chi-
mère ; mais du moins peut-on espérer que ces idées,
en se répandant parmi les masses, amèneront de
jour en jour un plus grand nombre d'amendements
partiels. Il y faut travailler sans cesse. On fait bien
sans doute de s'occuper des enfants ; mais les enfants deviennent des hommes ; ils ne cèdent que trop
facilement aux exemples qui leur sont donnés ; tel
est aussi le spectacle qu'on a sans cesse sous les
yeux. L'adolescent était sage et rangé, l'adulte n'est
plus qu'un misérable débauché, dont rougissent
ceux qui avaient fait tant d'efforts pour le maintenir
dans les voies du bien. Donnons donc une attention
sérieuse à la réforme de l'adulte.

L'instruction peut exercer à cet égard une salutaire influence. Les écoles ouvertes le soir ou le dimanche à cette période de la vie s'accroissent chaque

année; mais le nombre n'est encore toutefois que de 6,000 environ, et c'est par millions qu'il faut compter ceux qui devraient y avoir entrée. Puis l'enseignement de ces écoles est-il suffisant? Il a pour objet les notions directement utiles; c'est quelque chose sans doute que la lecture, l'écriture, le dessin linéaire, le système métrique; mais à ces jeunes gens, qui ont si souvent le mal sous les yeux, il faudrait une instruction morale propre à les fortifier dans ces bonnes dispositions, que recèle en général le cœur de celui qui veut s'instruire. Des leçons de sagesse pratique adaptées à la condition des auditeurs pourraient avoir le meilleur résultat; cet enseignement devrait être basé, il faut le redire encore, sur les idées religieuses; car, n'en déplaise aux grands esprits, qu'est-ce que la morale si elle n'a pas la religion pour support? Il est bien vrai que chaque école philosophique a eu la prétention de lui trouver de solides fondements; mais à quel système accorderons-nous la préférence? Quel est celui que nous donnerons pour piédestal à la statue? Sera-ce celui de Platon ou d'Helvétius, celui de Sénèque ou de Kant? Ferons-nous dépendre d'une de ces combinaisons plus ou moins ingénieuses, inventées pour rendre raison des choses humaines, l'accomplissement des devoirs qui naissent de l'exercice du libre arbitre? est-ce avec de telles armes que nous prétendrons triompher de ces entraînements du cœur, de ces égarements de l'esprit, de ces ivresses des sens devant lesquels nous sommes si peu lorsqu'une force d'en haut ne nous vient pas en aide? En vérité, ce faisant, ne ressemblerions-nous pas à ce prince des temps anciens qui, dans son fol orgueil, croyait qu'il lui suffirait de présenter son sceptre à l'Océan courroucé pour le faire rentrer dans son lit et rendre le calme à sa surface soulevée par la tempête!

Vous avez sans doute ouï parler, madame, des sociétés de *tempérance* formées en Angleterre et aux États-Unis pour combattre le vice de l'ivrognerie qui produit dans ces contrées plus de ravages encore que dans la nôtre parmi les classes populaires. Elles ont amené un résultat considérable. C'est un fait positif que plus de cent mille individus, dans l'un et l'autre pays, fidèles à l'engagement solennel pris en commun, ont complétement renoncé à l'usage de spiritueux quelconques. On affirme que de telles sociétés ne pourraient avoir aucun succès en France, que la moquerie publique ferait bientôt avorter toute tentative de ce genre. Je reconnais que notre nation ne se distingue pas spécialement en ce temps-ci par le culte du serment et que ce ne serait-là, selon toute apparence, qu'une faible garantie contre un penchant que l'habitude rend irrésistible; mais n'y aurait-il pas d'autres moyens d'arriver au résultat qui peut être raisonnablement obtenu, c'est-à-dire à la répression des excès? Pourquoi, par exemple, les chefs d'industrie

n'exercent-ils pas une censure effective sur leurs ouvriers à cet égard? On l'a essayé avec succès à Sedan.
Là, les premières maisons ont arrêté entre elles un
règlement qui a fait entièrement disparaître l'ivrognerie des ateliers; cela a été opéré par la combinaison de mesures sévères d'exclusion contre les
ouvriers qui ont persisté dans leur inconduite, et
de soins paternels pour ceux qui ont subi la réforme. En définitive, les incorrigibles ont quitté le
pays (1).

Ce qu'on a fait à Sedan, on pourrait le faire partout; mais, disons-le, en général, les chefs d'industrie s'occupent peu d'exercer cet honorable patronage en faveur de ceux dont ils emploient les bras;
ils s'en plaignent amèrement; mais ils traitent d'im-
praticable utopie toute tentative d'amélioration morale; les ouvriers sont, à leurs yeux, nécessairement
voués à cette abrutissante existence. Ordinairement
un fabricant s'inquiète de pouvoir faire *sa paye* chaque semaine; mais peu lui importe la manière dont
seront dépensées ces sommes si péniblement gagnées
qu'il distribue. Quel est celui d'entre eux qui veut
savoir comment sont dirigés ces pauvres ménages,
et s'il y a des consolations, des secours à y répandre?
Quel est celui qui les visite ou les fait visiter par sa

---

(1) *Observations sur l'état des classes ouvrières*, page 83, par
Théod. Fix; in-8, 1846.

femme ou par sa fille, qui se regarde enfin comme ayant envers l'ouvrier, cette sorte de serviteur de son capital, d'autres obligations à remplir que celle de lui payer le salaire convenu? Je me trompe: il en est quelques-uns, et ceux-là sont des bienfaiteurs du pauvre. Autour d'eux se trouvent ces honnêtes familles de prolétaires, d'autant plus estimables qu'il leur faut résister à la séduction du mauvais exemple; ces fabricants devraient servir de modèle aux autres. Peut-être, au surplus, y aurait-il là encore à faire une application nouvelle du principe d'association. C'en serait une bien admirable que celle qui aurait pour objet la *moralisation des classes ouvrières*; mais aux seuls chefs d'industrie il appartient d'en être les promoteurs.

Quelle vaste carrière aurait devant elle une telle association! Elle s'attacherait d'abord à réaliser une foule d'améliorations propres à assurer le bien-être matériel des classes dont il s'agit, bien-être dont l'absence, vous le savez, madame, est souvent l'origine première de l'état de désordre dans lequel elles se plongent. Ces améliorations sont fort simples, et l'intelligence en est à la portée de tout le monde. Il est clair, par exemple, que dans bien des cas les ouvriers d'un même état, en se réunissant pour faire en commun certaines dépenses, en réduiraient considérablement le montant. Un des plus fâcheux résultats de l'organisation sociale actuelle c'est que le

11.

pauvre, obligé d'acheter au détail tous les articles
nécessaires à l'existence, les paye constamment plus
cher que le riche, bien qu'ils soient toujours pour
lui de moindre qualité. N'y a-t-il pas là, madame,
je vous le demande, quelque chose de déplorable?
Peut-on admettre que le kilogramme de sel qui entre
dans votre hôtel vous revienne en définitive à moindre prix qu'à telle famille dont les salaires réunis ne
répondent qu'à l'absolu nécessaire? Il en est de même
pour le combustible; comme il y a un intermédiaire obligé entre le marché public du bois et du
charbon et le petit consommateur, il en résulte, on
l'a calculé très-positivement, que ce dernier paye 15 f.
ce que l'acheteur en gros paye 10 francs (1). Le résultat est tout semblable pour la plupart des denrées
alimentaires, surtout pour celles qui se vendent chez
l'épicier. Voici de bien humbles détails, madame ;
mais vous consentirez à y arrêter un instant vos regards, en songeant de quel immense intérêt ils sont
pour la population qui nous occupe. On a songé à
remédier à cet état de choses, à prémunir le pauvre
contre la rapacité, contre la friponnerie du détaillant,
qu'on voit, avec une constance qui ne se dément
jamais, édifier lentement sa fortune par des bénéfices
inaperçus sur des fractions minimes de marchandises
altérées et mal pesées.—Quelle fortune que celle qui

(1) *Annales de la Charité*. t. 1, p. 195.

est ainsi prélevée sou par sou sur le produit des rudes labeurs de l'ouvrier ! — Jusqu'à présent on n'a trouvé rien de mieux pour améliorer sa condition à cet égard que l'association qui, en formant un capital, permet de renoncer à l'achat au détail. Je signalerai quelques heureuses tentatives dans cette voie. En Alsace, les ouvriers de certaines manufactures ont , au moyen d'une retenue, pu organiser une boulangerie qui leur fournit à meilleur marché du pain supérieur à celui que leur livrerait le commerce. Dans quelques parties de l'Allemagne, on a établi sur les mêmes bases des cuisines économiques qui ont de grands avantages pour le peuple. Il est sans doute nombre de localités où une telle organisation rencontrerait des obstacles ; mais partout on pourrait constituer des dépôts spéciaux où, pour les petits acheteurs, les denrées de première nécessité seraient vendues au prix auquel les paye le gros chaland, où surtout l'opération serait accomplie avec une entière loyauté, sous le double rapport de la qualité et de la quantité des marchandises vendues ; non sans doute que je veuille dire que cela même peut être fait sans de grandes difficultés ; mais qu'y a-t-il de facile en fait de bien ?

Le logement est encore un point qui appelle l'attention. Un fait singulier, qui a été constaté récemment en Angleterre, c'est que telles maisons des faubourgs , dans les cités industrielles , où vivent entassées en des chambres étroites et fétides, des familles entières, procurent en définitive à leurs possesseurs des produits plus élevés que celles qui, situées dans d'autres quartiers, sont destinées à loger la classe moyenne. A la suite de cette enquête, une Société s'est formée sous les auspices de lord Ashley, dont le nom mérite de prendre rang parmi ceux des amis des pauvres qui viennent successivement se placer sous vos yeux, à l'effet d'édifier pour les ouvriers des logements sains et aérés. La même entreprise a été réalisée avec succès dans ces derniers temps à Hambourg (1); c'est ce qu'on a déjà fait, au reste, dans quelques usines considérables du nord-est de la France. A Mulhouse, par exemple, dans des maisons qu'ont fait construire dans ce but d'honorables manufacturiers, pour 12 ou 13 francs par mois une famille a un logement composé de deux chambres, avec une petite cuisine, une cave, un grenier et un petit jardin que le chef de la famille s'engage à cultiver lui-même à ses heures de loisir. Il faut émettre le vœu que cette bienfaisante innovation soit imitée partout. Nulle n'est plus propre à amener la réforme morale de la population ouvrière.

Pour les grands comme pour les humbles, madame, ce sont les douceurs qui se rencontrent au foyer qui y rattachent l'individu. Quelques effets

(1) *Les amis des pauvres de Hambourg*; in-8, 1845.

mobiliers de peu de valeur, mais propres et décents,
contribuent singulièrement à augmenter le prix de
la vie intérieure pour les classes laborieuses. Au
contraire, quand l'existence ne se compose pour
elles que de misère et de malpropreté, elle devient un
poids accablant auquel on cherche à se soustraire,
et c'est alors que commencent les désordres et les
excès qui comblent sans retour une ruine déjà
commencée. Il ne suffit donc pas de procurer au pauvre un logement convenable, il faut qu'il puisse
profiter, lui aussi, de ces perfectionnements mer-
veilleux de l'industrie qui ont mis à la portée de tous
une foule de commodités, jadis apanage exclusif des
riches. Il faut qu'on lui en donne le goût. A la suite
viendront ces habitudes d'ordre et d'économie qui
sont une des bases essentielles de la moralité.

Au dehors, l'ouvrier devrait être suivi dans l'atelier,
où pourraient être facilement introduits des changements qui auraient également un prompt résultat
moral. La paye se fait ordinairement le samedi, et
ce jour est fort mal choisi pour un grand nombre
d'ouvriers qui, pendant l'oisiveté du lendemain, se
trouvent entraînés à absorber en jouissances désor-
données le produit du travail de la semaine. On a
déjà eu l'idée, dans quelques fabriques, de payer les
ouvriers un autre jour et de ne les payer que par
fractions, et ce système a réussi : il devrait être uni-
versellement appliqué. La séparation absolue des

sexes est encore un autre point fondamental très-
praticable, et dont la réalisation est du plus grand
intérêt. Dans l'état de choses actuel, les relations
sont faciles et ouvertes entre des jeunes gens, je
dirai presque entre des enfants de l'un et de l'autre
sexe appartenant aux mêmes ateliers. De là des
liaisons illicites qui outragent la morale, ou bien des
mariages précoces, infiniment regrettables au point
de vue social. En effet, madame, les philosophes et
les économistes ont fait, vous le savez, dans l'autre
siècle le procès à la religion catholique, pour ce
nombre de personnes séculières ou régulières qui se
trouvaient soustraites par elle au lien conjugal. Elle
était ainsi, disait-on, un principe de dépopulation et
de misère pour le pays. Les idées ont bien changé
depuis que le fameux Anglais, Malthus, est venu
établir son étrange théorie, de laquelle il résulterait
que les moyens d'alimentation ne se développant
nullement dans une proportion exacte avec l'accroissement de la population, l'espèce humaine doit finir
par mourir de faim. La théorie a été combattue;
mais, en y regardant de près, on a reconnu que le
grand nombre d'enfants provenant, dans les classes
laborieuses, d'unions hâtives ou imprévoyantes, est
une des principales causes des misères qui pèsent
sur la société, et il s'est trouvé, par conséquent, que
le catholicisme, en faisant un mérite devant Dieu
de la chasteté, en vouant par suite un certain nom-

bre d'individus au célibat, avait devancé les lumières
de la saine économie politique. Assurément il faut
apporter dans l'examen de cette question une grande
réserve. Il serait cruel et contraire au but qu'on
veut obtenir d'interdire aux pauvres le mariage,
qui, comme l'a dit heureusement un écrivain, s'il
accroît la misère, commence du moins *par la faire
oublier* (1). Mais il faudrait faire en sorte que la vie
de fabrique montrât plus souvent le spectacle touchant, devenu si rare de nos jours, et qu'offrent
encore quelques contrées étrangères, de ces affections
longtemps contenues qu'épure le sentiment du devoir, et dont les douces espérances seront couronnées
quand la sagesse en approuvera la réalisation.

A l'objet dont nous venons de nous occuper se rat-
tacheraient des précautions hygiéniques propres à
entretenir la santé, à augmenter la vigueur de l'ouvrier. Ceci a été grandement négligé jusqu'à présent,
et pourtant il résulte de documents, dont l'authen-
ticité ne saurait être contestée, que la taille et la
force des hommes diminuent en France. Ce fait se
remarque dans les villes surtout, et se trouve avéré, je
l'ai déjà remarqué, par l'application de la loi de re-
crutement. En vérité, n'y a-t-il pas lieu de s'étonner
que le gouvernement se préoccupe aussi peu d'un tel
état de choses, par lequel se trouve tristement

(1) *Du paupérisme*, par le baron de Morogues, p. 50.

constaté le progrès de la démoralisation dans les rangs du peuple !

Tels sont les points principaux sur lesquels devrait se porter l'attention de l'œuvre générale qui chercherait, soit par son action directe, soit en obtenant l'intervention de l'autorité supérieure, à opérer la transformation morale de la classe ouvrière. C'est un vaste sujet sur lequel il y aurait beaucoup à dire encore ; mais je m'arrête pour signaler quelques œuvres partielles conçues dans le même but et dont les honorables efforts méritent une mention spéciale.

LETTRE XI.

L'état de concubinage, qui se présente si fréquemment parmi le peuple des villes, et qui est une suite des désordres auxquels il se laisse entraîner, a suscité une œuvre qui doit fixer nos regards. Frappé des graves conséquences qui résultent pour la société de l'existence de ces unions que ni la loi ni la religion n'ont sanctionnées, c'est-à-dire où il y a un père, une mère, des enfants, et point de famille, un magistrat respectable, M. Gossin, fonda, en 1826, une association dite de *Saint-François-Régis*, et ayant pour but d'amener *le mariage civil et religieux des pauvres du département de la Seine*. Cette association a prospéré à travers bien des obstacles, grâce au zèle persévérant de son fondateur. Au 1er janvier 1846 elle avait admis 13,798 de ces ménages, et par conséquent ramené aux bonnes mœurs 27,596 individus. On calcule que 11,000 enfants environ ont été ainsi légitimés. Ces résultats intéressants, M. Gossin a cru devoir les résumer dans quelques tableaux statistiques auxquels l'Académie des sciences vient d'accorder un illustre suffrage. J'en extrais en passant un fait remarquable : il y a quelques années un médecin, distingué comme écrivain, voulut fouiller, sous le double rapport de la science et de l'humanité, dans cette fange de la prostitution au sein de notre grande métropole, et il établit l'ordre dans lequel doivent figurer les départements qui lui payent à cet égard un honteux tribut. Eh bien! il ressort justement des rapprochements faits par l'auteur des tableaux que nos départements doivent garder le même rang, à quelques variations insignifiantes près, sous le rapport du concubinage; c'est-à-dire que ceux qui ont produit le plus de ces individus vivant à Paris dans le désordre sont aussi les mêmes qui lui ont envoyé le plus de ces misérables créatures arrivées au dernier terme de la dégradation.

L'œuvre de Saint-François-Régis offrait un exemple qui devait être imité. Elle s'est graduellement propagée dans quatre-vingt-neuf villes de France et de l'étranger. Que n'a-t-elle franchi les mers et porté son action dans nos établissements coloniaux, où trois cent mille individus, encore esclaves, j'ai honte à le dire, s'accouplent, pour la plupart comme la brute! On parle de les préparer à un affranchis-

sement prochain ; mais la première mesure dans ce
but ne devrait-elle pas être de créer par le mariage
la famille parmi cette population? Quel bienfait ce serait pour elle dans la misérable condition où elle languit et où tant de germes heureux sont étouffés ! Je
suis persuadé, madame, que vous consentirez à vous
associer au vœu que j'émets ici : puisse-t-il ne pas rester stérile! Puissent ces paroles, qui se sont présentées
sous ma plume, semblables aux semences que les
vents font tomber au hasard sur le bon terrain où
elles fructifient, se placer sous les yeux de quelques
amis de l'humanité à qui il soit donné de tenter une
réforme à laquelle, on peut le croire, l'autorité mé-
tropolitaine donnerait aujourd'hui son assentiment!

Je viens, madame, faisant une courte excursion
lointaine, de vous parler d'esclavage. Il y a, sur
notre sol, la domesticité qui a remplacé la servitude
en Europe, et qui devait éveiller le zèle de l'esprit de
charité. En effet, elle devient dans nos mœurs un
puissant élément de corruption. Chaque année nos
villes reçoivent un nombre considérable de jeunes
filles qu'attire l'espoir de gagner un salaire plus considérable que celui qui les attendait dans les travaux
de la campagne; elles y jouissent d'une entière liberté; elles choisissent leur condition et en changent
au gré de vains caprices; plus de conseils paternels,
plus de surveillance maternelle; plus même de ce
respect humain qui, à défaut de principes, est encore

pour quelques individus un préservatif assez efficace. Elles sont ainsi sans appui contre la séduction qui les enveloppe de toutes parts, et les poursuit même parfois jusqu'au foyer où leur innocence devrait trouver une sauvegarde. Qui peut s'étonner qu'un grand nombre, que le plus grand nombre d'entre elles succombent, et que, de faute en faute, livrées à l'abandon, au mépris, elles finissent par se vouer sans retour à la carrière du vice?

Il est trop vrai que c'est dans la domesticité que la prostitution trouve son aliment principal. On a songé a réprimer les fatales conséquences d'un tel état de choses. L'*OEuvre de placement* pour les femmes en service, dirigée par des religieuses Ursulines, a ouvert un asile où, sur renseignements, on les reçoit, quand elles sont sans place, moyennant une légère rétribution; mais cette œuvre est loin d'avoir le développement et l'importance qu'il faudrait lui faire prendre. En réalité, ce point, qui intéresse à un si haut degré la moralité publique, n'a pas provoqué encore un assez sérieux examen. Je vois par divers documents qu'en Angleterre les institutions pour former des domestiques fidèles et pourvus de toute l'instruction nécessaire à cette condition, pour leur venir en aide dans les circonstances fâcheuses où ils peuvent se trouver, sont singulièrement multipliées. Évidemment, il y a chez nous une lacune à remplir à cet égard. Je me borne à l'indiquer ici et je passe aux institutions, aux œuvres qui n'ont pas seulement pour but de préserver d'une première chute, mais de relever celui qui a succombé, de le ramener au bien, de l'empêcher de se perdre tout à fait. La charité avait là encore une grande mission à accomplir ; elle n'a point reculé devant les difficultés de cette nouvelle et pénible tâche.

Il y aura bientôt trente ans que le zèle de quelques personnes, animées de l'amour du bien, fut excité par la situation dans laquelle se trouvaient les jeunes gens, les enfants condamnés une première fois pour quelque délit peu grave. On les confondait dans nos maisons de détention avec le scélérat endurci, et bientôt, façonnés par leurs leçons, au lieu de s'amender, ils persévéraient dans le mal, et ne sortaient de prison que pour se rendre coupables de plus grands méfaits. Quel triste spectacle ! Peut-être qu'au commencement il eût suffi de quelques bons avis, de l'influence du travail et de la réflexion pour ramener le remords dans ces consciences encore ébranlées ; et voilà que la société, par une déplorable incurie, a laissé s'évanouir toutes chances de retour à la vertu, et a en quelque façon préparé elle-même les voies qui mènent au crime ! Un établissement se forma donc dans la rue des Grès dès 1817, auquel l'autorité confia quelques jeunes détenus ; mais l'expérience n'avait pas encore fait connaître les principes

d'après lesquels de telles maisons doivent être régies.
Celle-ci déclina graduellement : en 1831, l'autorité
transféra à Sainte-Pélagie, puis aux Madelonnettes,
les sept jeunes gens qui s'y trouvaient encore, et, y
joignant d'autres détenus, jeta les fondements d'un
pénitencier. C'est le nom, madame, qu'on donne
actuellement à toute prison où il ne s'agit pas seulement de punir par la privation de la liberté pendant
un certain laps de temps, mais aussi de tirer parti
de la détention pour amener l'amendement moral.
Sous l'influence du régime nouveau, une grande
amélioration se manifesta parmi cette population.
Mais on n'avait rien fait encore, si l'on ne trouvait le
moyen de placer les jeunes gens, à la sortie du pénitencier, dans une situation qui leur permît de résister aux penchants, aux séductions auxquels ils
avaient cédé une première fois. Tel fut l'objet de
cette *Société de patronage des jeunes libérés,* qui a
tant dû au concours actif et dévoué de son président,
M. Bérenger. Le succès de cette œuvre a été rapide
et complet. Sous son impulsion, l'administration a
fait d'année en année un pas nouveau dans la carrière où elle était entrée. Le vaste bâtiment de la
Roquette a été ouvert au pénitencier. N'ayant pas
dû avoir primitivement cette destination, il laisse
sans doute à désirer sous quelques rapports ; toutefois, les bases du système répressif nouveau ont pu
être complétement appliquées. Ainsi en est-il, par

exemple, du mode cellulaire qui a le double avantage d'abord de soustraire le jeune détenu à l'influence actuelle de ceux qui partagent sa captivité, ensuite d'empêcher des liaisons dont les conséquences sont si souvent nuisibles pour l'avenir. Par des combinaisons ingénieuses, 500 jeunes garçons vivent là pendant une année ou deux, travaillant, se promenant en plein air, assistant à des leçons, à des exercices religieux sans se connaître, sans se voir! Grâce à l'action de la Société de patronage, soit sur le détenu, soit sur le libéré, les récidives, qui étaient considérables avant qu'elle existât, ont été considérablement réduites. Ainsi, sur 100 jeunes détenus, anciennement 75 reparaissaient devant les tribunaux; aujourd'hui la proportion n'est plus que de 10 pour 100! Il n'y a rien à ajouter assurément à des résultats aussi concluants. On voit de quelle efficacité a été cette œuvre, et le résultat a été aussi un puissant argument en faveur de l'adoption du principe de l'isolement absolu des détenus dans la grande question de la réforme générale des prisons, dont la solution, que préparent à présent même les pouvoirs publics, touche aux plus grands intérêts de la société.

Nous arrivons, madame, à cette célèbre colonie de Mettray, dont vous avez sans doute ouï parler déjà, et qui, située aux environs de Tours, vient d'être en quelque sorte placée dans la grande banlieue de Paris par l'ouverture d'une de ces voies mi-

raculeuses dont l'emploi de la vapeur a doté le siècle.
Cet établissement est sous la protection de la *Société
paternelle*, dont M. le comte de Gasparin est actuellement président. Il reçoit et consacre aux travaux
des champs ou aux industries qui s'y rapportent des
enfants qu'une première faute avait fait entrer avec
la société dans cette lutte fatale où l'on ne s'arrête
quelquefois, quand on y a fait le premier pas, qu'à
l'échafaud. Constatons d'abord quelques résultats
généraux. Depuis l'année 1839, date de l'existence
de la colonie, 521 jeunes gens y ont été admis; 348
y étaient présents dans le cours de 1843; sur 144 qui
étaient sortis et qu'on avait placés au dehors, 7 seulement avaient failli de nouveau; la conduite de 9
était médiocre et celle de 128 irréprochable.

Je me rendis dans l'automne de 1843 à Mettray;
j'exprimerais difficilement le vif sentiment d'intérêt
dont je fus saisi quand, après avoir traversé plusieurs
de ces charmants coteaux qui entourent la magnifique métropole du *jardin de la France*, je vis s'étaler à mes yeux ces deux files de petits bâtiments
terminées par le clocher élégant de la chapelle. C'était un dimanche. Je fus reçu par les deux dignes
directeurs de la colonie, MM. de Metz et de Brétignières, dont le dévouement à cette œuvre n'a plus
besoin d'éloges. Le premier allait partir pour Paris;
il consacra toutefois à me donner d'intéressants détails le peu d'instants qui lui restaient: il me com-

muniqua un registre sur lequel est inscrit l'interro-
gatoire très-précis que subit sur tous ses antécédents
chaque enfant à son arrivée dans la colonie. Je parcourus ces pages non sans émotion. Qu'y voyait-on,
hélas! que la plupart de ces enfants avaient été
perdus par leurs parents eux-mêmes qui les pous-
saient au vol et au vagabondage, parfois en usant de
mauvais traitements pour surmonter une répugnance
instinctive. Je visitai ensuite les bâtiments sous la
conduite d'un jeune surveillant. Chacun de ces bâtiments sert d'habitation à un certain nombre d'enfants. C'est ce qu'on appelle heureusement une *famille*, dont le chef porte le titre de *père*, et les
membres celui de *frères*. Ainsi se trouvent rétablis
ces rapports d'affection si nécessaires à cet âge, et qui
exercent, pour changer les dispositions, une influence décisive. Vous croiriez, madame, au premier
abord, que des moyens répressifs très-sévères sont
indispensables pour contenir ces trois ou quatre
cents jeunes êtres si bien préparés pour le mal. Il n'en
est rien. La colonie est en plein champ. Tout est
ouvert, et pourtant pas une seule évasion n'a encore
eu lieu, tant il est vrai que l'action morale est autrement effective sur les hommes que les plus solides
clôtures! Mon guide me citait, à ce sujet, le mot
significatif d'un de ces enfants qu'on n'avait jamais
jusque-là pu garder nulle part, malgré la plus active surveillance. Comme on s'étonnait qu'il n'eût

12

fait aucune tentative pour s'enfuir de Mettray :
« Bah! dit-il, il n'y a pas seulement un mur à franchir! »

J'assistai à des jeux, à des évolutions gymnastiques, puis à l'office du soir où chacun me parut
manifester des dispositions convenables. Quelques
enfants, pour des infractions graves à la règle,
étaient en cellule derrière la chapelle. Une de ces
petites chambres me fut ouverte. Là se trouvait un
de ces enfants de Paris à l'œil intelligent et vif, qui
vont si vite et si loin dans la carrière du bien ou du
mal; ses traits et sa contenance portaient déjà quelques traces de la flétrissure du vice. On ne l'avait pas
encore dompté. Touché d'un sentiment de pitié, je
l'encourageai à écouter les avis qui lui étaient donnés, à oublier les mauvais exemples qu'il avait eus
sous les yeux, à revenir à la vertu. Il avait en m'écoutant l'attitude de la réflexion, et je restai saisi
quand, me taisant, je l'entendis me dire avec calme :
« Je tâcherai, monsieur; mais c'est difficile!.... »
Pauvre enfant! il avait raison. Il est bien difficile en
effet, à cet âge, de rentrer dans la bonne route,
d'imposer à des sentiments, à des passions qui ont
été déchaînés avant le temps. C'est une grande victoire qu'il faut remporter sur soi-même, et les forces humaines sont rarement suffisantes pour l'obtenir!

Je ne quittai Mettray que le soir, emportant le

souvenir de tout ce que j'avais vu, ainsi que de
l'hospitalité cordiale qui m'avait été accordée.

Il existe en France quelques autres établissements
de même genre. Dans le nombre, citons particulièrement le pénitencier fondé à Marseille en 1839 par
le respectable et intelligent abbé Fissiaux, et dans
lequel, suivant les traces des créateurs de Mettray, il
n'a pas obtenu de moins heureux résultats. L'autre
sexe a eu aussi sa part dans cette œuvre de moralisation. Une *Société de patronage pour les jeunes libérées*
s'est formée à Paris ; elle est présidée par madame de
Lamartine, qui ajoute ainsi au beau nom qu'elle porte
l'éclat modeste du dévouement à l'humanité. L'association se partage en deux sections, dont l'une se
charge de visiter et d'encourager au bien les détenues dans les prisons, avant ou bien après le jugement ; et l'autre dirige un refuge où sont admises
les jeunes filles dont on espère la réforme morale.
Un ouvroir, créé à Vaugirard, la maison dite du *Bon-
Pasteur*, dans la rue d'Enfer, qui rappelle le nom
respectable de l'abbé Legris-Duval, sont dus à des
œuvres qui poursuivent le même objet. Toutes nos
grandes villes présentent ordinairement de semblables établissements qu'on désigne fréquemment sous
le nom de *maisons de repenties*. Nombre de jeunes
femmes y sont retirées de l'abîme où elles allaient
tomber ; ramenées à la pratique de leurs devoirs, soit
dans le monde, où elles rentrent, soit dans le cloître,

qui leur offre un abri contre de nouvelles faiblesses, elles bénissent le zèle charitable auquel elles doivent leur régénération.

Je placerai ici sous vos yeux, madame, quelques détails intéressants sur une fondation de ce genre qui paraît destinée à un succès toujours croissant : il y a environ vingt ans un digne prêtre, appelé à exercer son ministère dans la maison centrale de Montpellier, où sont détenues des femmes condamnées pour de graves délits, fut frappé du résultat qui suivait la plupart du temps la détention; après avoir été heureusement modifiées dans leurs principes, dans leurs mœurs, par les conseils des bonnes sœurs auxquelles elles étaient confiées, par l'influence du travail et des exercices pieux qui absorbaient leur journée, nombre de ces infortunées, à qui la religion avait rendu *comme une seconde innocence* (1), étaient à leur sortie de la prison « guettées par le vice, rejetées par la société; et se voyant d'un côté privées de travail et maudites à cause de leurs fautes, de l'autre poursuivies, atterrées, elles cédaient au désespoir plus encore qu'à leur faiblesse, et se vendaient corps et âme pour un morceau de pain. »

Il arrivait parfois, que quelques-unes de ces pauvres créatures, au moment de recouvrer la liberté, se jetaient aux pieds du ministre qui les avait rame-

---

(1) *Histoire de la fondation de la solitude de Nazareth*, par M. l'abbé Conrad, 3e compte rendu, p. 8, Montpellier, 1845.

nées au bien, le suppliant « de leur donner un cachot et du travail, plutôt que de les abandonner au monde, à leur faiblesse, aux tentations du vice et de la faim ! » Quels faits saisissants, madame, et combien s'y révèlent pleinement les misères de notre civilisation !

Touché d'un tel spectacle et cédant à une pieuse exaltation, le confesseur, un jour, à la suite d'une prédication sur les œuvres charitables qui avait puissamment remué les âmes, s'agenouille aux pieds de l'autel, « demandant à Dieu, maître des esprits et des cœurs, de vouloir bien leur inspirer la généreuse résolution de racheter, avec le surperflu de leurs richesses, les pauvres filles livrées à l'infamie faute de parents, d'amis, de secours, pour venir en aide à leur abandon et à leur faiblesse ! » Le lendemain, une dame vient lui apporter vingt mille francs ; une autre lui offre sa maison. Une souscription s'ouvre ; l'évêque, le préfet, secondent ces efforts, et bientôt un petit établissement se trouve fondé.

Je ne puis en suivre, madame, toutes les vicissitudes. Qu'il me suffise de vous dire qu'il existe aujourd'hui, dans une maison voisine de Montpellier qui a reçu de ses créateurs le nom de *Solitude de Nazareth*. En 1843, 155 filles sortant de la maison centrale et d'autres prisons y avaient été recueillies. Elles y reçoivent l'instruction nécessaire à l'humble position de domestique ou d'ouvrière qu'elles sont destinées à re-

trouver dans le monde. Elles accomplissent elles-
mêmes tous les ouvrages intérieurs qui ne sont pas
au-dessus des forces des femmes. Elles se lèvent à
quatre heures et se couchent à neuf ; elles commencent et finissent la journée par une prière en commun dans la chapelle ; tous les autres exercices de la
journée ont lieu en atelier. Elles prennent leurs
récréations dans le jardin ; « c'est-là, dit la notice,
que je voudrais pouvoir transcrire en entier, *qu'il
est charmant de suivre les jeunes Nazaréennes.* Leur
visage porte le témoignage de la conscience satisfaite ; leurs gestes sont vifs, modestes, leurs paroles
affectueuses ; au lieu de s'éloigner des religieuses
chargées de veiller sur leur conduite, elles les
entourent à l'envi, cherchant avec empressement les
entretiens propres à édifier et à instruire » (p. 41).

Ajoutons en terminant que déjà 84 jeunes filles
étaient sorties de la Solitude de Nazareth, pour entrer
en condition et que toutes, par leur bonne conduite,
témoignent de l'efficacité de leurs réformations,
quelques-unes mêmes s'étaient mariées !

Associons à ces œuvres celle des *prévenus acquittés,* qui prend sous sa protection les individus qu'une
erreur a fait traduire en justice, et qui, reconnus
innocents, sont, à la suite d'une longue détention,
privés de ressources : elle pourvoit à leurs besoins
et les reçoit dans un asile jusqu'à ce qu'ils aient une
place. En 1843, plus de quatre cents personnes

appartenant à cette catégorie ont été ainsi patronées
par elle. La société de la Morale chrétienne, que j'ai
déjà nommée, a aussi un *Comité des prisons* dont
les membres visitent les détenus, et essayent de ba-
lancer par leurs conseils l'influence fatale qui résulte
si fréquemment des contacts respectifs établis entre
eux, importante mission qui ne fait que de commencer, et qui doit de jour en jour s'agrandir maintenant que va s'effectuer la réforme des prisons.

LETTRE XII.

Les institutions qui tendent à porter les classes laborieuses à faire en faveur de l'avenir quelques réserves sur les gains du jour, semblent, au premier abord, n'avoir d'autre but que de créer des ressources pour des circonstances spéciales, et d'assurer des moyens d'existence pour l'époque où la cessation du travail deviendra une nécessité ; mais il arrive qu'en suscitant l'esprit de prévoyance, elles exercent une puissante action sur la conduite. « *L'épargne*, dit M. de Cormenin, dans l'excellent petit livre que j'ai déjà eu occasion de citer, *est avec la religion* le plus *grand moralisateur du peuple* (1). Bien des mérites naissent en effet de là. Que les établissements destinés à seconder un sage esprit d'économie parmi

(1) *Entretiens du village*, p. 175.

les masses prennent donc ici le rang qui leur est si
légitimement dû, comme exerçant la plus féconde
influence sur la société tout entière.

En tête doivent figurer les caisses d'épargne.
C'est en 1818 que, grâce aux efforts de Larochefoucauld-Liancourt, cette bienfaisante institution, déjà
populaire en Allemagne et en Angleterre, fut introduite dans notre pays, où le concours de plusieurs
hommes de bien, entre lesquels il est juste de signaler
le nom honorable de M. Benjamin Delessert, a amené
son extension rapide. Recueillons quelques notes
précises à ce sujet. Au 1er juillet 1845, le trésor devait aux caisses d'épargne du royaume 383 millions
et demi. Paris comptait pour près d'un tiers dans ce
montant élevé. Si l'on entre dans le détail des place-
ments, on reconnaît que le but est parfaitement rem-
pli, et que la caisse d'épargne est bien réellement
le dépôt des économies de ceux qui sont obligés de
s'imposer des privations pour n'en faire encore
que de très-faibles. Chaque livret ne peut s'élever
qu'à 1,500 et à 2,000 fr. avec les intérêts capitalisés ;
mais si l'on répartit le capital entre les déposants, on
obtient seulement 640 francs pour Paris, moyenne
qui s'abaisse encore considérablement pour la province. Les classes ouvrières proprement dites comptent au reste dans une forte proportion parmi les déposants. Il n'y a donc qu'à émettre le vœu que les caisses
d'épargne se propagent de jour en jour davantage.

Tous nos départements en possèdent aujourd'hui à l'exception de la Corse. Mais dans un assez grand nombre l'institution est encore au berceau : elle entre difficilement dans les mœurs des populations des campagnes, auxquelles l'esprit de prévoyance est étranger, ou bien qui préfèrent confier des réserves péniblement amassées à quelque notaire rural, à quelque banquier du chef-lieu, qui les jettent dans des entreprises hasardeuses où elles vont s'engouffrer et se perdre. Il importe donc beaucoup qu'on s'applique à généraliser de jour en jour davantage le bienfait des caisses d'épargne, à y faire participer les habitants des petites localités, dont un si grand nombre en ignorent, même actuellement, l'existence. « Ne pourrait-on pas, lit-on dans un fort bon rapport fait au conseil général d'agriculture dans sa dernière session, par M. Charles d'Assailly, s'entendre à ce sujet soit avec les percepteurs, soit avec les administrations municipales ? La Suisse, le canton de Neufchâtel surtout, offre des exemples à consulter. Des correspondants choisis dans les diverses paroisses y recueillent les dépôts et les transmettent à la caisse centrale. D'autres caisses emploient comme intermédiaires les receveurs des communes rurales et le plus souvent ces derniers se prêtent à opérer les recouvrements sans exiger de rétribution (1). »

(1) Page 2.

Dans le fait, madame, on n'a point su encore, ni dans notre pays, ni ailleurs, tirer tout le parti possible de cette institution, et il ne faut pas s'en étonner. C'est pour la première fois que se produit ce fait singulier d'une immense fortune populaire, d'un vaste capital formé de parcelles prélevées sur le travail. Nos ministres des finances ont paru très-effrayés de se trouver nantis de 400 millions remboursables à tout instant, et tel est le motif qui a fait réduire de moitié le maximum du dépôt; soit. Mais n'y avait-il pas quelque moyen d'éviter tout péril en combinant la caisse d'épargne avec telle autre institution analogue? On a, par exemple, essayé, dans quelques villes de France et de l'étranger, une association entre la caisse et le mont-de-piété dont nous allons parler. De telles tentatives doivent être méditées. La science du crédit est bien avancée en tant qu'elle s'applique aux transactions des États avec les capitaux agglomérés dans les mains des riches ; mais ces applications aux valeurs, pourtant immenses, que possède le peuple sont encore à naître. Je ne m'avancerai pas plus loin, madame, sur ce terrain où vous ne me suivriez peut-être pas volontiers ; mais croyez bien qu'il s'y trouve une mine féconde à exploiter.

Disons donc un mot en passant au sujet des établissements de prêt sur nantissement, vulgairement appelés monts-de-piété. Bien que le but de ces établissements semble, au premier abord, opposé à celui des caisses d'épargne, on voit pourtant qu'il s'y rattache, puisque dans l'un et dans l'autre cas il s'agit de valeurs mises en réserve et dont on fait ressource au besoin; c'est là une invention italienne qui date du quinzième siècle. A cette époque, les pauvres étaient, comme ils sont encore partout où il n'y a pas de mont-de-piété, la proie de l'insatiable cupidité des marchands d'argent. L'esprit de charité s'émut : un moine de l'ordre des frères Mineurs, nommé Barnabé de Terni, invita à Pérouse, du haut de la chaire évangélique, les riches à secourir leurs frères dans le besoin par des prêts gratuits. A sa voix, d'abondantes offrandes furent faites, et c'est à l'agglomération de ces dépôts qu'on attribua la dénomination de *monte di pietà*. De Pérouse, l'institution, complétement bienfaisante alors, passa dans les autres villes d'Italie où elle fit fermer les boutiques d'usure qui consommaient la ruine des familles nécessiteuses. Puis elle s'étendit dans les autres contrées de l'Europe. On compte aujourd'hui en France 46 monts-de-piété qui prêtent une somme d'environ 40 millions sur trois millions de nantissements. Quelques monts-de-piété, fidèles à leur origine, prêtent gratuitement, mais ceux-là sont sans importance. D'autres prêtent gratuitement jusqu'à concurrence d'un certain taux, et prennent un intérêt quand le prêt s'élève au delà, combinaison favorable au pauvre qui devrait être introduite partout. Enfin le plus grand nombre des

13

monts-de-piété prélèvent sur les nantissements un intérêt qui varie de 2 à 15 pour 100.

Dans de telles conditions, on hésite sans doute à considérer les monts-de-piété comme des établissements de bienfaisance. Toutefois des juges compétents, tels que MM. Charles Dupin et de Watteville, croient devoir leur conférer ce titre, malgré les imperfections qu'on peut signaler dans leur organisation. Pour partager cette conviction il ne faut que se rappeler qu'à la révolution, lorsque tombèrent les monts-de-piété avec les institutions charitables, il s'établit sur-le-champ des maisons de prêt, où l'intérêt s'élevait jusqu'à 80 pour 100 ! Conservons donc les monts-de-piété en les constituant sur de meilleures bases. On voudrait que les conditions de prêt fussent uniformes et que dans aucun cas l'intérêt ne pût dépasser 5 ou 6 pour 100, taux supérieur encore d'un tiers, vous le remarquerez, madame, à celui auquel les riches se procurent aujourd'hui de l'argent ; on voudrait que le minimum du prêt fût abaissé. Il est de 3 francs à Paris ; quand il ne reste plus à une malheureuse mère de famille, à un pauvre vieillard qu'un objet de moindre valeur à mettre en gage, ils sont impitoyablement repoussés. La faculté de libérer les objets déposés par à-compte, la suppression des commissionnaires, funeste intermédiaire entre l'emprunteur et le mont-de-piété, sont autant de réformes qu'il importe d'introduire dans cette institution. Quant à la

réunion de ces établissements avec les caisses d'épargne, dont, ainsi qu'il vient d'être dit, quelques villes
(Nancy, Metz et Avignon) ont déjà offert l'exemple, la conception est heureuse en principe, sans
doute, puisqu'on ne saurait donner une meilleure
destination aux économies des uns que de les faire
tourner au soulagement des autres ! Mais il est évident que ce système ne doit être appliqué qu'avec
une grande réserve. On voit clairement, en effet, que
dans certaines circonstances difficiles, où les déposants afflueraient pour retirer leurs fonds, et les em-
prunteurs pour livrer des objets en nantissement,
l'établissement pourrait être compromis dans sa double action. Mais il n'est assurément pas impossible
d'obvier à cet inconvénient et d'ôter tout danger à
une fusion dont on peut pressentir en temps ordinaire
les excellents résultats.

Les *Sociétés d'assistance mutuelle* sont un autre
produit de l'esprit de prévoyance qui mérite un haut
degré d'attention. Elles sont formées entre les ouvriers de divers états, et administrées en général par
eux-mêmes avec intelligence et probité. A la fin de
1845, on ne comptait pas moins de 1902 de ces associations régulièrement autorisées, et l'on évaluait
à 300,000 le nombre des individus qui en faisaient
partie. Nous sommes bien loin encore, à cet égard,
de l'Angleterre, où les *Sociétés amicales* qui remplacent celles dont nous nous occupons sont au nom-

bre de 12,000 et possèdent un capital évaluéà 2 millions. Mais là, un grand nombre de personnes, appartenant aux classes supérieures, ne dédaignent pas de se faire affilier à quelqu'une de ces sociétés, et, indépendamment de leurs dons, qui grossissent gratuitement le fonds social, lui apportent une bienveillante coopération. En France, il en est autrement ; les associations se soutiennent exclusivement par les cotisations mensuelles ou hebdomadaires de ceux qui peuvent être appelés à en profiter. La quotité des secours n'est pas toujours proportionnée aux ressources. Il en résulte que plusieurs se trouvent quelquefois sans moyens de fonctionner et sont même obligées de se dissoudre. Je crois que l'administration n'a pas encore accordé un intérêt suffisant à ces associations. Elle les a quelquefois redoutées au point de vue politique. On comprend qu'une adjonction semblable à celle que présente le pays voisin empêcherait qu'elles eussent jamais un caractère hostile. Pourquoi, par exemple, les chefs d'industrie n'y apportent-ils pas eux-mêmes leur concours? Il y a, si je ne me trompe, de grandes espérances à concevoir de l'organisation de ces sociétés sur de vastes proportions. Dans l'état de choses actuel, elles prémunissent en général le travailleur contre le chômage pour cause de maladie. Peut-être trouvera-t-on dans cette institution, quand on lui aura donné tous ses développements, les moyens d'atténuer les suites, si désastreuses pour l'ouvrier, de l'état de crise où se trouve quelquefois l'industrie. On a beaucoup écrit déjà, madame, sur ce point, mais, à vrai dire, sans beaucoup avancer la question. Frappés du spectacle affligeant que présente parfois la société industrielle, les modernes sectaires en économie politique ont créé une théorie dont ils font grand bruit; ils posent en principe pour les masses le *droit au travail* et réclament l'application absolue de ce droit, c'est-à-dire une organisation sociale qui en soit le corollaire. Or, c'est là, madame, une question bien mal posée. Pourquoi chercher un *droit* où il y a une *obligation*? Chacun, en effet, est tenu à travailler, c'est-à-dire à vivre de l'exploitation d'une substance quelconque; on vit de la terre qu'on cultive ou du capital qu'on met en circulation. Mais des conditions si diverses qui constituent le travail, peut-il résulter un droit? Autant vaudrait dire que chaque individu naît, avec le droit de posséder les agents nécessaires à la production aussi bien que la force et l'aptitude indispensables pour les mettre en valeur.

Vous avez souvent entendu prononcer ces mots de maîtrises, de jurandes, qu'on met ordinairement en avant dans ce débat. Ils représentent un ensemble de règlements oppressifs qui enchaînaient, avant la révolution, l'industrie. Dans l'origine, les corporations de métiers avaient eu un caractère fraternel et chrétien; on s'unissait dans un but de pro-

tection mutuelle et en dehors de tout esprit d'exclusion. Il ne faut, pour en être convaincu, que lire ces
vieux statuts qui sont parvenus jusqu'à nous. L'intérêt du pauvre y est soigneusement représenté; il
est expressément recommandé de lui faire toujours
bonne mesure, de ne pas hausser au delà d'un certain taux la marchandise qu'il consomme, en certains cas même, de lui réserver le droit de s'approvisionner avant le spéculateur (1). Mais avec le temps
tout changea. La concurrence devenant de jour en
jour plus menaçante, les règles restrictives se multi-
plièrent; le gouvernement, qui faisait argent de tout,
vendit successivement des droits, des priviléges qui,
en favorisant quelques-uns, devinrent accablants
pour la masse. Finalement, ce fut une organisation
dont les détails paraîtraient incroyables aux personnes
de la génération actuelle; la carrière de l'industrie
ne présentait qu'entraves, parfois insurmontables, à
l'apprenti; dans certains corps de métiers, il était en
vérité plus difficile de devenir maître qu'il ne l'est
aujourd'hui d'arriver à une importante magistrature.

Qui oserait prétendre qu'il faut restaurer un semblable système? N'est-il pas manifeste, toutefois,
que l'état de choses actuel laisse beaucoup à désirer en ce qui concerne la condition industrielle telle
que l'a faite le grand affranchissement de 1789.

(1) *Livre des Métiers de Paris*, tit. III.

Voyez, en effet, madame, combien ont été différents les résultats de cette immense révolusion, si on les considère tour à tour dans le paysan ou dans l'ouvrier. Le premier est devenu propriétaire d'une grande partie du sol; c'est d'ailleurs le caractère du fonds agricole qu'il se fractionne facilement et sans dommage; la terre est fécondée par la grande comme par la petite culture; au contraire, la plupart du temps, le fonds industriel ne saurait se morceler; le paysan vit donc sur le sol presque bourgeois, quand il en possède quelques parcelles; le sol le nourrit en lui fournissant constamment un travail dont le salaire s'équilibre sans obstacle à ses besoins; ses peines sont grandes, mais il est exempt d'inquiétudes, assuré du pain, non pas seulement du lendemain, mais de celui de l'année et même des années subséquentes. Telle est, par exemple, la situation de ces familles de métayers qui vivent autour de vous dans votre terre et à qui une véritable somme de bonheur est assurée, quand une main bienfaisante est là pour subvenir aux circonstances extraordinaires et aux nécessités qu'elles font naître. Tournez maintenant vos regards sur les familles industrielles de nos villes, là nulle possession, rien d'assuré! L'existence est attachée à un prix de journée qui dépend de tous les hasards. Une hausse subite de la matière première, un caprice de la mode, une modification dans les tarifs, des menaces de guerre, une crise financière,

que sais-je! Vingt circonstances de moindre valeur
peuvent amener le chef d'industrie à suspendre le
travail du jour au lendemain. Or, point de travail,
point de salaire, et point de salaire point de pain!
Voilà la situation dans toute sa vérité.

Dans l'ancien ordre de choses, avec toutes ses misères, l'ouvrier, admis au corps de métier, voyait
du moins son existence assurée. Eh bien, il faut que
l'ordre nouveau lui offre aussi quelque garantie.
Quand les souffrances populaires se généralisent au
point que la sécurité publique peut en être compro-
mise alors on s'en émeut, on ouvre des souscriptions
publiques, on crée des ateliers de charité, on a recours à des ressources précaires et insuffisantes. Eh
quoi! la société industrielle, dans le libre jeu de ses
conceptions, ne recélerait rien de mieux que de tels
palliatifs pour guérir le mal qu'elle se fait à elle-
même? Je ne le pense, pas et reste convaincu que
c'est dans l'assistance mutuelle qu'est caché le véritable remède. C'est, au reste, un point bien reconnu
qu'il y a à faire subir aux sociétés existantes une
sorte de transformation pour les rendre plus utiles.
Déjà, dans certaines villes, il s'en est formé quelques-
unes dont les conditions d'existence reposent sur de
nouvelles bases et doivent produire un bien plus réel
et plus étendu. Telles sont les sociétés de travail et
de secours de Lyon, de Nantes, de Bordeaux, de
Poitiers, etc.

Mentionnons ici, comme un témoignage du besoin généralement senti de seconder les efforts des travailleurs dans la rude carrière où ils sont engagés, une association qui vient de se former à Paris dans le 7ᵉ arrondissement, sous le titre d'*œuvre des ouvriers laborieux*, et a pour objet de leur venir en aide en leur faisant quelques avances pour achat d'outils et de matières premières ou de leur servir de caution pour obtenir du travail chez eux.

A peine est-il besoin de vous parler, madame, des associations dont le but est d'assurer, à une époque donnée, moyennant une série de versements égaux ou progressifs, une rente ou un capital. En général, la quotité des versements exclut les classes laborieuses de toute participation aux opérations des compagnies d'assurances sur la vie. Ce n'est pas, au surplus, sans hésitation qu'on les exciterait à entrer dans cette voie; il s'agit toujours en définitive, dans ces associations, de grouper des individus qui profiteront entre eux des hasards de la mortalité; combinaison au fond peu morale, il faut le dire, puisqu'elle tend à stimuler dans le cœur de l'homme ce déplorable égoïsme que l'esprit évangélique s'attache sans cesse à remplacer par un sentiment d'amour, par un besoin de sacrifice. Elle a été apportée en France au milieu du seizième siècle par un Italien appelé *Tonti*, et elle a laissé aux caisses qui l'ont réalisée le nom de Tontines que tant de déceptions

13.

ont rendu suspect. Laissons le mot. Sur le principe, on a proposé, dans ces derniers temps, d'organiser une *caisse de retraite en faveur des classes ouvrières* ; des commissions d'hommes consacrés à l'étude de ces questions se sont successivement occupées de ce projet, et j'ai moi-même humblement figuré parmi les membres de l'une d'elles.

La dernière, que présidait M. le comte Molé, a enfin saisi le gouvernement d'un projet qui faisait intervenir l'Etat comme dépositaire des versements et garant par conséquent du payement des pensions. Ce projet, soumis à la discussion publique, a soulevé de graves objections ; le gouvernement a paru considérer comme plein de péril son concours dans un tel établissement ; M. de Lamartine de sa voix éloquente l'a repoussé dans l'intérêt de l'esprit de famille, auquel, suivant lui, un tel système de placement viager, porterait la plus funeste atteinte. Un conciliateur, M. le vicomte de Romanet, membre de la Chambre des députés, est survenu, qui a simplement proposé d'admettre le versement à la caisse des dépôts et consignations, avec garantie du trésor public des dépôts faits à la caisse d'épargne, *avec destination spéciale exprimée par le déposant de s'assurer une pension viagère* ; combinaison qui met à l'écart les objections opposées aux chances de survie, mais qui en écarte aussi les avantages pour les déposants.

En définitive, il n'y a rien de fait encore, et

peut-être la question qui, si elle n'est pas insoluble, présente du moins de grandes difficultés, n'a pas été assez mûrie par cette élaboration de plusieurs années : qu'elle reste donc encore dans le domaine de l'avenir.

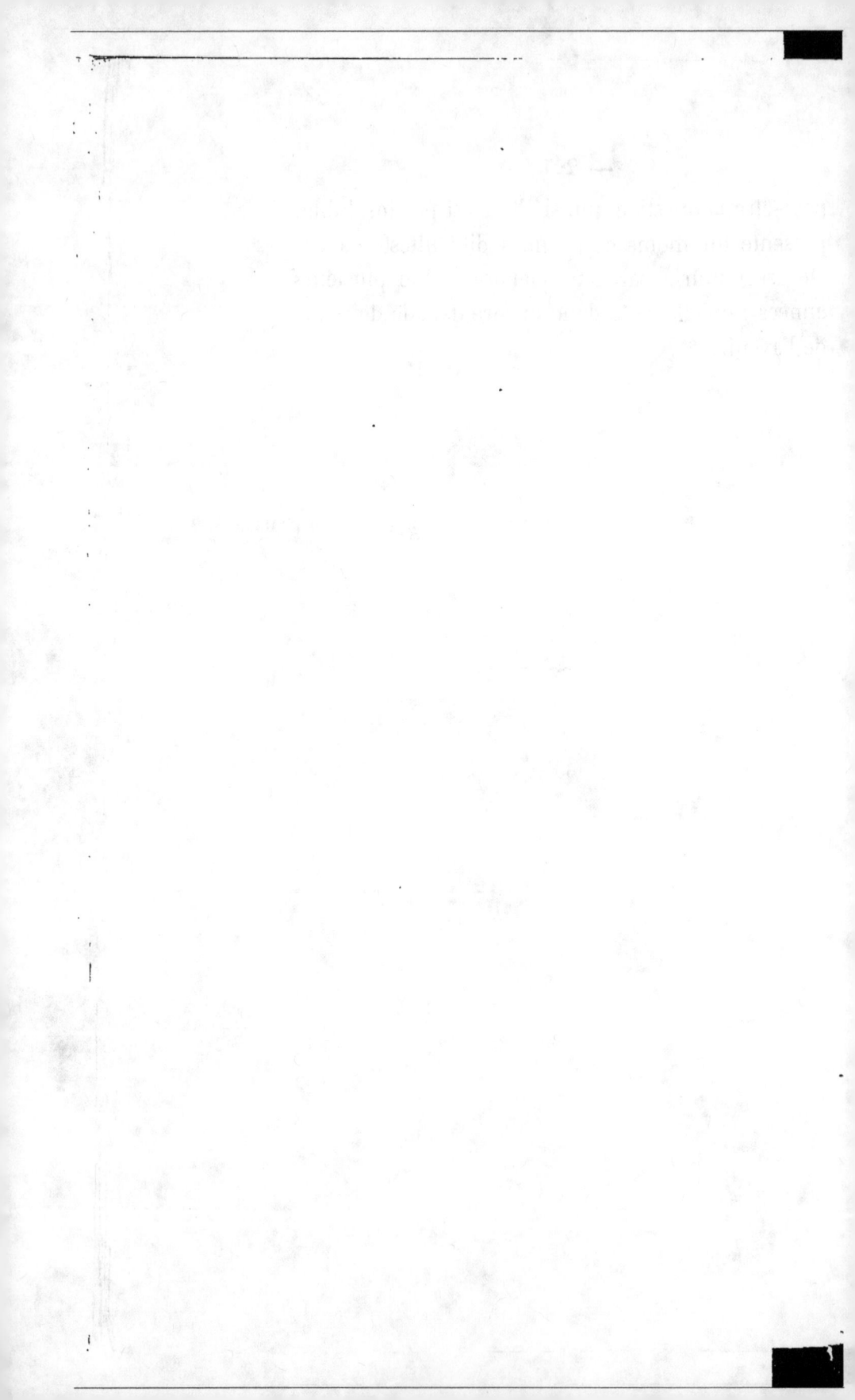

LETTRE XIII.

Considérations générales sur le paupérisme.—Misère des classes
ouvrières. — Population indigente de Paris. — Action du gouvernement sur la réduction du nombre des pauvres. — Impôts
de consommation. — Impôts de luxe. — Droit des pauvres. —
Liberté commerciale. — Déplacement des industries. — Entreprise des travaux des prisons et des hospices. — Salaire des
femmes.

Nous avons procédé, madame, dans cet examen,
qui touche à son terme, de nos œuvres et établissements charitables, comme si, voulant acquérir une
connaissance exacte d'un vaste et imposant édifice,
nous eussions commencé par en étudier chaque partie, chaque élément, pour arriver ensuite à l'ensemble. Cette marche ayant été fidèlement suivie, nous
pouvons maintenant nous dire que la grande question de la misère parmi les classes laborieuses, cette
question, hérissée de tant de difficultés et qu'éludent
aujourd'hui plutôt qu'ils ne la résolvent les hommes versés dans les matières économiques, se trouve
bien avancée. La voici, comme on dit, réduite à ses
moindres termes ; elle a été successivement dégagée
de toutes ses complications. Je le demande, en effet,

le système de secours que j'ai exposé, système qui comprend tous les âges, toutes les catégories d'infortunés, dans l'un et dans l'autre sexe, étant appliqué en entier et lié dans toutes ses parties ; les lacunes nombreuses que nous avons signalées ayant disparu, que resterait-il pour cette extrême indigence, devenue sous le nom, anglais d'origine, de *paupérisme*, comme une sorte de maladie endémique du corps social ? Évidemment, il ne resterait que ces individus qui veulent, en définitive, vivre aux dépens de la communauté, retirer leur subsistance des labeurs qu'ils n'ont pas accomplis, manger le pain trempé des sueurs d'autrui, misérables fainéants, nouvelle classe de voleurs, moins l'audace et l'énergie, qui portent les autres à se mettre violemment en guerre avec la société ! Ici, madame, la charité s'arrête. Elle a fini son œuvre, car il n'y a plus à secourir mais à réprimer, et c'est affaire de la justice humaine.

Il est vrai que nous sommes loin encore d'avoir atteint cette situation où il n'y aurait qu'à invoquer l'appui du Code pénal. Sans doute, en créant tous les moyens d'allégement dont j'ai esquissé l'ensemble, l'esprit de charité a amené d'importants résultats et il est devenu la source d'immenses bienfaits pour les classes laborieuses ; sans doute, bien des enfants se sont trouvés de la sorte patronés, bien des jeunes filles préservées de la corruption, bien des vieillards soustraits au dénûment; sans doute, un grand nombre de familles, soulagées des charges qui pesaient sur elles, ont été retirées de l'abîme où elles avaient déjà fait le premier pas; mais, avouons-le, qu'est-ce que tout cela auprès de ce qui reste à faire? Nous avons pris la bonne voie, mais la route est longue encore pour arriver au terme; nous avons les éléments d'un système complet, mais point le système; nous avons trouvé le remède aux maux de quelques-uns, mais combien est-il de souffrances pour lesquelles nous ne pouvons rien, auxquelles nous sommes contraints d'assister les bras croisés, élevant vers le ciel nos regards attristés, et lui demandant un meilleur sort pour les générations futures.

Il se produit assez souvent de nos jours, au sujet de cette misère populaire qui mène à sa suite la mendicité, une singulière controverse. Ceux qui, dans leurs préoccupations de parti, dans leur zèle de réformes radicales, accusent les pouvoirs publics de tous les maux que subit le peuple, tendent sans cesse à en rembrunir le tableau qu'affaiblissent systématiquement au contraire les apologistes des doctrines adoptées par l'administration, doctrines pleinement conformes dans le fait aux bases de l'économie politique telle que l'ont faite les maîtres du dix-huitième siècle. Je n'aime pas l'exagération des premiers; mais la sèche impassibilité avec laquelle les seconds s'attachent à atténuer des faits qui ne sont que trop

réels n'est pas non plus de mon goût, je le déclare.
Il me semble que j'ai froid au cœur en lisant ces pages selon la science. Eh! pourquoi donc en effet se
préoccuper ici de principes qui ne devraient pas être
mêlés à ce débat! Je l'ai déjà nettement indiqué, il
ne se peut, en thèse générale, que la liberté du travail conquise par l'industrie et qui a amené tous
les prodiges que nous voyons, soit la cause efficiente
de la cessation du travail! Sans doute, du régime industriel nouveau, comme de tous les arrangements
humains, il résulte bien quelques conséquences fâcheuses, mais c'est à d'autres motifs qu'il faut attribuer un état de choses propre aux sociétés modernes,
et à peu près inconnu aux temps antiques, où une
vaste portion de la population, devenue une sorte de
bétail des riches, avait tout au moins, par une triste
compensation, de même que la bête de somme dont
elle partageait le sort, la pâture et la litière assurées.
Ne lions pas des faits qui coïncident; mais ne les
nions pas non plus parce qu'ils semblent au premier
abord contrarier nos théories. Il est positif que c'est
particulièrement auprès des grands centres d'industrie que se manifeste le paupérisme. Dans chacune
de ces cités où s'étalent les merveilles de notre civilisation, les regards sont constamment frappés d'un
affligeant contraste: ici toutes les recherches du luxe;
là, toutes les horreurs de l'indigence; à la suite d'un
quartier composé de splendides hôtels, de somptueux

magasins, où semblent avoir été épuisées les combinaisons les plus ingénieuses pour dorer, en quelque
façon, l'existence, on en trouve toujours un autre où
vivent dans un hideux pêle-mêle des familles entières, dont les membres, couchés la nuit sur la paille,
et à peine couverts le jour de sales lambeaux, ont
une condition bien inférieure à celle dont jouissent
les animaux qui vivent à notre foyer. Dans plusieurs
de nos villes manufacturières on compterait jusqu'à
plusieurs milliers d'ouvriers qui vivent dans des
caves, sans air et sans soleil. Les enquêtes qui ont
été faites à cet égard en Angleterre, ont constaté un
ensemble de faits véritablement effrayant. Mais gar-
dons-nous, en établissant ce rapprochement du luxe
et de la misère de nos cités industrielles, d'imputer,
comme on le fait si souvent, à l'agglomération du
capital dans les mains de quelques-uns les maux
soufferts par tant d'autres. Rien de plus absurde en
effet qu'une telle supposition. Supprimez violemment les grandes fortunes et il est bien vrai que quelques individus se trouveront immédiatement soula-
gés ; mais le nombre des pauvres augmentera en
définitive, car aux sources de travail qui sont déjà
taries, il faudra en ajouter d'autres encore ; à tous
ces bras sans salaire se joindront de nouveaux bras
employés auparavant dans les industries de luxe et
qui viendront accroître encore la concurrence dans
celles où le travail est déjà insuffisant ou mal rétri-

bué; ainsi donc le système de la dispersion indéfinie du capital, c'est le système d'une ruine toujours croissante pour la société. Voilà ce que nous enseigne le raisonnement et ce que confirme au surplus l'expérience dans ces temps de crises politiques ou commerciales, qui ont justement pour résultat d'amener une déperdition subite de valeurs, dont assurément ne profitent pas les classes laborieuses, puisque leur misère est toujours alors plus profonde.

On a fait, madame, à diverses époques, des recherches pour constater le nombre des pauvres, soit dans notre pays, soit dans les autres États du continent, et l'on a reconnu combien il est difficile d'arriver à une exacte évaluation sous ce rapport. En effet, il y a des degrés infinis dans l'indigence. Les conditions qui la constituent ne sont pas partout les mêmes, et il est constant que le nombre des personnes qui doivent être secourues dans un même pays varie, selon les circonstances à un degré tel qu'on pourrait à peine le croire; et notons ceci, s'il vous plaît, madame, car ce fait va singulièrement à l'encontre d'une opinion mise en grand crédit dans ces dernières années par quelques personnes, qui ont trouvé ingénieux de taxer d'ineptie la charité évangélique, à la hauteur de laquelle leur cœur ne sait pas se placer. Sous prétexte que cette pieuse sollicitude pour les êtres souffrants se méprend, ainsi que je l'ai dit, quelquefois, et distribue ses dons sans trop regarder si celui qui les reçoit en est bien digne, on établit qu'elle alimente, qu'elle développe l'état de choses auquel elle entend porter remède. D'après ces idées, ce n'est pas le pauvre qui suscite la charité, mais la charité qui suscite le pauvre. Il y a d'autant plus d'infortunés qu'il y a plus de moyens de soulager l'infortune. Vous avez cru qu'en général, et sauf exception, on ne tend la main à son frère, on n'invoque la pitié de son semblable que parce que, pour le moment du moins, on ne saurait mieux faire; erreur ! Les besoins, les angoisses, les larmes de la misère, le dénûment et la faim sont des fictions; ceux qui travaillent, ceux qui possèdent sont tout simplement exploités par ceux qui n'ont rien et ne font rien. On agit fort mal en se laissant émouvoir par ces images de prétendues souffrances, attendu qu'on encourage ainsi l'oisiveté et tous les vices qui marchent à sa suite! En définitive, les institutions, les œuvres fondées pour le soulagement des pauvres ne sont qu'une prime offerte par une portion de la société à la paresse, à l'imprévoyance et au libertinage de l'autre.

Je n'exagère rien, madame; cette doctrine a été exposée avec talent, et même par des hommes que leurs fonctions appellent à participer à l'action de la bienfaisance publique et qui se trouvent obligés de sacrifier en gémissant leurs principes à la pratique administrative. En vérité, il me semble qu'il ne serait pas très-difficile de mettre en paix leur con-

science et de montrer que les procédés de la charité
usuelle ne sont pas si dénués d'intelligence ! Sans
doute on a abusé et on abuse chaque jour de la disposition à compatir aux douleurs d'autrui qui s'é-
veille si facilement, grâce à Dieu, dans nombre de
cœurs. On connaît les fourberies de la mendicité. Je
ne nie en aucune façon ces ruses renouvelées de la
Cour-des-Miracles pour apitoyer les passants sur des
maux imaginaires dont il n'y a plus trace dans l'orgie
par laquelle se termine le soir une journée qui a
fait tant de dupes. Moi-même plus d'une fois je me
suis laissé prendre à ces récits habilement tissus des
mendiants à domicile dont quelques informations
prises un peu trop tard démontraient la fausseté.
Oui certes, il faut se prémunir contre l'abus à cet
égard; et c'est, par exemple, une heureuse idée que
celle de *Bureaux de renseignements*, où seraient
inscrites toutes les personnes qui réclament des secours, avec des notes exactes sur leur situation ; de
tels établissements, auxquels une société charitable
de Paris (1) a commencé de donner réalisation, em-
pêcheraient que la bienfaisance publique ou privée
ne s'égarât. Mais de ce que dans l'état de choses actuel les secours sont accidentellement mal placés,
conclure qu'il faudrait supprimer les secours ; de ce
qu'il peut en résulter fortuitement quelque appui

(1) Société pour la publication des *Annales de la Charité*.

pour les inclinations vicieuses de certains individus, conclure qu'ils en fomentent le développement parmi les masses; de ce qu'ils s'appliquent çà et là à des infortunes mensongères, conclure qu'ils accroissent la somme des maux qui pèsent sur la société, le peut-on raisonnablement admettre ? Eh quoi ! il y aurait moins d'enfants, de jeunes filles, de vieillards livrés à l'abandon, au vice, au dénûment, parce qu'il n'y aurait plus d'établissements pour en patroner, en recueillir, en soigner un certain nombre ! Étrange paradoxe qui voit la cause du mal dans le palliatif au moyen duquel on essaye de le combattre ! Mais si cette thèse, à laquelle j'ai déjà fait plus d'une fois allusion, était généralement vraie, comment l'état de la société influerait-il à un tel degré sur le nombre des personnes qui ont recours à l'assistance publique ? Qui ne sait que certaines circonstances politiques ou sociales, un hiver rigoureux ou une révolution, la cessation des travaux ou la cherté des grains, accroissent tout à coup la somme de ceux aux besoins desquels il faut de toute nécessité subvenir ? Dans ces moments rigoureux, on voit tout à coup des nuées de mendiants s'épandre sur la voie publique : les vols aussi deviennent plus nombreux; qu'au contraire la situation change, que les subsistances deviennent moins rares, que le travail abonde sans être trop déprécié, alors les grands chemins ou les rues cessent d'être livrés à l'extorsion placide ou

violente des malheureux que presse le besoin. J'ouvre les documents relatifs à la population indigente
de Paris, et je vois qu'en 1834 le rapport des individus secourus à la population totale a été de 1 sur 11,
tandis qu'en 1844 il n'a plus été que de 1 sur 13 à 14.
Evidemment, dans cette période, bien des éléments
de prospérité se sont développés : aussi le nombre
des personnes qui réclament l'assistance publique
s'est-il réduit dans une proportion sensible. Ce nombre augmente donc ou diminue selon que se produisent des circonstances favorables ou défavorables au
développement de la misère parmi les classes laborieuses; et remarquons en terminant qu'au lieu de
diminuer il devrait, si la théorie que je combats était
fondée, s'accroître au contraire en raison du progrès de la richesse générale, puisque alors la source
des secours est bien plus abondante et qu'il est plus
facile d'y puiser pour ceux qui voudraient en faire le
soutien de leur vie dégradée.

Des considérations qui précèdent, madame, vous
pouvez facilement déduire quelle part considérable
revient en définitive au gouvernement dans l'existence et le développement du fardeau qu'impose à la
société la masse des individus qui réclament des secours. N'hésitons pas à le déclarer, il lui appartient
d'en augmenter ou d'en réduire le nombre, dans
cette portion surtout qui n'invoque qu'une assistance
temporaire, et c'est incontestablement la plus con-

sidérable : sur celle-ci il peut agir avec efficacité en supprimant ou en atténuant une à une les causes qui contribuent à amener la misère publique. Examinons-les rapidement.

Ici se présente d'abord la question des impôts. Sans nous étendre beaucoup sur ce point, disons simplement que la facilité du prélèvement en matière de contribution a été souvent dans l'application un principe funeste aux classes laborieuses. Ainsi, par exemple, on a reconnu que la taxe qui se perçoit par portions très-minimes et pour ainsi dire inaperçues, et se répartit sur une grande masse d'individus, est la plus productive et celle dont la perception donne, en général, au fisc le moins d'embarras. Les impôts dits de consommation appartiennent à cette classe, et telle est l'origine de la prédilection dont ils ont toujours été l'objet de la part des financiers. A la bonne heure ! mais il n'en pèsent pas moins de tout leur poids sur le peuple. Ils se prennent aux sources mêmes de son alimentation et en élèvent le prix à un taux qui met parfois certains articles hors de la portée du pauvre, ou bien ajoute beaucoup à ses souffrances en lui imposant les plus rudes sacrifices. Vous avez pu, madame, suivre ce qui s'est dit dans ces derniers temps au sein des Chambres, relativement à l'impôt dont est frappé le sel, cette denrée qu'élabore l'Océan et pour laquelle le peuple ne devrait payer, comme pour l'eau, que les

frais d'extraction et de transport. Elle verse au contraire chaque année dans le trésor une somme énorme
dont la plus forte portion provient des classes qui
nous occupent. Il en est ainsi de quelques autres
denrées; les droits qu'elles rendent au fisc constituent
évidemment une charge sans proportion avec les valeurs sur lesquelles elle est prélevée et qui doit ajouter à la détresse d'un grand nombre de familles.

Vous rendez témoignage, madame, au soin avec lequel j'évite les déclamations; mais, en vérité, est-il possible de ne pas reconnaître qu'un tel système blesse le
bon sens et l'équité? Vous en serez plus frappée encore
si vous considérez que les dépenses que soldent particulièrement ces taxes prélevées aux portes de nos cités,
et comprises sous la dénomination d'octroi, sont surtout faites en vue des jouissances des classes aisées et
ne tournent que pour une faible part à l'avantage
des pauvres. Sans doute, des rues parfaitement éclai-
rées, des promenades bien entretenues profitent à tout
le monde, mais plus particulièrement à ceux pour
lesquels la fortune a beaucoup fait. Le peuple, à la
rigueur, se contenterait de l'éclairage que lui pré-
pare la nature, et c'est aux champs qu'il va passer les
loisirs que lui laisse le travail. Il n'y a, ce me semble, aucune témérité à prétendre que, si les avantages de circulation, de propreté, de sécurité que
présente le séjour de nos villes, sont plus particulièrement pour les riches, leur part dans la dépense

devrait être la plus forte ; et c'est justement le contraire qui a lieu ! Il faut pourtant rappeler, pour être
équitable, que c'est sur les produits de l'octroi que
sont prélevées les sommes accordées aux hôpitaux et
hospices.

On a quelquefois parlé d'imposer quelques objets
de luxe pour diminuer d'autant tout au moins les
impôts de consommation qui pèsent le plus sur le
peuple. Mais il existe une forte prévention dans notre
pays contre ce genre de contributions, parce qu'on
les a infructueusement essayées pendant le cours de
la révolution. L'époque était effectivement très-bien
choisie ! imposer le luxe alors qu'on vient de le détruire ! Mais les temps sont bien changés ; et maintenant que la fortune publique a pris un rapide essor,
le moment semble arrivé de s'occuper de cette importante réforme à laquelle s'associeront, je n'en
doute pas, parmi les classes élevées, toutes les personnes qui ont le sentiment vrai et profond de leurs
devoirs envers la portion la plus nombreuse de la
population, j'ajouterai aussi de leur intérêt bien entendu, et ceci n'a pas besoin de commentaire après
tout ce qui a été dit précédemment. Qu'on n'argue
pas surtout de l'inefficacité de ces taxes. Elles produisent plus de cent millions en Angleterre, et n'y
ont nullement ralenti le mouvement de l'industrie.
Il n'y a pas une voiture de moins parce qu'on a imposé
les équipages ; loin de là, le nombre s'en est accru

14

chaque année au fur et à mesure que s'accroissait la fortune publique. Qui peut douter qu'il n'en fût de même en France !

Vous savez peut-être, madame, que parmi les ressources affectées aux hospices figure, pour une somme considérable, ce qu'on appelle le *droit des pauvres*. Les directeurs d'entreprises théâtrales se sont souvent récriés contre ce prélèvement quotidien opéré sur les représentations scéniques. Vous penserez sans doute qu'il faut se garder de prêter une oreille complaisante à de telles réclamations ; les infortunes de ces entreprises, qui leur permettent de porter les émoluments d'un chanteur ou d'une danseuse, à un taux qui dépasse le traitement du premier magistrat du royaume, n'excitent pas dans mon cœur de bien vives émotions. Je trouve qu'il est bien en principe d'imposer le plaisir en faveur de celui qui n'y prend pas part, et que, loin de reculer dans cette voie, il y faudrait entrer plus franchement encore.

La grande question de la liberté commerciale, qui est aujourd'hui l'objet d'importants débats, auxquels votre sexe vous rend en général étrangère, madame, se lie à celle que je viens d'examiner. Il faut donc en dire aussi quelques mots. En somme, on impose à la frontière des droits sur certains articles : d'abord parce qu'il y a là une source féconde de revenus, ensuite parce qu'on crée ainsi en faveur des produits nationaux correspondants une protection qui devient pour le producteur un actif stimulant. Ces deux résultats sont obtenus sans doute, mais ils coûtent souvent bien cher. Ainsi, nombre de familles ne mangent plus de viande à Paris ou payent à un prix très-élevé des viandes de mauvaise qualité, parce qu'il y a sur le Rhin ou dans les Alpes des lignes de douaniers qui sont chargées d'interdire aux bestiaux étrangers l'accès sur le marché national. Il est vrai que l'herbager de Normandie bénit ces taxes prohibitives qui ne permettent pas aux bœufs suisses ou allemands de lui venir faire concurrence ; mais comme, en définitive, il y a plus de consommateurs que d'herbagers, c'est un calcul fort simple à faire. Un grand ministre l'a fait tout récemment de l'autre côté du détroit, et il vient de consommer une réforme qui doit puissamment réagir sur le sort des classes laborieuses dans cette contrée. Tôt ou tard nous marcherons sur ses traces et prudemment, sans compromettre les grands intérêts engagés dans les industries protégées par les tarifs, nous entrerons, nous aussi, dans les voies d'une pacifique révolution de laquelle il faut attendre des résultats plus importants encore en France, où la population ouvrière est loin d'être tombée dans l'état déplorable que présente si fréquemment la population correspondante en Angleterre.

Quant à la liberté industrielle, nous l'avons déjà

dit, il ne saurait être question d'y porter atteinte ; mais n'est-il pas possible à l'administration de combattre les conséquences funestes à la classe ouvrière, transitoires ou même permanentes, qui résultent de la concurrence indéfinie. Il est clair, par exemple, que le travail étant plus abondant et exigeant plus d'habileté dans les villes, les salaires doivent y être d'abord plus élevés, et qu'il y a dès lors tendance à y affluer des campagnes. Mais il en est de la main-d'œuvre comme de la marchandise : quand elle surabonde, elle se déprécie. L'agglomération de la population sur un point doit donc amener parfois une réaction fâcheuse dans la rémunération du travail, tandis que par la même raison les objets de première nécessité tendent à s'élever. Vous saisirez, j'en suis sûr, madame, cet enchaînement : il y a plus de bras qui s'offrent et le travail est à vil prix ; il y a plus de bouches à nourrir et les subsistances haussent : deux causes dont l'action concourt également dans nos grands centres de population à réduire nombre d'individus à l'indigence. Sans doute il résulte bien de cet état de choses que certains produits peuvent être livrés à un prix qui semble représenter à peine quelquefois la valeur de la matière première. Mais qu'importe à l'agent immédiat de la production ? Ce n'est pas lui qui profitera du bon marché de tous les articles dont les magasins sont encombrés, lui dont il a fallu, pour pouvoir ainsi donner en quelque sorte la marchandise, réduire le salaire à tel point qu'il ne forme plus que l'équivalent du pain de la journée! Voilà, madame, en réalité, au milieu de cet afflux de travailleurs que présente une grande cité industrielle, la situation de l'ouvrier dans plusieurs états; telle est à Paris, vous ne l'ignorez pas, la condition de la presque universalité des femmes de cette classe, et il ne faut pas chercher une autre cause de tant de honteux désordres qui affligent autour de nous la morale publique, et se propagent partout ailleurs où se produisent les mêmes circonstances.

Or, je le demande, n'y aurait-il pas lieu ici à une intervention habile, réservée, mais pourtant effective, de la part de l'administration? Ne pourrait-elle pas, par de sages règlements, par des avis multipliés, par des encouragements, par des primes même, effectuer, dans de vastes proportions, le déplacement des masses industrielles de manière à diminuer la rareté des bras sur un point, à l'augmenter sur un autre, à équilibrer enfin à cet égard l'offre et la demande qui déterminent la quotité du salaire? Les vues que j'émets ici sont, j'en suis persuadé, fort praticables, et il en résulterait une grande amélioration dans le sort des classes laborieuses; on éviterait ainsi notamment ces grèves, ces coalitions qui mettent en danger la sécurité publique, et imposent précisément à la classe ouvrière, qui se plaint de l'insuffisance de ses gains, une perte réelle que ne compensera pas de longtemps la faible augmentation qu'elle arrache à des maîtres dont la situation est aussi parfois rendue fort embarrassante par la concurrence !

Un meilleur mode de système des travaux industriels dans les prisons, dans les établissements hospitaliers, dans les maisons de charité concourrait également au même but : cet objet doit fixer l'attention de l'autorité. Le commerce se récrie avec raison contre le système actuellement consacré, d'après lequel on concède au rabais à des entrepreneurs une main-d'œuvre qui devient de jour en jour plus importante. De là, une quantité de produits à vil prix qui encombrent le marché. Pour pouvoir lutter il faut que le fabricant fasse travailler à meilleur compte; et, en définitive, la différence qui s'établit entre les produits confectionnés dans ces asiles et ceux du dehors, c'est l'ouvrier qui la paye; et quand l'entrepreneur fait philanthropiquement fortune, c'est à ses dépens.

C'est surtout aux travaux des femmes que ces ouvrages, faits au rabais dans les établissements de détention et de bienfaisance, font tort. Il faut que vous sachiez, madame, qu'il en est de la couture, des broderies, et en général de tous articles confectionnés par les femmes, comme pour les travaux des hommes. Entre l'ouvrière et le commerçant qui recevra son produit, il y a un intermédiaire, c'est-à-dire une sorte de maîtresse ouvrière, qui, parce qu'elle a plus d'intelligence ou quelques fonds, reçoit la commande et distribue la besogne. C'est elle qui fait les prix, et elle les base naturellement sur ceux qui s'établissent dans les maisons où l'on confectionne en grand les mêmes objets. L'ouvrière en sous-ordre qui, dans la grande concurrence des bras, est encore trop heureuse d'être choisie, consent à donner son temps et sa peine au rabais, menacée qu'elle est de n'avoir plus rien à faire. Il ne faut donc pas dire, que les travaux accomplis dans les asiles dont nous nous occupons, par quelques milliers de femmes, ne peuvent avoir une grande influence sur ceux de plusieurs millions de personnes de ce sexe. Cette influence est certaine et déterminante pour amener l'abaissement général des salaires. Ne parlons pas en outre de tout ce qu'il y a de vicieux au point de vue de la moralité publique dans un tel état de choses, particulièrement en ce qui concerne les prisons. En effet, une masse est faite à la détenue sur le produit de son travail, de sorte que, convenablement traitée quand elle se conduit bien, elle réalise encore des économies, tandis qu'au dehors la pauvre femme restée honnête, meurt de faim.

Sans doute, de véritables difficultés s'opposent ici à une réforme générale et immédiate ; mais la question se trouvera bien avancée, lorsque l'État aura lui-même cessé, par les traités qu'il conclut avec les entrepreneurs, de donner un fondement réel au mal. Du reste, la réforme a déjà été opérée dans quelques maisons centrales; quand elle sera consommée, on parviendra à l'amener insensiblement par voie de persuasion dans les établissements confiés aux œuvres, dans les couvents où l'on comprendra quelle charité mal entendue est celle qui consiste à adopter pour assister des malheureux, un mode qui, en définitive, en accroît le nombre.

LETTRE XIV.

Je crois, madame, qu'il doit résulter pour vous des considérations auxquelles je me suis livré dans mes précédentes communications, que l'administration a encore beaucoup à faire dans l'intérêt des pauvres; qu'elle ne s'occupe pas assez de son sort; qu'elle ne le protége pas suffisamment; qu'elle livre trop à l'abandon sa misérable existence. En voulez-vous un nouveau témoignage? Nous l'avons vu en présence du fisc, considérons-le maintenant devant la loi. Qu'il ait quelque contestation, quelque plainte à élever; combien de difficultés s'opposent à ce qu'il puisse arriver à se faire rendre bonne et entière justice! La Charte parle bien de l'égalité de tous les citoyens à cet égard; mais les formes judiciaires et les frais énormes qui en sont la conséquence, annullent bien souvent pour le peuple, le bienfait de ce grand principe de notre législation politique. Frappé des inconvénients de cet état de choses M. de Vatismenil, dont l'autorité est si imposante dans une telle question, a présenté récemment à ce sujet, des considérations pleines de justesse (1). Il voudrait que ce fût le conseil de l'ordre des avocats qui constituât lui-même les comités de consultations gratuites, qui existent sans doute, à l'honneur du barreau, dans la plupart des ressorts, mais auxquels les pauvres ont rarement recours, parce qu'ils ne sont pas exemptés des frais qu'exigent les poursuites : l'indigent, dans le cas où le comité émettrait un avis favorable à sa cause, n'aurait ni droit de timbre ni autres frais à payer. Une telle mesure serait un grand bienfait, et ainsi serait remplacé dans notre pays cette belle institution de l'*avocat des pauvres*, qui honore depuis plusieurs siècles le royaume de Sardaigne.

Dans ses rapports avec l'administration, l'indigent aurait aussi bien souvent besoin d'appui ; a-t-il une réclamation à adresser, il éprouve ordinairement un véritable embarras, et s'il est dépourvu de quelque protecteur éclairé, il recule parfois devant des démarches, des formalités multipliées, comme on sait, audelà de toute mesure par l'abus de notre ré—

(1) *Annales de la Charité*, t. 1er, p. 705.

gime bureaucratique actuel et qui lui feraient perdre un temps précieux. Parfois en définitive, il abandonne la poursuite d'un point qui n'est pas toujours sans importance pour son avenir où celui de tel membre de sa famille; j'ai eu lieu de remarquer de pareils faits et j'en ai induit que la création d'une sorte *d'agence* destinée à la poursuite sans frais *des affaires des pauvres*, serait dans une foule de cas un véritable bienfait pour nombre d'entre eux.

Mais laissons ces situations exceptionnelles. En attendant qu'on adopte, conformément aux vues que j'ai précédemment émises, les mesures administratives qui affaibliraient considérablement les causes d'indigence parmi les classes laborieuses, il reste à nourrir cette masse d'individus qui ne peuvent ou ne veulent subvenir complétement à leurs besoins, et dont l'existence est, en partie du moins, une charge pour la communauté; car ils vivent, et si ce n'est pas par leur travail il faut bien que ce soit par le travail d'autrui. Il y a 20 ans, M. de Villeneuve-Bargemont, administrateur et économiste distingué, croyait pouvoir, s'appuyant sur des recherches faites avec soin, en porter le nombre à deux millions environ, c'est-à-dire à près du quinzième de la population totale; alors, par conséquent, sur notre sol si richement doté par la Providence, une personne sur 15 se trouvait dans la nécessité de réclamer constamment ou par occasion l'assistance publique pour subsister. La proportion se fût-elle réduite, ce qui est probable, depuis cette époque, elle doit être bien forte encore et décèle un état de choses dont il est à propos certes de se préoccuper. Cette situation au surplus n'est pas nouvelle, et ceci doit être mentionné à l'appui des considérations présentées ci-dessus en faveur de l'industrialisme moderne. Il faut dire que dans des temps où il était encore à naître, le nombre des pauvres se trouvait certainement plus considérable encore que de nos jours. Au seizième siècle, on comptait, à Paris seulement, sur une population qui n'était pas le quart de la population actuelle, 40,000 mendiants; et Louis XV, dans les dernières années de sa vie, si l'on en croit les annalistes de son règne, ne pouvait plus sortir de Versailles sans se voir assailli par des troupes nombreuses de gens qui lui demandaient du pain.

Vous avez sans doute entendu parler, madame, de la *taxe des pauvres* d'Angleterre. Chaque paroisse supportait ainsi un fardeau qui s'accroissait sans obstacle d'année en année, et était devenu à la fin intolérable. A ce système si vicieux en principe a été substituée, dans ces derniers temps, une organisation de secours dans des maisons de travail qui a grandement réduit le nombre des individus à secourir. En France, notre institution la plus importante sous ce rapport, c'est le *Bureau de bienfaisance*, confié aux sœurs de Saint-Vincent-de-Paul, et qu'administrent gratuitement, sous le contrôle des commissions administratives des hospices, des citoyens zélés pour le bien public. En 1843, on comptait 7,599 de ces bureaux dont les ressources ne s'élevaient pas à moins de treize millions et demi. Mais quelques-uns devraient à peine être comptés, tant leurs revenus sont faibles. Parlons surtout de ceux de Paris. Il y en a un par arrondissement. En 1844, le montant des dépenses des douze bureaux a été d'environ 1,800,000 francs. Sur cette somme, un dixième a été absorbé par les frais d'administration, proportion trop élevée encore et qui, à la vérité, ne s'accroîtrait guère si les dons provenant des bureaux devenaient plus considérables. Leur insuffisance actuelle est constatée par ce calcul, que le montant total des secours répartis entre les 66,000 individus inscrits produit en moyenne pour chacun une modique somme de 25 francs. Vous voyez, madame, qu'il est bien nécessaire que les aumônes privées viennent en aide à ces secours publics. Les charités dont les curés sont l'intermédiaire, celles de la liste civile, qui sont bien plus abondantes qu'on ne le croit généralement, enfin celles des OEuvres dont nous parlerons ci-après, forment un complément sans lequel nombre d'infortunés périraient chaque année. Du reste, l'organisation des Bureaux de bienfaisance a été, dans ces derniers temps, l'objet de remarques intéressantes. Un des maires de Paris, l'honorable M. Vée, a réclamé (1) des réformes qui ajouteraient à l'utilité de ces établissements et, constitueraient sur de plus larges bases ces secours à domicile, qui remplacent souvent avec avantage les secours plus coûteux qu'offrent les établissements hospitaliers. Les inconvénients que M. Vée signale dans l'organisation des secours accordés par les bureaux proviennent suivant lui, de deux causes principales : 1° les bureaux ne sont pas suffisamment représentés auprès de l'autorité supérieure et leur action est trop individuelle ; 2° il y a défaut d'enquête au domicile de l'indigent pour connaître ses besoins ainsi que les meilleurs moyens d'y venir en aide. C'est à l'autorité supérieure à examiner de telles propositions qui ont pour elles l'autorité de l'expérience et d'un dévouement éclairé à la cause des pauvres.

Les Bureaux de bienfaisance portaient anciennement le nom de *Bureaux de charité*. Ils l'avaient repris lors de la Restauration; mais, sous l'action de cette loi d'instabilité qui domine, dans notre pays, les grandes comme les petites choses, ils l'ont reperdu de nouveau en 1830. Ce changement eut lieu d'après le rapport de je ne sais quel commis, et sur ce curieux motif que *la charité avilit et dégrade* celui qui en est l'objet. On se demandera sans doute par quel secret le don n'aurait plus le même résultat parce qu'il se-

(1) *Du Paupérisme dans la ville de Paris*, par M. Vée, maire du Ve arrondissement. Br. in-8. (Extrait du *Journal des Économistes*).

rait fait *à titre de bienfaisance*, c'est là assurément
emprunter au dictionnaire des synonymes une analyse bien subtile et qui ne mérite guère qu'on s'y arrête. Mais s'il y a une différence, j'oserai dire qu'elle
est à l'avantage de la charité. En effet, à ce mot s'attache en général un caractère religieux et fraternel
qui affaiblit cette sorte d'humiliation résultant de
l'aumône pour celui qui la reçoit. Aussi ce reproche
d'ingratitude, si fréquemment adressé aux pauvres,
c'est surtout de la part de la bienfaisance administrative qu'il est mérité. L'indigent, qui, après plusieurs
heures d'attente, obtient d'un commis impatient et
dédaigneux, un bon de pain ou de bois, ne paraît
pas en général, je l'avoue, en sortant du bureau de
son quartier, pénétré d'un bien vif sentiment de reconnaissance ; mais souvent au contraire cette faible
offrande qu'inspire l'esprit de charité et qu'accompagnent de ces paroles, de ces témoignages d'intérêt
qui relèvent le courage et raniment l'espérance, pourra laisser de profondes traces dans son cœur !

Je crois, au surplus, qu'on n'a pas assez songé,
jusqu'ici, à tout le parti qu'on pourrait tirer des pauvres eux-mêmes pour intervenir entre cette portion
de la société qui donne et celle qui reçoit. Dans une
foule de cas, cette intervention serait hautement morale et salutaire ; la charité administrative en serait
mieux faite. Qui plus que le pauvre, en effet, est
mieux à même de connaître les besoins du pauvre,

et qui est plus disposé à y compatir! Je trouve, à ce
sujet, dans un recueil, auquel j'ai fait plus d'un emprunt, une page pleine de détails intéressants et vrais
que je placerai sous vos yeux (1) : « On parle de la
charité du riche, mais celle du pauvre passe trop
fréquemment inaperçue. Il la fait cependant souvent
d'une manière admirable; l'obole de l'Évangile tombe
presque tous les jours de ses mains. Ce qu'il donne est
son nécessaire; et s'il n'a point même ce nécessaire
à partager, il offre son temps, si précieux pour lui,
ses prières, sa compassion, non-seulement au malheureux qu'il connaît et qu'il aime, mais à la première infortune qui vient frapper sa vue. Qu'un
homme tombe d'inanition dans la rue, ce sont les
plus pauvres, les plus besogneux d'entre les passants
qui l'entourent, le relèvent, le traitent en ami et le
transportent dans une boutique voisine dont la porte
est ouverte avec empressement. Alors le pain, le
bouillon, le vin, les gros sous accablent l'infortuné
qui n'avait rien tout à l'heure; il remercie bien, mais
sans étonnement; sans doute il avait fait quelquefois
l'aumône qu'on vient de lui rendre; c'est chose toute
simple à ses yeux et à ceux des autres qui l'ont rap-
pelé à la vie. L'ouvrière, épuisée par le travail de sa
journée, va frapper à la porte de sa voisine malade :
elle la voit seule, délaissée, passe la nuit auprès

(1. M. de Godefroy, *Annales de la Charité*, t. I, p. 384.

d'elle, retourne le lendemain au labeur obligé, revient encore le soir au lit de douleur et se croit sans mérite, parce qu'il ne lui entre pas dans l'esprit qu'on puisse agir autrement. La malade a besoin de sucre, de tisane, et manque d'argent ; l'ouvrière prête sa modeste bourse, sans être persuadée qu'elle lui sera rendue ; le mari de cette femme trouve qu'elle fait bien, et que les gens qui ont des bras n'ont pas si grand besoin de se préoccuper du lendemain ! »

Parmi les OEuvres qui ajoutent à l'assistance dont les Bureaux de bienfaisance ou de charité sont la source, je citerai la *Société philanthropique* dont j'ai déjà signalé les dispensaires. Cette société ouvre, chaque hiver, dans divers points de la ville, des fourneaux où sont distribuées, sur présentation de bons que délivrent ses membres, des portions de soupes ou de légumes que l'indigent peut manger sur place ou emporter chez lui. En 1843, environ 400,000 portions ont été ainsi distribuées pendant la saison rigoureuse ; dans plusieurs arrondissements ou paroisses il existe des associations de dames qui, de concert avec les sœurs des bureaux, distribuent aux pauvres des secours en nature ou bien leur procurent des moyens de travail. Tel est plus particulièrement le but de la *Société des Amis des pauvres*, présidée par M. Meyer, ainsi que de la *Filature des indigents*, établissement fort intéressant fondé par l'administration des hospices et qui a occupé, en 1844, 4,195 fileuses et 148 tisserands. La femme indigente, qui désire du travail, reçoit, sous la garantie de quelque personne notable, un rouet, un dévidoir et une certaine quantité de filasse, moyennant quoi elle peut gagner de 50 à 75 centimes par jour.

Je m'arrêterai un instant, madame, sur une fondation assez récente qui se rattache à l'établissement dont je viens de vous parler. Vous avez vu qu'il existe à Paris un grand nombre d'ouvroirs consacrés aux jeunes filles. En général, ces ouvroirs font partie de l'asile où sont admises dès leur première enfance les orphelines, et ils complètent l'enseignement qu'elles y reçoivent. Ils ne sont par conséquent pas une ressource pour les femmes indigentes sans ouvrage. Au contraire, il arrive, ainsi que je l'ai montré précédemment, qu'ils leur font une concurrence fâcheuse en amenant la baisse générale de la main d'œuvre. Mais de là devait naître l'idée d'ouvroirs spéciaux pour les femmes placées dans cette situation. Cette idée a eu un commencement de réalisation, grâce à l'impulsion donnée par M. l'abbé Pételot, dont j'ai eu déjà occasion de signaler le dévouement pour la cause des pauvres : un ouvroir existe depuis le mois de juillet 1845, rue Tivoli, 5, dans la paroisse dont M. Pételot est le digne pasteur.

L'ouvroir Saint-Louis-d'Antin est spécialement surveillé par un comité dont font partie huit dames protectrices. L'organisation en est fort simple. Les tra-

vaux qui sont commandés par des maisons de commerce avec lesquelles l'Œuvre est en relations, sont
répartis entre les ouvrières selon leur aptitude. Une
des dames fait les fonctions de trésorière ; elle s'occupe de la comptabilité, de concert avec la maîtresse
d'atelier, qui reçoit le prix des ouvrages confectionnés et règle avec les ouvrières. Du reste, le travail
n'est point là au rabais ; on ne traite qu'avec les
maisons qui consentent à le payer ce qu'il vaut ;
mais il est prélevé une retenue sur le produit pour
couvrir l'Œuvre d'une partie de ses frais. Ce prélèvement est, comme vous pensez, madame, fort mo-
déré et n'empêche pas qu'une bonne ouvrière, travaillant à un ouvrage avantageux, ne puisse gagner
dans une journée bien employée jusqu'à 1 franc 50
centimes. Le gain n'est pas aussi élevé pour tous les
travaux, mais la retenue n'est effectuée que sur ceux
qui produisent à l'ouvrière un salaire suffisant. On
admet qu'en moyenne la journée ne soit que de 50
à 60 centimes ; mais il faut bien comprendre qu'il
ne s'agit nullement d'organiser en quelque sorte une
fabrique, un atelier rival de ceux qui existent. Ce
qu'on veut, c'est offrir un complément aux moyens
de travail actuel, un asile où les femmes aient recours quand elles ne peuvent faire mieux. Si elles ne
se présentent pas à l'ouvroir, c'est qu'elles ont du
travail ailleurs. Au contraire, quand elles en manquent, l'ouvroir est là pour seconder leurs intentions

laborieuses, et, comme le fait remarquer avec beaucoup de justesse l'auteur d'une notice à laquelle sont
empruntés ces faits intéressants (1), « si, au lieu de
s'adresser à l'ouvroir, elles allaient frapper à la porte
du bureau de bienfaisance et qu'elles obtinssent des
secours, que recevraient-elles? La valeur de 5 centimes par jour (telle est, à Paris, la moyenne des secours accordés à chaque indigent par les bureaux).
Voilà donc qu'au lieu d'une aumône de 5 centimes
par jour, elles gagnent par un travail honorable 50
à 60 centimes. Il y a là un double avantage dont il
impossible de contester l'importance. »

L'ouvroir est ouvert tous les jours de huit heures
du matin à huit heures du soir. La journée commence et se termine par la prière. De jeunes femmes
qui allaient tomber dans le désordre, des personnes
âgées que les coups du sort ont plongées dans la
détresse, se trouvent réunies dans cette enceinte où
règne, sous l'inspection des dames protectrices, un
ordre silencieux. Cet établissement compte à peine
dix-huit mois d'existence, et déjà 840 *femmes sont
inscrites et obtiennent de l'ouvrage quand elles en
ont besoin.* Ceci suffit assurément pour démontrer
l'avantage d'une telle fondation et faire comprendre
combien il serait utile qu'elle fût imitée dans les

(1) M. le vicomte de Lambel, *Annales de la Charité*, 3ᵉ année,
2ᵉ livraison.

autres arrondissements, notamment dans ceux où les pauvres sont en bien plus grand nombre que dans celui où l'ouvroir des femmes a pris naissance.

La *Société de Saint-Vincent de Paul*, enfin, qui gagne chaque année en importance, a pour objet principal la visite des pauvres; elle se compose en grande partie de jeunes gens aux élans nobles et généreux, et qui, dans cette période de la vie où tant d'autres sont tout entiers livrés à de coupables égarements, accordent une pieuse sollicitude au malheur. Ils se distribuent les familles les plus nécessiteuses, leur portent des aumônes, confient les enfants aux associations spéciales, et encouragent les adultes au travail. La Société se divise en *conférences*, qu'unit et dirige un conseil général. Le nombre des conférences est de trente-cinq et celui des membres de la Société de près de douze cents. Trois mille familles sont moyennement secourues par elle. L'OEuvre a établi en outre des conférences dans cent deux villes ou lieux principaux de France. Rien assurément n'est plus désirable que de voir s'étendre de jour en jour davantage une association également précieuse par le bien qu'elle fait, et à ceux qui reçoivent les secours et à ceux qui les distribuent.

Signalons ici une création récente de cette œuvre qui peut avoir les plus salutaires effets: il s'agit d'une *caisse d'économie pour les loyers des familles ouvrières et indigentes.* Il serait à désirer que cette institution prît un grand développement. On sait que l'impossibilité où les pauvres sont de payer leur loyer est une des causes les plus fréquentes de détresse par les suites qu'elle entraîne. La caisse reçoit les petits versements des familles, et accorde une prime proportionnée au montant des sommes versées; il y a donc là un double bienfait dont l'extension ne saurait être trop encouragée.

Parlons maintenant des institutions qui ont directement pour but l'extinction de la mendicité. En principe, elle est un délit que punissent nos lois; mais elle constitue un fait difficile à extirper et qui a son prétexte tant que les moyens de secours seront encore incomplets. Sous l'Empire, on avait organisé dans chaque département des dépôts où les mendiants étaient placés et contraints de travailler. L'organisation de ces établissements avait été un peu fastueuse. La plupart tombèrent avec le règne qui les avait vus naître. Peu de départements possèdent encore de ces asiles contre lesquels, au surplus, se sont vivement élevés nombre de personnes recommandables. Il est pourtant évident qu'ils doivent être compris dans le plan général combiné pour faire complétement disparaître la mendicité. En vain les secours donnés individuellement auront pris toutes les formes et seront indéfiniment multipliés. Il restera toujours des individus à qui il faudra procurer une retraite en leur imposant, s'ils sont valides, l'obligation de ga-

gner leur subsistance par des travaux adaptés à leurs
forces et à leur capacité. Sans de telles maisons, les
prohibitions et les menaces resteront lettre morte, et
il arrivera toujours çà et là ce qu'on remarque en
traversant diverses parties de la France, où parfois
on voit une main se tendre furtivement au voyageur
au-dessous même du poteau sur lequel sont inscrites
ces paroles : *La mendicité est interdite dans ce département.*

Une Société s'est formée à Dijon récemment pour
purger la ville du fléau de la mendicité. Cette OEuvre,
dont la marche, très-sage, mérite de fixer l'attention,
a fort bien reconnu l'impossibilité de remplir la tâche
qu'elle s'est donnée sans une maison de travail, où
sont placés certains individus dont on ne pourrait
rien faire si on ne les soumettait, au moins pour un
temps, au régime du dépôt. Diverses tentatives semblables ont été réalisées avec succès dans d'autres
villes.

Quand l'asile qui s'ouvre aux pauvres est en dehors des villes, l'établissement prend le nom de
Colonie agricole, avec lequel nous avons déjà fait
connaissance à propos des enfants trouvés. Quelques
essais de ce genre ont été faits dans notre pays :
telle est, par exemple, la *Colonie d'Ostwald* près de
Strasbourg, qui ne date que de 1841. On y admet des mendiants valides, qui y trouvent du
travail et y sont dirigés vers des habitudes d'ordre

et de moralité. Déjà quelques centaines de ces mendiants ont passé par cet asile et en sont sortis, guéris
de leur paresse invétérée, pour se placer plus avan-
tageusement ailleurs. Si, comme on l'espère, les
produits du travail s'élèvent au point de former l'é-
quivalent des frais d'exploitation, le résultat aura une
grande importance, d'autant plus que la valeur de
la propriété, qui consistait principalement en maré-
cages, aujourd'hui couverts de récoltes, a été presque
doublée. Toutefois, on ne peut encore se prononcer
définitivement au sujet des colonies agricoles. L'application de ce système à l'extinction de la mendicité exigerait des capitaux considérables, et la réus-
site dépend d'une foule de circonstances qui rendent
toujours fort douteuses de telles entreprises. C'est du
moins la conclusion à laquelle est arrivé un écrivain
qui a visité avec le plus grand soin les célèbres colonies de Hollande, le plus vaste établissement de
ce genre qui ait été fondé jusqu'ici, et en a fait l'objet d'une étude fort intéressante (1).

Je citerai cette conclusion : « Les expériences faites
jusqu'à ce jour ne sont pas suffisantes ; il faut attendre
encore pour se prononcer et remarquer que, par la
force des choses, les colonies de Hollande sont deve-
nues aussi industrielles qu'agricoles. Il faut bien se
rendre compte des difficultés que présente l'organi-

(1) M. de Thury, *Annales de la Charité.*

sation de grandes colonies ; il faut se répéter que pour les mendiants proprement dits, que pour les vieillards et les invalides le régime des dépôts de mendicité et des hospices est préférable ; que pour les indigents valides appartenant aux villes les colonies n'offrent pas de ressources dans le cas d'infortunes temporaires et accidentelles ; qu'elles n'ont des avantages que pour les populations rurales ou pour les indigents qui y entrent volontairement comme dans un asile, dans un lieu de refuge, et avec l'intention d'y passer quelques années ! »

Disons, pour terminer ce qui concerne cette question de l'extinction de la mendicité, qu'elle ne sera jamais complétement résolue sans le concours de l'administration supérieure. Les tentatives partielles des localités ne pourront amener que des résultats sans importance ; il n'y aura nul accord dans les mesures, et souvent celles qui seront prises sur un point contrarieront celles qu'on adoptera dans un autre. Il n'en serait point ainsi sans doute si l'impulsion était donnée uniformément d'en haut ; on s'est souvent élevé contre la centralisation administrative, qui est pourtant en somme la base de la force et de la grandeur de notre nation. Cette centralisation a ses conséquences abusives ; mais ici le principe en serait appliqué avec un grand avantage, et l'on ne tarderait pas à en voir naître d'heureux effets.

On peut dire au surplus qu'au siége même du gou-

vernement, cette portion de l'administration publique qui touche au bien-être des masses, au soulagement des misères du peuple, n'est point en réalité
organisée. On fait monter à environ 115 millions et
demi les sommes qu'absorbent chaque année tous
nos établissements de bienfaisance. Comment, en définitive, est administré ce budget du pauvre? Où est
l'unité de direction? Chaque année le ministre de
l'intérieur distribue sur cette somme quatre à cinq
cents subventions, à des établissements, à des œuvres
charitables; mais a-t-il bien conscience lui-même
que cette répartition est toujours judicieusement
faite, qu'il ne cède jamais aux importunités, aux exi-
gences d'amis qui ont en vue tout autre chose que
des infortunes à secourir, et à qui il importe fort peu
que les secours arrivent aux plus dignes, aux plus
malheureux? Plus on examine cette question et plus
on reconnaît qu'en matière de charité tout est à peu
près livré au hasard des impulsions individuelles ou
locales, et qu'il y a une grande lacune à remplir. Ceci
m'a depuis longtemps frappé, et l'étude à laquelle je
viens de me livrer, madame, n'a pu que me confir-
mer plus encore dans mes idées sur ce point. Il m'a
semblé que le moment est arrivé de consacrer à un
objet qui croît de jour en jour dans l'estime de la
société, une véritable institution; il m'a semblé qu'*un
conseil royal de la bienfaisance publique*, dépendant
du ministère de l'intérieur, serait une création de la-

quelle devraient être attendus les plus importants résultats. De ce conseil ressortiraient tous les établissements destinés au soulagement d'une infortune, d'une
souffrance quelconque. Dans son sein seraient préparés toutes mesures, toutes propositions, tous règlements conçus dans ce but; à ses délibérations seraient soumises une foule de questions d'un ordre
élevé, que je n'ai pu qu'effleurer dans ce travail, et
dont la solution peut exercer une haute influence sur
la condition sociale dans notre pays. Des rapports,
des mémoires, des documents, qui ont souvent un
grand intérêt, ne resteraient plus alors enfouis dans
des cartons où souvent la trace de leur existence est
perdue même pour l'employé qui les a enregistrés.
Enfin le gouvernement aurait répondu à cet appel
qui lui est si souvent adressé en faveur des classes
ouvrières, appel qu'il faut écouter maintenant que
l'ordre, la paix sont assurés, si l'on veut préserver
l'avenir de la France de ces orages que l'observa-
teur attentif voit se former lentement à son horizon.
Je ne crois pas me tromper, madame, un tel conseil,
si ses rangs étaient remplis par des hommes versés
dans les questions d'administration charitable et animés d'une généreuse sympathie pour l'infortune,
deviendrait la source d'un bien immense ; ce serait
là une de ces institutions qui obtiennent l'adhésion
universelle et suffisent presque pour honorer un
règne dans les souvenirs de la postérité.

Ce n'est pas aujourd'hui, et dans notre pays seulement, au surplus, qu'on a compris la nécessité de coordonner, d'organiser tous les objets qui se rapportent à la charité publique ; et, en 1845, le roi des Belges, donnant un bel exemple, a formé, sur le rapport de son ministre de la justice, une commission ayant pour objet de rechercher « les lacunes qui existent dans les institutions consacrées au soulagement des classes ouvrières et indigentes du pays, et d'indiquer au gouvernement les moyens de les combler. »

Une création nouvelle, qui ne doit pas être passée sous silence dans le tableau que j'ai voulu soumettre à vos regards, madame, contribuera, j'en ai la confiance, à amener, dans un temps plus ou moins éloigné, le résultat auquel tendent les considérations qui précèdent. C'est celle d'une société d'*économie charitable*, qui a pour objet l'étude et la discussion de toutes les questions qui tiennent à l'amélioration du sort des classes pauvres. Je vous ai souvent parlé, dans le cours de ce travail, de dissentiments soulevés par ces questions. Vous l'avez vu, à chaque pas la contradiction se produisait devant vous ; car, il le faut avouer, on trouverait à peine un point sur lequel les personnes qui s'occupent de ces matières soient tout à fait d'accord. Eh bien ! n'est-ce pas là un puissant motif d'appeler le concours de toutes les intelligences sérieuses, de toutes les volontés prononcées pour le bien! La vérité, qui est quelque part, devra nécessairement sortir de l'examen. Elle n'a pas pris, jusqu'à ce jour, une autre marche dans les voies diverses de la connaissance humaine; n'est elle pas toujours en effet cette vive étincelle qui jaillit du choc des corps qu'on met en contact pour la produire!

C'est donc une heureuse pensée que celle de cette Société. Une foule d'hommes distingués, appartenant aux corps savants, à la magistrature, à l'administration, et qui pour la plupart consacrent leurs soins à telle ou telle des Œuvres sur lesquelles j'ai appelé votre attention, se sont empressés de donner leur adhésion à ce projet. Le nombre des membres, qui, d'après les statuts, ne devait être que de cent, a été bientôt complété. La Société s'est constituée le 31 janvier, sous la présidence de M. le vicomte de Melun, son actif promoteur, et elle est entrée immédiatement dans le vaste champ de recherches qu'elle doit explorer, et où l'accompagneront nos vœux sincères et ardents.

J'achève, madame, cette rapide excursion que j'avais entreprise au travers des Œuvres et moyens divers de secours dus jusqu'à ce jour à l'esprit de charité. Je m'étais tracé par avance une marche qui consistait à considérer chaque classe d'infortunés

dans ses rapports avec le travail, fondement de l'existence sociale; j'ai tâché d'y rester fidèle; et de ce
point de départ nous avons été amenés naturellement à des vues qui ne sont pas, vous avez pu le reconnaître, sans intérêt. Dans cette énumération, dans
cette analyse de tous les genres de misères et de
souffrances, triste page de l'histoire de l'humanité,
je n'ai point omis les aspects consolants du tableau.
Le mal est grand, mais la sollicitude qu'il éveille est
grande aussi, et l'on peut avec quelque orgueil l'opposer au profond désordre moral de notre époque.
Il ne faut pas désespérer d'une société qui, parmi ses
tendances funestes, trouve encore le temps et l'occasion de faire autant de bien.

Et maintenant, madame, merci pour l'accueil
bienveillant qu'a obtenu de vous cette correspondance que je vais clore dans un instant ! Merci pour
ce doux sentiment de commisération que mes paroles ont pu exciter en vous en faveur de la cause des
pauvres ! J'ai su que parfois vous avez dédaigné quelqu'une de ces lectures saisissantes où inclinent les
femmes dans notre temps pour porter votre attention sur ces feuillets que je vous adressais, et où,
ainsi que je vous l'ai dit au début, devait surtout ap-
paraître une inspiration honnête, un sincère désir
du bien-être de ces masses populaires trop souvent
exploitées dans des vues de parti. J'ai su cela, et j'en
ai été profondément touché. Je lis dans cette préfé-

rence bienveillante un résultat qui sera la véritable récompense de mes efforts. Oh ! oui, quand j'apprendrai que, parmi l'éclat qui vous entoure, il y a toujours dans votre cœur une émotion, dans vos yeux une larme pour le malheur ; que le pauvre vieillard tombé dans le dénûment, que la malheureuse veuve sans ressources, que la jeune fille placée entre la faim et l'infamie ne s'adresseront jamais en vain à vous ; que parfois même vous n'aurez pas reculé devant l'asile de misère et de dégradation, où il y avait des secours, des consolations à apporter, quelle vive satisfaction je ressentirai en songeant que je n'aurai pas été tout à fait étranger à de tels actes de bienfaisance ! C'est alors que je trouverai que mon travail n'a point été stérile, que je serai heureux de l'avoir entrepris et fier d'un succès qui le classera parmi ces productions, faites pour susciter les pensées et les actions utiles à l'humanité souffrante , et désormais appelées à figurer, dans notre pays, au nombre des plus importantes œuvres de l'intelligence !

J'ai l'honneur, etc.

FIN.

APPENDICE.

LISTE INDICATIVE, PAR ORDRE ALPHABÉTIQUE, DES ŒUVRES ET
ÉTABLISSEMENTS CHARITABLES, ET DES SECOURS PUBLICS
CONSACRÉS AUX CLASSES PAUVRES DE PARIS.

ACCOUCHEMENT (Maison et école d'), dite *la Maternité*, rue de la Bourbe, 3.

525 lits fondés par Catherine Marion, veuve d'Arnaud d'Andilly, en 1625.

On y admet toutes les femmes enceintes parvenues au huitième mois de leur grossesse.

ACCOUCHEMENT (Société médicale d'), fondée en 1836, sous le patronage de la reine, a pour but le traitement à domicile et gratuit des femmes en couche. Des sages-femmes sont attachées par arrondissement à la société ; des secours en nature sont accordés par la reine, l'administration des hospices et les bureaux de bienfaisance aux femmes admises.

S'adresser aux médecins titulaires de chaque arrondissement.

ADOPTION (Société d'). Voy. *Enfants trouvés*.

ADULTES (Classes gratuites d'). Ces classes, destinées à la population ouvrière, aux domestiques des deux sexes, ont lieu le soir, et sont généralement dirigées par des maîtres laïques ou membres des congrégations, qui font les classes du matin à l'enfance ; elles ont lieu dans les mêmes locaux.

ALIÉNÉES CONVALESCENTES (Société pour le patronage des). Président, Monseigneur l'archevêque de Paris. Place dans des maisons de charité les femmes guéries à leur sortie de l'hôpital.

M. Daucher, agent, rue Saint-Guillaume, 27.

ALIÉNÉS CONVALESCENTS (Société de patronage pour les), fondée en 1843. Visite et secourt les aliénés sortis des hospices de Paris, après guérison.

Président, M. le duc de Liancourt.

M. le docteur Trélat, secrétaire, à la Salpêtrière.

AMIS DE L'ENFANCE (Société des), pour l'éducation et l'apprentissage des jeunes garçons pauvres de Paris, fondée vers 1828.

Président, M. le comte Beugnot, pair de France.

La société admet les enfants entre huit et quatorze ans, et se charge de tous les frais. Elle en place un certain nombre dans les maisons de Saint-Nicolas et de Saint-Firmin (Voy.); elle en met d'autres en apprentissage, après la première communion, chez des maîtres choisis, chez lesquels on les patrone et les surveille. — Elle a établi, rue Ménilmontant, 6, une Maison dite de *famille,* ouverte le dimanche aux apprentis.

S'adresser pour obtenir l'admission d'un enfant, avant le 1er avril de chaque année, à M. Adrien Cramail, secrétaire, place Saint-Germain-l'Auxerrois, 24.

AMIS DES PAUVRES (Société des). A pour but de tirer les indigents de leur position, en leur faisant des avances pour achat d'outils et des matériaux nécessaires.

M. Louis Meyer, président, quai de Béthune, 2.

ANNALES DE LA CHARITÉ (Société pour les, publication périodique. Distribue entre les œuvres les bénéfices faits sur la publication du recueil, dont la rédaction est gratuite.

Bureau, rue de la Planche, 25.

ANNEXE DE L'HOTEL-DIEU, hôpital général, rue de Charenton, 91. — 300 lits. — Fondé en 1669, par la présidente d'Aligre. — Desservi par les dames Augustines.

APPRENTIS (Œuvre des), sous la présidence de Monseigneur l'archevêque de Paris, fondée en 1843. A pour objet : 1° de placer chez des maîtres sûrs et habiles, les enfants à la sortie des écoles et de les surveiller pendant le temps de leur apprentissage; 2° d'ouvrir des écoles du soir pour les enfants occupés dans les ateliers. Ces écoles sont sous la direction des frères.

L'OEuvre reçoit en outre dans des établissements que dirigent des frères, environ 1,000 enfants qui, moyennant 20 ou 25 fr. par mois, sont logés, nourris, entretenus, et apprennent un état. — L'OEuvre est dirigée par un conseil d'administration; le patronage des enfants est exercé par des dames.

S'adresser pour les demandes d'admission, à M. le vicomte de Melun, rue de la Chaise, 22.

ASILE (Salles d'), reçoivent gratuitement pendant le jour les petits enfants de l'un et de l'autre sexe, âgés de 2 à 6 ans, que leurs parents ne peuvent garder chez eux. Ils sont surveillés par une commission de dames, et placés sous l'autorité du comité central de l'instruction publique et des comités locaux. — Il existe actuellement à Paris 19 asiles, qui sont ouverts tous les jours, du 1er mars au 1er novembre, de 7 heures du matin à 6 heures du soir; et du 1er novembre au 1er mars, de 9 heures du matin au coucher du soleil. — Un médecin est attaché à chaque asile.

AVEUGLES (Institution royale des), boulevard des Invalides, 82, fondée en 1786, par Valentin Haüy; régie par un directeur assisté d'une commission consultative, sous l'autorité du ministre de l'intérieur; destinée à l'éducation des enfants privés de la vue, de l'un et de l'autre sexe. — 120 bourses gratuites, réparties en 1/2 et 3/4 de bourses. — Age d'admission de 9 à 13 ans. — Instruction intellectuelle, musicale et professionnelle. — L'institut reçoit des pensionnaires; les places gratuites sont à la nomination du ministre de l'intérieur. La demande doit être accompagnée : 1º de l'acte de naissance; 2º d'un certificat de cécité et de vaccine; 3º d'un certificat constatant que la famille est dans l'impossibilité de pourvoir aux frais d'instruction.

Directeur, M. Dufau.

AVEUGLES (Société de patronage et de secours pour les), fondée en 1841, par M. Dufau, pour venir en aide aux aveugles qui veulent vivre du produit de leur travail. — A créé un atelier, boulevard d'Enfer, 8, pour un certain nombre d'ouvriers.

Président, M. le comte Portalis.

AUVERGNATS (Jeunes). Voyez *Saint-François-de-Salles* (OEuvre de).

BEAUJON (Hôpital), consacré à tous les genres de maladie, rue du Faubourg-du-Roule, 54. — 400 lits. — A été fondé en 1780, par le receveur général des finances, Beaujon. — Desservi par les sœurs de Sainte-Marthe.

BIBLIOTHÈQUES PAROISSIALES, formées pour le prêt gratuit, ou moyennant une très-faible indemnité, de bons livres ; — établies dans les paroisses de Saint-Thomas-d'Aquin, Saint-Sulpice, Saint-Roch, Saint-Severin, Saint-Merry.

S'adresser à MM. les curés.

BICÊTRE. Voyez *Hospice de la vieillesse* (hommes).

BIENFAISANCE (Bureaux de), au nombre de douze, d'un dans chaque arrondissement. Les bureaux de bienfaisance sont placés sous la direction du préfet de la Seine, et du conseil général des hospices. Chaque bureau se compose du maire et de douze administrateurs, qui sont assistés de commissaires et de dames de charité. Chaque bureau a une maison centrale pour l'administration, et des maisons de secours confiées aux sœurs de Saint-Vincent-de-Paul. Nul indigent n'est admis aux secours et inscrit au livre des pauvres que sur la délibération des bureaux. Un recensement des individus inscrits a lieu tous les trois ans. L'inscription est de droit pour les vieillards de 65 ans et au-dessus pour les infirmes et individus atteints d'une affection chronique qui les met dans l'impossibilité de pourvoir à leur subsistance ; diverses classes d'indigents ont droit à des secours temporaires.

S'adresser à MM. les maires.

BIENFAISANCE (Société helvétique de), rue Saint-Honoré, à l'Oratoire, a pour but de venir au secours des Suisses pauvres qui se trouvent à Paris.

BON PASTEUR (Œuvre du), fondée par une association de dames, en 1821, avec le concours de l'abbé Legris-Duval ; s'occupe de ramener au bien les jeunes filles détenues à Saint-Lazare ; les pénitentes, âgées de 16 à 23 ans, entrent dans une maison de refuge, rue d'Enfer, 83, et y sont consacrées à la prière et au travail ; puis placées plus tard comme ouvrières ou domestiques.

Madame la comtesse de Noailles, présidente, rue Saint-Dominique, 31.

BON SECOURS (Association du), fondée en faveur des pauvres de la paroisse de Saint-Eustache.

S'adresser au curé de cette église.

BUREAU CENTRAL pour l'admission aux hospices et hôpitaux, place du Parvis-Notre-Dame, 2.

Tous les indigents qui veulent entrer dans les hôpitaux et hospices, sauf les cas d'urgence ou de spécialité, doivent se présenter au bureau central qui siége tous les jours de 9 heures du matin à 4 heures du soir, et le dimanche jusqu'à midi. Les médecins composant le bureau délivrent au malade le bulletin indicatif de l'établissement où il doit se rendre.

CATÉCHISMES (OEuvre des), dite aussi des *paroisses*, formés dans la plupart des églises, quelques-uns sous la dénomination spéciale de *la Sainte Famille,* pour fournir l'habillement aux enfants pauvres qui font leur première communion. Quelques-unes de ces associations suivent et patronent les enfants dans l'apprentissage.

S'adresser à MM. les curés.

CHARENTON (Maison royale de), à Charenton, près Paris. — 900 lits. — Établissement consacré à la guérison de l'aliénation mentale, régi par un directeur, assisté d'une commission consultative sous l'autorité du ministre de l'intérieur. — On y est admis, à titre gratuit, sur nomination émanée du ministre. — Pension à taux divers. — Desservie par les sœurs de Saint-Vincent-de-Paul.

M. Leterme, directeur.

CHARITÉ (Association des dames de). Elles existent dans la plupart des paroisses de Paris, sous la présidence des curés, et se réunissent périodiquement au presbytère. Ces dames se partagent les pauvres, les visitent et leur remettent des secours.

Quelques autres associations analogues sont formées par arrondissement, et placées plus spécialement sous l'influence de l'administration municipale.

CHARITÉ (Hôpital de la), rue Jacob, 17. — 503 lits. — Consacré à tous les genres de maladie. — Fondé en 1602, par Marie de Médicis. — Desservi par les dames Augustines.

CLINIQUES (Hôpital des), place de l'École de Médecine, fondé en 1801. — 120 lits. — Se compose de trois cliniques : une

16

de médecine, une de chirurgie et une d'accouchement. Est réservé aux maladies qui présentent un intérêt particulier sous le rapport de l'art médical.

COCHIN (Hôpital), rue du faubourg Saint-Jacques, 45. — 114 lits. — Consacré à tous les genres de maladie. — Fondé en 1782, par Cochin, curé de Saint-Jacques. — Desservi par les sœurs de Sainte-Marie.

COEUR DE MARIE (Asile du), rue Notre-Dame-des-Champs, 21. — Fondé en 1840, par l'œuvre de la visite des pauvres malades (femmes) dans les hôpitaux. Reçoit les jeunes filles convalescentes jusqu'à ce qu'elles aient des moyens assurés d'existence. On leur donne à leur sortie des vêtements et du linge.

Mademoiselle Loison de Guinaumont, directrice.

CONSULTATIONS JUDICIAIRES GRATUITES. Sont données chaque mardi par les avocats stagiaires, réunis en conférence sous la présidence du bâtonnier. Sur ces consultations, les chambres d'avoués désignent des avoués qui prêtent gratuitement leur ministère aux indigents.

CONSULTATIONS MÉDICALES DU BUREAU CENTRAL, place du Parvis-Notre-Dame, 2.

Ces consultations, qui sont données à tous ceux qui les réclament, ont lieu chaque mercredi de 10 heures à 1 heure. Des traitements extérieurs pour diverses maladies sont également organisés au bureau.

Des consultations gratuites ont pareillement lieu dans les divers hôpitaux, ainsi que par les médecins du bureau de bienfaisance et des dispensaires de la société philanthropique.

CRÈCHES (Société des). A pour but de seconder la fondation de ces asiles où sont reçus les enfants allaités par leur mère. — La première crèche a été fondée à Chaillot, par M. Marbeau, adjoint du 1er arrondissement. Il en existe actuellement 16. Les enfants sont confiés à des berceuses sous la direction des sœurs de la Charité et la surveillance des dames inspectrices des salles d'asiles.

DEVILLAS (Hospice, rue du Regard, 28. — 35 lits. — Fondé en 1832, par M. Devillas, pour les indigents des deux sexes, âgés de 70 ans.

DIACONESSES PROTESTANTES (Institution des). A pour objet d'instruire et de diriger dans la pratique de la charité active, les femmes protestantes qui veulent se dévouer au soulagement des misères, et particulièrement au soin des malades, des enfants et des pauvres. Ce sont des sœurs de la charité, moins la règle monastique ; elles sont placées sous la surveillance d'un comité de direction, composé de deux pasteurs appartenant aux deux églises protestantes. L'OEuvre, dont le siége principal est rue de Reuilly, 93, comprend diverses sections consacrées aux enfants, aux jeunes filles dites repenties et aux malades.

DISPENSAIRES. Voyez *Philanthropique* (société).

DOMESTIQUES (OEuvre du placement pour les). S'applique exclusivement aux femmes en service ; les reçoit sur renseignements, quand elles sont sans place, dans une maison située rue Chanoinesse, 2, en attendant leur placement. Cette maison est dirigée par des religieuses Ursulines.

ÉCOLES CHRÉTIENNES. Voyez *Primaires* (écoles).

ÉCOLES CHRÉTIENNES GRATUITES DU Xe ARRONDISSEMENT (Société charitable des). S'occupe de surveiller et d'encourager les enfants pauvres du Xe arrondissement qui suivent les écoles ; elle leur accorde comme récompense des dons divers en nature.

M. Vallier, secrétaire, rue des Saints-Pères, 59.

ÉCONOMES (Association des jeunes), fondée en 1823. A pour but de pourvoir à l'éducation, au placement et à l'entretien des jeunes filles pauvres de la ville de Paris ; se compose d'un nombre illimité de jeunes personnes associées qu'administre un conseil choisi dans leur sein, et présidé par un ecclésiastique à la nomination de Monseigneur l'archevêque de Paris. Les enfants qui sont admises restent dans l'OEuvre jusqu'à 18 ans, et reçoivent alors, si leur conduite a été constamment bonne, un trousseau neuf et complet. L'œuvre a, rue de l'Arbalète, 25 bis, un établissement confié aux sœurs de Saint-Vincent-de-Paul.

Mademoiselle Lauras, directrice, rue Meslay, 9.

ENFANCE DÉLAISSÉE (OEuvre de l'), rue Notre-Dame-des-Champs, 15, fondée en 1803, par madame de Carcado ;

élève gratuitement 100 jeunes filles orphelines et les garde jusqu'à 20 ans.

Madame la duchesse de Montmorency, présidente.

ENFANTS (Œuvre du patronage des), fondée par les conférences de la Société de Saint-Vincent-de-Paul.

ENFANTS MALADES (Hôpital des), dit de *l'Enfant-
Jésus*, rue de Sèvres, 149. — 500 lits. — Fondé par la reine Marie
Leckzinska et par Linguet, curé de Saint-Sulpice ; destiné aux
enfants des deux sexes, au-dessous de 15 ans, pour toute espèce
de maladie. — Desservi par les sœurs Saint-Thomas de Villeneuve.

**ENFANTS TROUVÉS, ABANDONNÉS ET ORPHE-
LINS** (Société d'adoption pour les). A pour but l'adoption des
enfants confiés aux hospices, et les place à ses frais dans les colonies agricoles placées sous son patronage.

Président, M. le comte Molé. — M. Hamelin, agent, rue Saint-
Anne, 18.

ENFANTS TROUVÉS ET ABANDONNÉS (Hospices
des). Voyez *Orphelins*.

ENFANT-JÉSUS. Voyez *Enfants malades* (hôpital des).

ENGHIEN (Hospice d'), rue Piepus, 8. Fondé en 1819, par
madame la duchesse de Bourbon. — Appartient aujourd'hui à
S. A. R. madame Adélaïde, sœur du roi. — 100 lits. Reçoit
de vieux serviteurs de la maison royale, ainsi que des convalescents sortant des hôpitaux. — Desservi par les sœurs de Saint-
Vincent-de-Paul.

ÉPARGNE (Caisse d'), rue Coq-Héron. Fondée en 1818,
par le duc de Larochefoucaud-Liancourt. Le dépôt peut être
de 1 à 300 fr. ; l'intérêt court du jour du dépôt et est de 3 3/4
p. 0/0. La quotité du dépôt ne peut dépasser 1500 et avec les
intérêts accumulés 2,000 fr. Il y a à Paris dix succursales où les
dépôts ont lieu, ainsi qu'à la caisse centrale, les dimanches et les
lundis.

FEMMES ENCEINTES (Association pour secourir les),
fondée en 1829. — Vient en aide aux femmes enceintes mariées,
habitant Paris et nourrissant leurs enfants.

Madame Giost, secrétaire, rue Bellefond-Poissonnière, 94.

FEMMES SANS PLACES OU DÉLAISSÉES (Société pour le renvoi en province des), fondée en 1844. — S'occupe de procurer des moyens de retour dans leurs familles aux personnes du sexe féminin recommandables par leur bonne conduite et menacées de tomber dans le désordre, faute de moyens de placement.

M. l'abbé Casiau, secrétaire-général, rue Saint-Lazare, 138.

FÉNELON (Asile-École), au village de Vaujour (Seine-et-Oise), à cinq lieues de Paris; fondé par M. l'abbé Dubeau, curé de cette commune, pour les jeunes garçons pauvres de Paris, âgés de 3 à 11 ans. Le prix de la pension est de 200 francs.— Est administré par une société que préside M. de la Palme, et confié aux soins des Sœurs de Saint-Joseph de Cluny.

FILATURE DES INDIGENTS, impasse des Hospitalières, place Royale. — Établissement fondé par l'Administration des hospices pour procurer du travail aux femmes indigentes, auxquelles on fournit, sur certificat ou caution, un rouet, un dévidoir et une certaine quantité de filasse. Le fil qu'elles rapportent est employé, dans l'établissement, à tisser de la toile pour les hôpitaux.

Directeur, M. Friou.

GÉRANDO (Asile-Ouvroir de), rue Cassini, fondé, en 1829, par M. de Gérando. — Reçoit, jusqu'à leur placement, des jeunes filles victimes d'une première faute, et que leur état d'abandon expose à tous les dangers de la corruption et de la misère, à la sortie de l'hôpital où elles ont été traitées.

Mademoiselle Morin, directrice.

HOTEL-DIEU, place du Parvis-Notre-Dame, 4. — Hôpital général, fondé en 650 par saint Landry. Ouvert aux deux sexes. — 800 lits. — Desservi par les Dames Augustines.

IMMACULÉE CONCEPTION (Œuvre de l'). A pour but d'ouvrir un asile et de procurer du travail aux jeunes filles après leur première communion et à l'époque où elles sortent des maisons de charité, dans lesquelles elles ont été élevées chrétiennement.

S'adresser à M. le curé de Saint-Séverin.

INCURABLES (Hospice des) pour les femmes, rue de Sèvres, 154. — 125 lits. — Destiné aux femmes âgées et aux filles

16.

infirmes. On ne peut être reçu que sur la présentation des fondateurs et de personnes qui ont droit à des nominations.— Desservi par les Sœurs de Saint-Vincent-de-Paul.

INCURABLES (Hospice des) pour les hommes, rue du Faub.-Saint-Martin, 150. — 484 lits. — Mêmes conditions d'admission que pour le précédent. — Est également desservi par les Sœurs de Saint-Vincent-de-Paul.

ISRAÉLITE (Comité consistorial). A pour but de venir au secours des pauvres et des infirmes appartenant à la religion juive ; place les enfants en apprentissage, etc.

Maison de secours, rue des Trois-Bornes, 26.

LAROCHEFOUCAUD (Hospice de), au Petit-Montrouge, 15. — Fondé en 1781 par les Frères de la Charité. — Admet des vieillards de 60 ans moyennant une petite pension. — Desservi par les Sœurs de Saint-Vincent-de-Paul.

LEPRINCE (Hospice), rue Saint-Dominique, 185. — Fondé en 1810 par les époux Leprince pour 20 pauvres âgés et infirmes, des deux sexes, du quartier des Invalides. — Desservi par les Sœurs de Saint-Vincent-de-Paul.

LIBÉRÉES (Société de patronage pour les jeunes), formée par une réunion de Dames.—Prend sous sa protection les jeunes femmes et les filles que les Dames qui visitent les prisons ont ramenées à une meilleure conduite, et les recueille dans une maison de Vaugirard, 65, sous la direction des Sœurs de Notre-Dame de la Charité. — Admet aussi des jeunes filles de 10 à 18 ans qui se trouvent dans un état d'abandon. — Mme de Lamartine, présidente.

Madame Lechevalier, secrétaire, rue de Verneuil, 46 *bis*.

LIBÉRÉS (Société de patronage pour les jeunes). A pour objet la surveillance et le placement et apprentissage des enfants sortant de la maison pénitentiaire des jeunes détenus de la Roquette et des Madelonettes. Elle désigne à chaque jeune libéré, qui accepte son patronage, un maître et un patron. Le pécule gagné par le détenu est remis alors à la Société, qui l'applique à ses besoins. Quelques-uns obtiennent, par leur bonne conduite, leur liberté avant l'expiration de la peine et passent alors de droit sous le patronage de la Société, qui reçoit dans ce cas, pour chacun, une allocation de 60 centimes par jour. La Société

a fondé, à son siége, un asile où elle place les patronés momen-
tanément sans place, et qu'elle était auparavant obligée de loger
dans des garnis où ils n'étaient pas surveillés.

M. Grellets-Wamy, agent, rue de Mézières, 9.

LISTE CIVILE (Secours de la), consistant en argent,
bons de pain, bois, viande, vêtements, trousseaux pour des enfants aveugles, sourds-muets, etc., etc. Secours pour mise en
apprentissage, etc.

Ces secours sont accordés sur une demande apostillée des
curés, des maires, des membres du bureau de bienfaisance, etc.

S'adresser aux secrétaires des commandements de Leurs
Majestés. Le bureau est situé aile neuve du Carrousel.

M. de Chevilly, chef.

LOGEMENT DES VIEILLARDS (Œuvre du), fondée
en 1844. — Choisit les vieillards les plus pauvres, les place dans
des chambres, et assigne à chacun un protecteur pour le visiter
et s'enquérir de ses besoins.

M. le comte de Castries, secrétaire, rue de Varenne, 24.

LOURCINE (hôpital de), rue de Lourcine, 95 bis.— 300 lits.
— Fondé en 1284. — Consacré aux femmes pour les maladies
syphilitiques.

Desservi par les Dames de la Compassion de la Sainte-Vierge.

LOYER (Caisse d'économies pour le loyer des familles ouvrières ou indigentes), fondée par la Société de Saint-Vincent-
de-Paul. — Accorde des primes proportionnelles aux versements pour le payement du terme.

M. le comte de Montault, trésorier de l'Œuvre, rue du Regard, 16.

LUTHÉRIENNES (Maison de jeunes), rue des Billettes,
18. Fondée en faveur d'orphelines appartenant à cette communion. Elles sont recueillies à l'âge de sept ans, et y restent
jusqu'à quatorze. Parvenues à cet âge, elles sont mises en apprentissage chez des maîtresses honorablement connues.

MADELEINE (Maison de la), rue des Postes. — Destinée à
de jeunes détenus qu'instruisent des Sœurs et que visitent des
Dames.

MALADES (Œuvre de la visite des femmes), fondée par des
Dames qui se chargent de porter aux femmes malades dans les

hôpitaux des secours spirituels et temporels, et assistent leurs familles pendant la maladie. L'OEuvre a créé, rue Notre-Dame-des-Champs, 21, en 1840, une maison où sont reçues les jeunes filles convalescentes, jusqu'à ce qu'elles aient une place. ·

Mademoiselle Picot, secrétaire, rue Notre-Dame-des-Champs, 4.

MALADES (OEuvre des pauvres), fondée en 1840, sous la direction du procureur général des Lazaristes. — Se compose de Dames qui visitent les indigents malades et leur apportent des secours.

Madame la vicomtesse Levavasseur, présidente, rue Saint-Dominique, 40.

MARMITE DES PAUVRES (OEuvre de la), fondée par une association sur la paroisse de Saint-Nicolas-des-Champs, sous la présidence du curé.

Distribue tous les jours des bouillons aux malades, et trois fois par semaine aux vieillards infirmes.

MATERNELLE (Société de charité), fondée en 1788, présidée par la Reine. — A pour but d'assister les pauvres femmes en couches, de les aider, de les encourager à nourrir leurs enfants. Un comité de 48 Dames, une par quartier, se réunit une fois par mois, et décide de l'admission et de la quotité des secours. La mère doit se présenter, dans le mois qui précède l'accouchement, à la Dame chargée du quartier qu'elle habite, avec son acte de mariage et un certificat de bonne conduite et d'indigence délivré par le bureau de bienfaisance. Des secours peuvent être donnés dans le mois qui suit l'accouchement : dans chaque arrondissement, des médecins, chirurgiens, pharmaciens et sages-femmes sont spécialement attachés au service de la Société.

Bureau de la Société, rue Coq-Héron, 5.

MATERNITÉ (La). Voyez *Accouchement*.

MÉNAGES (Hospice des), rue de la Chaise, 28. — 702 lits. — Fondé en 1557. — Consacré exclusivement, en 1801, aux époux en ménage et aux veufs et veuves. On y reçoit les époux dont l'un doit être âgé de 70 ans et l'autre de 60 ans, moyennant versement d'une somme ou sur présentation. — Desservi par les Sœurs de Saint-Vincent-de-Paul.

MÈRES DE FAMILLES (Association des), fondée en 1835, accorde des secours aux pauvres femmes en couches qui ne peuvent être assistées par la Société de Charité maternelle. Se compose de toute personne payant 3 francs par an, et s'administre par un conseil de 12 présidentes chargées chacune d'un arrondissement.

Pour obtenir des secours, les mères doivent présenter leurs demandes à la présidente de l'arrondissement qu'elles habitent, avec les actes de mariage et une attestation des Sœurs de leurs quartiers que leur situation réclame des secours.

Madame Frédéric Lauras, secrétaire, rue Meslay, 9.

METTRAY (Colonie agricole de), pour les jeunes détenus (département d'Indre-et-Loire). Fondée en 1837. — Exclusivement consacrée aux enfants qui, reconnus coupables d'un crime ou d'un délit, ont été acquittés pour avoir agi sans discernement, mais sont condamnés à rester entre les mains de la justice jusqu'à leur majorité. Contient 300 enfants sous le patronage d'une société de fondateurs et la direction d'un conseil d'administration siégeant à Paris.

M. Paul Verdier, agent, rue des Moulins, 10.

MIDI (Hôpital du), rue des Capucines, 39. — 300 lits. — Fondé en 1613 par Godefroi de Latour. — Consacré aux hommes pour les maladies syphilitiques.

MINISTÈRE DE L'INTÉRIEUR (Secours du). Consiste en sommes accordées à des personnes indigentes de toutes classes et pour des besoins spéciaux.

M. Boyer, chef.

MISÉRICORDE (Société de la), fondée en 1833. — A pour but de secourir les familles qui, d'une position élevée ou aisée, sont tombées dans l'indigence. Pour être secouru, il faut habiter Paris et n'être pas inscrit au bureau de bienfaisance. L'OEuvre distribue aux pauvres honteux des secours en argent, en vêtements, chauffage, etc., leur fait des avances en certains cas, cherche à leur procurer du travail, pourvoit à leurs réclamations et s'occupe de leurs affaires contentieuses. Elle est administrée par un comité dont chaque membre a un certain nombre de visiteurs chargés de recueillir les informations et de porter les secours.

M. le vicomte de Melun, secrétaire, rue de la Chaise, 22.

MONT-DE-PIÉTÉ, rue des Blancs-Manteaux. — A pour but de faciliter un emprunt immédiat sur nantissement, avec intérêt de 3/4 par mois ou de 9 0/0 par an. Bureaux auxiliaires et succursales. — 24 commissionnaires accrédités par l'administration reçoivent les objets, font les avances, etc.

MONTHYON (Fondation), Parvis Notre-Dame, 2. — Consacrée aux convalescents sortant des hôpitaux. Secours en argent et en nature.

MORALE CHRÉTIENNE (Société de la), fondée par le duc de Larochefoucaud-Liancourt. — Se divise en comités qui visitent les prisonniers, distribuent des secours, placent des orphelins, etc.

Secrétariat, rue Taranne, 6.

MUTUELLES (Écoles). Voyez *Primaires* (écoles).

NECKER (Hôpital), rue de Sèvres, 151, fondé en 1779, par madame Necker. — 329 lits. — Consacré à tous les genres de maladies. — Desservi par les Sœurs de Saint-Vincent-de-Paul.

NOTRE-DAME AUXILIATRICE (Asile de), rue du Faubourg-Saint-Jacques, 34. Ouvert aux femmes à gages arrivant de la province, ou aux domestiques sans place. Dirigé par une Sœur, sous la surveillance des curés de Saint-Étienne et de Saint-Médard.

NOYÉS ET ASPHYXIÉS (Secours pour les), consistant en boîtes fumigatoires et autres objets nécessaires pour secourir les personnes en danger, qui sont déposées sur les deux rives de la Seine, dans diverses stations.

ORPHELINS (Ancienne association de fabricants et artisans), fondée en 1829, pour le placement de jeunes orphelins des deux sexes.

Président, M. Juge. — Agence, rue Mandar, 3.

ORPHELINS (Association des fabricants et artisans pour l'adoption des), fondée en 1829. Adopte et prend sous sa protection, sans distinction de nation, ni de culte, les orphelins de l'un et de l'autre sexe, âgés de 10 ans.

Président, M. Michelot.

M. Clapier, agent, rue Neuve-Saint-Merry, 11.

ORPHELINS (Hospice des), rue d'Enfer, 74. — 600 lits. — Desservi par les sœurs de Saint-Vincent-de-Paul. — Reçoit les enfants trouvés abandonnés et les orphelins jusqu'à l'âge de 12 ans. — Les admissions n'ont lieu que sur l'ordre du préfet de police. Lorsqu'un enfant au-dessous de 2 ans est déposé, il est dressé un procès-verbal de toutes les circonstances qui peuvent plus tard le faire reconnaître. S'il n'y a sur lui aucune indication de nom, il lui en est donné un sous lequel il est inscrit sur le registre de l'hôpital tenu secret. Tous les jours les médecins visitent les enfants déposés; ceux qui sont bien portants sont envoyés en nourrice à la campagne. Les parents ne peuvent avoir des nouvelles de leurs enfants qu'en consignant une somme de 5 fr.; ils en obtiennent la remise en remboursant à l'administration les frais que le dépôt a occasionnés. Lorsqu'une personne veut se charger d'un enfant, elle ne l'obtient qu'après avoir donné des renseignements satisfaisants sur sa moralité, sur le travail auquel elle destine l'orphelin, et les soins qu'elle peut prendre de sa santé et de son éducation; les enfants non réclamés restent jusqu'à leur majorité sous la tutelle de l'administration.

ORPHELINS (Société pour le placement en apprentissage de jeunes), fondée vers 1825. — Président, M. de Cambacérès, pair de France. Patronne, sans distinction de culte ni de nation, des enfants du sexe masculin, âgés de 11 ans révolus; elle pourvoit complétement à leur entretien et les fait visiter par un de ses membres.

M. Rousseau, agent, rue de Berry, 24.

OUVRIERS (Maison des), rue des Vieux-Augustins, 27. A pour but de placer gratuitement les ouvriers et ouvrières de toute profession.

Directeur, M. l'abbé Ledreuille.

OUVROIR DE VAUGIRARD, rue de Sèvres, 119, ouvert à celles des femmes de Saint-Lazare qui peuvent faire espérer une réformation morale; de jeunes filles en danger de succomber à la séduction et à la misère, y forment une classe dite de *préservation*. Elles sont placées plus tard chez des ouvrières ou en service.

OUVROIRS pour les jeunes filles, sont tenus dans chaque arrondissement par les Sœurs chargées des écoles, et qui les

forment au travail. Elles en sortent quand leur instruction est
achevée et lorsqu'elles peuvent avoir des moyens de travail assurés. Il existe également de ces ouvroirs dans presque tous les
grands couvents, — pensionnats.

PAROISSES (OEuvre des). Voyez *Catéchismes*.

PAUVRES HONTEUX. Voyez *Miséricorde* (OEuvre de la).

PETIT-BOURG (Colonie agricole et industrielle de). Reçoit gratuitement les enfants pauvres de 11 à 16 ans; on leur fait
apprendre un métier ou on les occupe aux travaux agricoles.

Président, M. le comte Portalis.

Administration, rue du F.-Poissonnière, 39 *ter*.

PHILANTHROPIQUE (Société), fondée en 1788, a pour
objet : 1º le traitement à domicile de malades pauvres, mais non
inscrits au bureau de bienfaisance ; 2º la distribution de soupes,
de riz ou de légumes, à 5 centimes la portion. — Elle ouvre chaque hiver, dans les divers quartiers, neuf fourneaux pour ces
distributions alimentaires. — La société a, pour le traitement
des malades, des dispensaires auxquels sont attachés des médecins, des chirurgiens, des pharmaciens. — La souscription, qui
est de 30 fr., donne droit à une carte de dispensaire, et à 100 bons
de soupe et légumes. Chaque fois que le traitement est terminé,
la carte est renvoyée au souscripteur qui peut la délivrer de nouveau dans l'année. La société est administrée par un comité de
50 membres nommés par les souscripteurs.

Bureau de la Société, rue du Grand-Chantier (Marais), 12.

PITIÉ (Hôpital de la), ancien refuge de mendiants, fondé
en 1612, par Marie de Médicis, rue Copeau-Saint-Victor. —
620 lits. — Consacré à tous les genres de maladie. — Desservi
par les Sœurs de Sainte-Marthe.

PRÉVENUS ACQUITTÉS (Société de patronage pour
les), fondée en 1836. Prend sous sa protection les prévenus reconnus innocents, pourvoit à leurs premiers besoins et les met
à même de reprendre leur état. A fondé, rue des Anglaises, 1,
une maison d'asile où ils sont provisoirement admis.

M. Gareau, secrétaire, rue du Faubourg-Poissonnière, 5.

PRIMAIRES (Écoles gratuites), existent en grand nombre
dans toutes les parties de la ville ; sont tenues pour les deux sexes,
soit par les Frères de la Doctrine chrétienne, et par les Sœurs de

Saint-Vincent-de-Paul et d'autres congrégations, soit par des instituteurs et des institutrices laïques. Sont placées sous l'autorité du comité central et l'inspection des comités locaux d'arrondissement. La méthode est simultanée ou mutuelle. Pour être admis aux écoles, il faut justifier qu'on a été vacciné et qu'on n'est atteint d'aucune maladie contagieuse. L'enseignement comprend la lecture, l'écriture, le calcul, l'histoire sainte et le catéchisme, quelques notions élémentaires d'histoire, de géographie et de dessin linéaire.

PRISONNIERS POUR DETTES (Œuvre des). Délivre les détenus pour dettes que leur malheur recommande à son intérêt, et dont le travail est nécessaire à leurs familles ; elle assiste ceux qu'elle a rendus à la liberté, en leur fournissant les moyens de reprendre leur état.

M. Hamelin, secrétaire, rue Gaillon, 14.

PRISONS (Œuvre de la visite des). Cette association, fondée par des dames, est une section distincte de l'Œuvre des jeunes libérées. Elle a créé, à Vaugirard, un ouvroir destiné à recevoir les femmes libérées sans ouvrage.

M. Armand Guillaume, secrétaire, rue Madame, 8.

PROVIDENCE (Association des dames de la), établie depuis 1822, sur la paroisse de Bonne-Nouvelle, pour secourir les pauvres et élever un certain nombre d'orphelins.

S'adresser à M. le curé de cette paroisse.

PROVIDENCE (Maison de la), rue Plumet, 3, fondée en 1820, par l'abbé Desgenettes, curé des missions, confiée aux Sœurs de Saint-Vincent-de-Paul. — Reçoit 200 jeunes filles pauvres, admises sur la présentation des personnes qui ont concouru à la fondation de la maison, ou sur la nomination faite par la Sœur supérieure de la maison de charité du quartier des Missions.

PROVIDENCE (Société de la), fondée en 1805. Distribue des secours à des vieillards et concourt à leur placement dans l'asile royal de la Providence.

M. Ad. Cramail, secrétaire, place St-Germain-l'Auxerrois, 24.

QUINZE-VINGTS (Hospice royal des), rue de Charenton, 38, fondé en 1260, par saint Louis. — Régi par un directeur, assisté d'une commission consultative, sous l'autorité du ministre de l'intérieur qui nomme aux places vacantes. — Ren-

17

ferme 300 aveugles qui peuvent être mariés. — Accorde des allocations mensuelles aux enfants des aveugles mariés, ainsi qu'aux veufs ou veuves d'aveugles. — Donne des pensions de 100, 150 et 200 fr. à des aveugles externes.

Directeur, M. Musnier de Lalisier.

RECONNAISSANCE (Hospice de la), à Garches (Seine-et-Oise), fondé en 1833, par M. Brezin.— 300 lits.— Consacré aux ouvriers sur métaux, pauvres et âgés d'au moins soixante ans.

RENSEIGNEMENTS (Bureau de) fondé pour fournir à toutes les personnes à qui sont demandés des secours, des renseignements sur les réclamants.

Au bureau des Annales de la Charité, rue de la Planche, 25.

ROQUETTE (Pénitentiaire de la), rue de la Roquette, reçoit les jeunes garçons au-dessous de 16 ans et détenus par correction paternelle, ainsi que les jeunes détenus au-dessus de cet âge. Le système cellulaire y est consacré. Les détenus reçoivent des leçons des Frères et sont instruits dans un état manuel.

SAINT-ANDRÉ (Maison des soeurs de), rue de Sèvres, 108. —Reçoit et élève des jeunes filles soit gratuitement, soit moyennant une pension de 240 à 300 fr. Cette maison et tous les autres instituts de cette congrégation sont soutenus par une œuvre.

Mme la marquise de Saluces, trésorière, rue de Varenne, 25.

SAINT-ANTOINE (Hôpital de), rue du Faubourg-Saint-Antoine, 206 *bis*. — 270 lits. — Consacré à tous les genres de maladie; fondé en 1198 par Foulques, curé de Neuilly; desservi par les Sœurs de Sainte-Marthe.

SAINT-CASIMIR (Œuvre de), fondée par la princesse Czartoryska en faveur des orphelines polonaises. — Leur a ouvert un asile, rue d'Ivry, 1. Quatre Sœurs de Saint-Vincent-de-Paul président à cet asile.

Présidente actuelle, Mme la comtesse de la Redorte.

SAINTE-ANNE (L'Association de) place en apprentissage les jeunes filles pauvres âgées d'au moins 11 ans, se compose de Dames, et est administrée par un bureau central et 12 bureaux particuliers, un dans chaque arrondissement.

Mme la comtesse de Rambuteau, présidente, à l'Hôtel-de-Ville.

SAINTE-ENFANCE (Œuvre de la). Voyez *Catéchismes*.

SAINTE-FAMILLE (Œuvre de la), fondée en 1844, dans

la paroisse Saint-Sulpice, pour la moralisation des ouvriers.

M. de Saint-Cheron, secrétaire, rue de Bagneux, 7.

SAINTE-MARIE-DE-LORÈTTE (MAISON DE), rue du Regard, 16, fondée en 1824 pour l'éducation des jeunes filles de 12 à 18 ans, dans le but spécial d'en faire d'honnêtes domestiques.

SAINT-FIRMIN (COLONIE AGRICOLE DE), à Marles (Oise), dirigée par M. l'abbé Caulle; reçoit les jeunes garçons orphelins ou abandonnés de la ville de Paris et des environs, notamment les enfants patronés par la Société d'adoption.

SAINT-FRANÇOIS-DE-SALLES (OEUVRE DE), pour les jeunes Savoyards et Auvergnats, fondée en 1731, rétablie en 1815 par M. l'abbé Legris-Duval. A pour objet l'instruction chrétienne des enfants et jeunes gens de l'Auvergne et de la Savoie qui exercent à Paris les professions de ramoneurs et de commissionnaires. Les enfants qui font leur première communion sont habillés par l'œuvre.

M. Le Bouetté, secrétaire, rue de Varenne, 29.

SAINT-FRANÇOIS-RÉGIS (SOCIÉTÉ CHARITABLE DE), fondée en 1826 par M. Gossin, pour faciliter le mariage civil et religieux des pauvres. Se charge de tous les frais et démarches. Elle s'occupe aussi de procurer aux indigents tous autres actes qui leur sont nécessaires pour obtenir leur admission dans divers établissements. Chaque dimanche, à 11 heures, il leur est fait, dans la chapelle des dames de Saint-Michel, rue Saint-Jacques, une conférence pour l'instruction des individus qui sollicitent le mariage ou viennent d'être mariés.

Agence, rue Garancière, 12.

SAINT-FRANÇOIS-XAVIER (OEUVRE DE) a pour but de procurer aux ouvriers l'instruction chrétienne ou des secours en cas de maladie. Les ouvriers forment eux-mêmes une association de secours mutuels; ils doivent, pour être admis, être âgés de 17 ans et être présentés par une personne recommandable. L'œuvre existe dans plusieurs paroisses.

S'adresser à MM. les curés.

SAINT-JEAN (OEUVRE DE), fondée en 1838, exclusivement consacrée aux enfants pauvres des deux paroisses de Sainte-Valère et de Saint-Pierre-du-Gros-Caillou; elle les place en apprentissage et les surveille chez les maîtres et dans leurs familles; elle les réunit le dimanche chez les Frères, les récompense de leur bonne conduite par une distribution de bons de pain, de vêtements, etc.; elle leur prête de bons livres.

M. le vicomte de Lambel, secrétaire, rue Saint-Dominique-Saint-Germain, 27.

SAINT-JEAN-DE-DIEU (Maison des frères de), rue Plumet, 19, a pour but de procurer aux indigents des consultations gratuites, des pansements et secours de petite chirurgie.— Renferme une maison de santé où l'on est admis moyennant une pension modique.

SAINT-LOUIS (Hôpital de), rue de l'Hôpital-Saint-Louis, 2, fondé en 1607 par Henri IV, consacré spécialement aux affections cutanées. L'admission est prononcée à l'hôpital même. Il est desservi par les Dames Augustines, et procure un traitement extérieur gratuit pour les mêmes maladies.

SAINT-LOUIS (Maison de), rue Saint-Lazare, 136, reçoit et élève gratuitement des jeunes filles pauvres de 9 à 20 ans; admet aussi, moyennant une modique pension, des enfants de femmes en service.

Madame Barthélemy, trésorière de l'OEuvre, rue Saint-Lazare, 75.

SAINT-LOUIS-D'ANTIN (Ouvroir de), rue de l'Arcade, 30, pour les femmes sans ouvrage; dirigé par un comité de huit Dames qui se chargent d'approvisionner l'atelier de travaux d'aiguille, de répartir le travail, etc. Ces ouvrages sont commandés par des maisons de commerce; le prix de façon est remis aux ouvrières, sauf une légère réduction pour rembourser une partie des frais.

SAINT-MERRY (Hôpital de), rue du Cloître-St-Merry, 10. — 12 lits, dont 6 hommes et 6 femmes.— Fondé par M. Viennet, curé de cette paroisse. — Réservé exclusivement aux malades du 7e arrondissement.

SAINT-MICHEL, Hospice, à Saint-Mandé, près Paris, fondé par A. Boulard, en 1825, en faveur de 12 anciens ouvriers tapissiers pauvres et âgés d'au moins 70 ans.

SAINT-MICHEL (Maison de), rue Saint-Jacques, 295, dirigée par les Dames de la Charité, reçoit des jeunes filles repenties; elles ont l'habit religieux de la maison et sont occupées de travaux d'aiguilles.

SAINT-NICOLAS (Établissement de), rue de Vaugirard, 98, succursale à Issy, grande rue, 36. — Fondé par M. l'abbé de Bervanger ; destiné aux enfants pauvres auxquels leurs parents veulent procurer une éducation chrétienne et l'instruction nécessaire aux classes ouvrières. La plupart des enfants sont aux frais de personnes et associations charitables qui payent 20 fr. par mois pour les orphelins de père et de mère et 25 fr. pour les autres; on paye en sus pour frais de trousseau 20 fr. le premier mois. Un grand nombre d'ateliers sont organisés, et les enfants admis y font leur apprentissage qui dure 4 ans. On reçoit les enfants depuis l'âge de 11 ans. On compte dans les deux maisons près de 700 enfants.

SAINT-PAUL (Œuvre de) fondée en 1846, par M. l'abbé Giraud, en faveur des ouvriers Typographes sans ouvrage. Il propose de leur créer du travail par l'impression des bons ouvrages.

Librairie de Loisel, rue Saint-Jacques, 152.

SAINT-VINCENT-DE-PAUL (Société de) a pour objet principal la visite des pauvres, malades ou en état de santé, à domicile ou dans les hôpitaux. Elle se compose de jeunes gens qui se distribuent les familles admises aux secours de l'Œuvre et se chargent de les leur porter eux-mêmes. L'association se divise en conférences au nombre de 35, qui se réunissent séparément chaque semaine. Les conférences sont unies entre elles par un conseil formé de tous les présidents. Un comité, composé de membres nommés par chaque conférence, forme une œuvre spéciale de patronage pour la surveillance dans les écoles et la mise en apprentissage des enfants des familles admises aux secours de la Société.

Secrétariat général, rue de Seine-Saint-Germain, 37.

SALPÉTRIÈRE (La). V. *Hospice de la vieillesse* (femmes).

SAVOISIENNE (Société philanthropique) fondée pour venir en aide aux individus pauvres de la Savoie, et leur procurer des moyens de placement.

S'adresser au siége de la Société, rue des Vieux-Augustins, 67.

SAVOYARDS (Jeunes.) Voyez *Saint-François de Salles* (Œuvres de).

SECOURS MUTUELS (Sociétés de), au nombre de 252, formées entre ouvriers de divers états qui payent une cotisation mensuelle qui est le plus fréquemment de 2 fr. Des secours, dont la quotité et la forme varient, sont donnés aux associés malades. Quelques sociétés accordent des pensions aux infirmes ou après un certain laps de temps de cotisation.

Voir la liste indicative insérée dans le bulletin de la Société philanthropique.

SOUPES (Distribution de). Voyez *Philanthropique* (Société).

SOURDES-MUETTES INDIGENTES (Maison de refuge des), rue des Postes, 17, fondée en 1829. Assure un asile et de l'ouvrage aux jeunes sourdes-muettes, anciennes élèves de l'Institution Royale de Paris, que la misère de leurs parents laisserait sans appui à la sortie de cet établissement.

Madame Jules Pierrot, secrétaire, rue Saint-Jacques, 123.

SOURDS-MUETS (Institut royal des), rue Saint-Jacques, 256, régi par un directeur, assisté d'une commission consultative sous l'autorité du ministre de l'intérieur. — Reçoit 100 sourds-muets de l'un et de l'autre sexe de 10 à 15 ans, dont 80 gratuitement, 10 à demi, 10 à trois quarts de bourse. — Instruction intellectuelle et professionnelle. — L'établissement reçoit des pensionnaires. — Les places gratuites sont à la nomination du ministre de l'intérieur. La demande doit être accompagnée : 1º de l'acte de naissance de l'enfant ; 2º d'un certificat de surdo-mutisme et de vaccination ; 3º d'un certificat d'indigence.

Directeur : M. de Lanneau.

VERTU (Prix de), fondés par M. Monthyon et décernés annuellement par l'Académie française aux personnes pauvres signalées par de bonnes actions.

S'adresser, en faveur des personnes qu'on croit dignes de ces prix, au secrétariat de l'Institut.

VIEILLESSE (Hospice de la) pour les femmes, à la Salpétrière, boulevard de l'Hôpital. — 5,100 lits. — Fondé par Louis XIV. — Admet de droit les octogénaires, épileptiques, aliénés, aveugles, et, sur présentation, les vieillards de 70 ans et au-dessus.

VIEILLESSE (Hospice de la) pour les hommes, à Bicêtre, commune de Gentilly, route de Fontainebleau. — Fondée par Louis XIV. — 3,200 lits.

Mêmes conditions d'admission que pour le précédent établissement.

BIBLIOGRAPHIE

D'ÉCONOMIE CHARITABLE (1).

OUVRAGES GÉNÉRAUX.

Annales de la Charité, revue mensuelle destinée à la discussion des questions et à l'examen des institutions qui intéressent les classes pauvres. Paraît depuis janvier 1845. Bureau, rue de la Planche, 25.

De la bienfaisance publique, traité complet de l'indigence considérée dans ses rapports avec l'économie sociale, contenant l'histoire et la statistique des établissements d'humanité en France et dans l'étranger, par le baron DE GÉRANDO. 4 forts volumes in-8. Jules Renouard et comp., et Guillaumin et comp.

De la charité légale, de ses causes, de ses effets, et spécialement des maisons de travail et de la proscription de la mendicité par M. NAVILLE. Paris, 1836, 2 vol. in-8.

De l'amélioration du sort de la classe pauvre, ou De la charité considérée dans son principe, son application, son influence, etc., par M. DESVAUX. Paris, 1839, 1 vol. in-8.

Économie politique chrétienne, ou recherches sur la nature et les causes du paupérisme en France et en Europe, et sur les moyens de le prévenir et de le soulager, par le vicomte ALBAN DE VILLENEUVE-BARGEMONT, membre de l'Institut. Paris, 1834, 3 vol. in-8 (rare).

Entretiens de village, par TIMON (M. DE CORMENIN). Nouvelle édition, 1846. Pagnerre, 1 vol. in-18.

Essais politiques, économiques, par B. RUMFORD, traduit de l'anglais, par le marquis DE COURTIVRON. Genève, 1799-1806, 4 vol. in-8.

(1) Nous n'avons pas eu la prétention de présenter ici une bibliographie complète, œuvre d'autant plus difficile à accomplir, que presque tous les écrits des économistes traitent de la plupart des objets compris dans cette nomenclature; il s'agit donc simplement des ouvrages spéciaux que pourront le plus utilement consulter les personnes qui voudront faire une étude particulière de telle ou telle question. L'ordre adopté est celui d'après lequel se présentent les questions dans les *Lettres.*

Essai statistique sur les Établissements de bienfaisance, par M. le baron AD. DE WATTEVILLE, inspecteur général des établissements de bienfaisance de la ville de Paris. 2e édition, 1847, broch. grand in-8. Guillaumin et Cie, rue Richelieu.

Guide de la charité, ou moyens d'exercer avec fruit les œuvres de miséricorde, par l'abbé CHIRAT, curé de Neuville-l'Archevêque. 1 vol. in-12.

Il y a des pauvres à Paris... et ailleurs, par Mme la comtesse Agénor DE GASPARIN. 1 vol. in-18. A la librairie protestante de Delay.

Institutions de bienfaisance publique et d'instruction primaire à Rome, essai historique et statistique, par monseigneur MORICHINI, nonce apostolique en Bavière, traduit de l'italien et précédé d'une introduction par M. Edouard DE BAZELAIRE. 1 vol. in-8. Sagnier et Bray.

Le chrétien charitable, qui va visiter les pauvres, les prisonniers, les malades, etc., par le R. P. BONNEFONS. 1 vol. in-18. Poussielgue.

Le livre du pauvre, devoirs de celui qui donne et de celui qui reçoit; par ÉGRON. 1847, 1 vol. in-12. A la librairie des livres liturgiques illustrés, rue de Vaugirard, 36.

Manuel des Œuvres de charité de Paris, 1 vol. in-18, 2e édition, 1845. Au bureau des *Annales de la charité.*

Mémoire sur les établissements publics de bienfaisance, de travail et de correction, considérés sous les rapports politiques et commerciaux, par DILLON. An XI, in-12.

Œuvres de Chamousset, collection de travaux divers sur les questions de bienfaisance publique. Paris, 2 vol. petit in-4.

Recherches sur la population, les naissances, les décès, les prisons, les dépôts de mendicité, par M. QUÉTELET. Bruxelles, in-8, 1827.

Recueil de Mémoires sur les établissements d'humanité, traduits de l'anglais et de l'allemand par DUQUESNOY, et publié sous les auspices du ministre de l'intérieur François de Neufchâteau. Paris, 1799-1808, 15 vol. in-8.

ADMINISTRATION.

Code de l'administration charitable, ou Manuel des administrateurs, agents et employés des établissements de bienfaisance; par M. le baron DE WATTEVILLE. 1841, 1 vol. in-8. 2e édit., 1847.

Études sur la législation charitable. Vues de réformes financières et administratives dans le régime des établissements de bienfaisance; par M. L. DE LAMOTHE. Br. gr. in-8. Guillaumin; 1845.

Histoire de l'administration des secours publics, etc., par le baron DUPIN, ancien préfet. Paris, 1821, in-8.

Législation charitable, ou Recueil des lois, arrêtés, décrets, ordonnances royales qui régissent les établissements de bienfaisance; mise en ordre et annotée, avec une préface; par A. DE WATTEVILLE, inspecteur général de première classe des établissements de bienfaisance. 1 fort vol. gr. in-8 de 800 pages.

Répertoire de l'administration et de la comptabilité des établissements de bienfaisance, par E. DURIEU et G. ROCHE. 1842, 2 vol. in-8.

ENFANTS TROUVÉS.

Considérations sur les enfants trouvés, par ED. THAYER, membre du conseil général de la Seine. Paris, 18.., br. in-8.

Des hospices d'enfants trouvés en Europe, et principalement en France, depuis leur origine jusqu'à nos jours; couronné par l'Académie du Gard; par B. B. REMACLE. 1838, 1 vol. in-8. Treuttel et Würtz.

Discours sur cette question : Quelles sont les institutions de bienfaisance les plus favorables pour recueillir et élever les enfants trouvés? par L. A. LABOURT. In-8; Paris, 1840. Dumoulin.

Du sort des enfants trouvés et de la colonie agricole du Mesnil-Saint-Firmin, avec un Appendice contenant des documents sur les institutions étrangères, et des Notes statistiques; par M. le baron DE WATTEVILLE, inspecteur général des établissements de bienfaisance. 1846, in-8.

Essai sur l'histoire des enfants trouvés depuis les temps les plus anciens jusqu'à nos jours, par M. DE GOUROFF. Paris, 1829, in-8.

La suite de ce travail a paru en 1839, 1 vol. in-8.

Histoire statistique et morale des enfants trouvés, par MM. TERME et MONFALCON, couronnée par l'Académie française. Paris, 1840, 1 vol. in-8.

Mémoire sur les enfants trouvés, par le vicomte DE BONDY, pair de France. Imprimerie royale, in-8.

Études sur les enfants trouvés, au point de vue de la législation, de la morale et de l'économie politique; par Emm. DE CURZON, membre du conseil général de la Vienne. Poitiers, Oudin, éditeur; Paris, Guillaumin, 1847. 1 vol. in-8.

Rapport à M. le ministre de l'intérieur, concernant les infanti-

17.

cides et les morts-nés dans leurs relations avec la question des enfants trouvés ; par M. REMACLE. Imprimerie royale. In-4, 1845.

CRÈCHES.

Bulletin des crèches, destiné spécialement à prouver leur utilité. Paraît par cahiers mensuels, depuis le 1er janvier 1846. Bureau central, rue Caumartin, 26.

Des crèches, par J. B. F. MARBEAU, adjoint au maire du 1er arrondissement de Paris. Paris, 1845, 1 vol. in-18. Prix, 50 cent. Comptoir des Imprimeurs-Unis, quai Malaquais, 15.

ASILES ET ÉCOLES.

Bulletin de la Société pour l'enseignement élémentaire depuis sa fondation. Paraît par cahiers mensuels. Au bureau central, rue Taranne, 6.

Manuel des fondateurs et des directeurs des salles d'asile, par M. COCHIN. 1 vol. in-8, 1834. Hachette.

Plan d'éducation pour les enfants pauvres, par Alexandre de LABORDE, membre de l'Institut. 3e édition. Paris, 1817, in-8.

Rapport au roi sur l'état de l'instruction primaire en France, en 1843-1845. Paris, 1845, in-4. Imprimerie royale.
Voir également divers autres rapports semblables antérieurs.

Tableau de l'instruction primaire en France, d'après des documents authentiques ; par F. LORRAIN. In-8, 1837.

TRAVAIL DES ENFANTS DANS LES FABRIQUES.

Du travail des enfants qu'emploient les ateliers, les usines et les manufactures, considéré dans l'intérêt mutuel de la société, des familles et de l'industrie ; par le baron CH. DUPIN. 1840, 1 vol. in-8.

Lettre à M. le ministre de l'agriculture et du commerce sur la législation qui règle, dans quelques États de l'Allemagne, les conditions de travail des jeunes ouvriers ; par M. CARNOT, député de la Seine. In-4, 1840. Imprimerie royale.

Quelques réflexions sur l'emploi des enfants dans les fabriques, par M. GILLET, adjoint au maire du 11e arrondissement. Paris, 1837. In-8.

AVEUGLES ET SOURDS-MUETS.

Annales de l'éducation des sourds-muets et des aveugles, publiées par M. E. MOREL. Paraît par cahiers trimestriels, depuis 1844. Bureau, rue d'Enfer, 33.

Coup d'œil d'un aveugle sur les sourds-muets, par Alexandre RODENBACH. Bruxelles, 1829. In-8.

De l'éducation des sourds-muets de naissance, par le baron DE GÉRANDO. 1827, 2 vol. in-8.

Essai sur l'état physique, moral et intellectuel des aveugles-nés, avec un nouveau Plan pour l'amélioration de leur condition sociale; par M. P.-A. DUFAU, directeur de l'institution royale des aveugles de Paris. Couronné par la Société de la Morale chrétienne et par l'Académie française. 1837, 1 vol. in-8.

Essai sur l'instruction des aveugles, ou Exposé analytique des procédés employés pour les instruire; par le docteur GUILLIÉ. Paris, 1817, in-8.

Manière d'instruire les sourds-muets par la voie des signes méthodiques, par l'abbé DE L'ÉPÉE. Paris, 1784, in-12.

Mémoire sur l'art d'instruire les sourds-muets de naissance, par l'abbé SICARD. 1789, in-8.

Précis historique de l'institution des enfants aveugles, par Valentin HAÜY. 1786, in-4.

HÔPITAUX ET HOSPICES.

Abrégé historique des hôpitaux, par l'abbé RÉCALDE. Paris, 1784, 1 vol. in-12.

Compte rendu au conseil général des hospices de Paris sur le service des aliénés dans les hospices de la vieillesse (Bicêtre et la Salpétrière), pendant les années 1825 à 1833. Paris, 1834, 1 vol. in-4.

Essai sur les secours publics, recueil de Mémoires sur les hôpitaux de Paris; par CABANIS. In-8, 1793.

Essai sur l'établissement des hôpitaux dans les grandes villes, par LOCQUÉAN. Paris, 1797, in-8.

La médecine, la chirurgie, la pharmacie des pauvres, par P. HECQUET. 1743, 2 vol. in-12.

Mémoire sur les hôpitaux de Paris, par TENON. In-8, 1780.

Rapport au roi sur les hôpitaux, les hospices et services de bienfaisance. Paris, 1837, in-4. Imprimerie royale.

CONDITION DES CLASSES OUVRIÈRES.

De la misère des classes laborieuses en France et en Angleterre, par Eugène BURET. Paris, 1841, 2 vol. in-8.

Des classes dangereuses de la population, et des moyens de les rendre meilleures; couronné par l'Institut. Par M. FRÉGIER. Paris, 1839, 2 vol. in-8.

Des prolétaires et de l'amélioration de leur sort, par Isidore
DEBRIE. Mention honorable de l'Académie de Mâcon. In-8,
1845. Ledoyen, quai des Augustins, 7.

Des prolétaires, nécessité et moyens d'améliorer leur sort; par
M. GOUGENOT DES MOUSSEAUX. 1 vol. in-8, 1846. Paris, Mellier
frères, place Saint-André-des-Arcs, 11.

*Du progrès social au profit des classes populaires non indigen-
tes*, ou Études philosophiques et économiques sur l'amélioration matérielle et morale du plus grand nombre, par M. DE LA
FARELLE. Paris, 1839, 2 vol. in-8.— 2e édit., suivie du *Plan de
réorganisation disciplinaire des classes industrielles en France*.
Paris, 1847, Guillaumin et comp. 1 vol. in-8.

Du sort des ouvriers dans les manufactures, par M. DE SISMONDI.
Br. in-8. 1834.

Le livre de l'ouvrier, par M. ÉGRON. Couronné par l'Académie
française. Paris, 1845, 1 vol. in-12.

Les classes ouvrières. Moyens d'améliorer leur sort sous le rapport du bien-être matériel et du perfectionnement moral, par
Émile BÈRES. Paris, 1836, in-8.

Les droits du travailleur. Essai sur les devoirs des maîtres envers leurs ouvriers, suivi d'un essai sur les moyens d'améliorer la santé et d'accroître le bien-être des classes laborieuses.
Traduit de l'anglais sur la deuxième édition , par mademoiselle L. BOYELDIEU D'AUVIGNY. Paris, Guillaumin, 1846. 1 vol.
in-18, format anglais.

Observations sur l'état des classes ouvrières , par Théodore FIX.
1 vol. in-8. Paris, Guillaumin, 1846.

*Plan d'une réorganisation disciplinaire des classes industrielles
en France*, précédé et suivi d'études historiques sur les formes
du travail humain, par M. DE LAFARELLE. 1842, 1 vol. in-12.

*Quelle influence ont les diverses espèces d'impôts sur la moralité,
l'activité et l'industrie des peuples ;* par le baron DE MONTYON.
Paris, 1808. In-8.

*Tableau de l'état physique et moral des ouvriers employés dans
les manufactures de coton, de laine et de soie,* par M. VILLERMÉ,
membre de l'Institut. Paris, 1840, 2 vol. in-8:

RÉFORME DES DÉTENUS.

Considérations sur la réclusion individuelle des détenus , par
M. W. SURINGAR. Traduit du hollandais par M. MOREAU-
CHRISTOPHE. In-8, 1843, Bouchard-Huzard.

De la réforme des prisons en France , basée sur la doctrine du
système pénal et le principe de l'isolement individuel; par

M. Moreau-Christophe, inspecteur général des prisons. Paris, 1837, 1 vol. in-8.

De la réforme des prisons, ou De la théorie de l'emprisonnement, de ses moyens et de ses conditions pratiques; par M. Ch. Lucas, membre de l'Institut, inspecteur général des prisons. 1836, 2 vol. in-8.

Des condamnés libérés, par M. Cerfberr. 1 beau vol. grand in-18, format anglais. Paris, Royer, 1844.

Des moyens propres à généraliser en France le système pénitentiaire, par M. Bérenger, pair de France. In-4, 1836.

Des peines et des prisons, par le prince Oscar, de Suède, traduit de l'allemand par M. Picot. 1845, 1 vol. in-8; Guillaumin.

Documents relatifs au système pénitentiaire, publiés par le marquis G. de Larochefoucaud-Liancourt. In-8, 1844.

Études sur le système pénitentiaire, par M. R. Allier. 1840, 1 vol. in-8.

Les condamnés et les prisons, ou Réforme morale, criminelle et pénitentiaire, par le vicomte Brétignères de Courcelles. Paris, 1838, in-8. Just Tessier.

Manuel des prisons, ou Exposé théorique et pratique du système pénitentiaire; par M. Grellet-Wammy. 1840, 2 vol. in-8.

Mémoire sur les moyens de corriger les malfaiteurs et fainéants et de les rendre utiles à l'Etat, par le vicomte Villain XIV. Gand, 1775, in-4.

Rapports au ministre de l'intérieur sur les prisonniers des États-Unis, par MM. de Metz et Blouet. Paris, 1837, in-fol. Imprimerie royale.

Système pénitentiaire aux États-Unis, et de son application en France; par M. G. de Beaumont et de Tocqueville. Paris, 1836, 1 vol. in-8.

INSTITUTIONS DE PRÉVOYANCE.

Caisse générale de retraites et de pensions pour les travailleurs invalides, par P. Cazeaux, ingénieur civil. Paris, 1842, in-8. Bouchard-Huzard, rue de l'Éperon, 7.

Des institutions de prévoyance et de retraite pour les classes souffrantes, par M. Ortolan. Paris, 18.., br. in-8.

Des pensions viagères pour les vieillards des classes ouvrières et des diverses institutions de prévoyance qui existent déjà en France et en Angleterre, par le vicomte de Romanet, membre du conseil général de l'agriculture. 1 vol. in-12, chez Jules Renouard.

Des sociétés de bienfaisance mutuelle ou *Des moyens d'améliorer le sort des classes ouvrières*, par A. E. CERFBERR. Grenoble, 1836. In-8.

Des sociétés de prévoyance ou de secours mutuels. Recherches sur l'organisation de ces institutions, suivies d'un projet de règlement et de tables, par L. DEBOUTTEVILLE. Paris, Guillaumin, broch. in-8.

Manuel des caisses d'épargne et de prévoyance ou Traité de l'institution et de l'administration de ces établissements, par M. SENAC. In-8.

Mémoire adressé à M. le ministre de l'agriculture et du commerce par les délégués de la caisse de retraites pour les classes laborieuses des deux sexes. In-8, Paris, 1846.

Rapport au roi sur les caisses d'épargne. 1839. In-4. Imprimerie royale.

Rapport sur les institutions de prévoyance, présenté au conseil d'agriculture en 18.., par M. Ch. D'ASSAILLY, au nom d'une commission. In-4.

MONTS-DE-PIÉTÉ.

Des monts-de-piété, par M. A. BLAIZE. Paris, Pagnerre, 1845, 1 vol. in-8.

Le Mont-de-Piété de Paris, ou Des institutions de crédit à l'usage des pauvres; par Henri RICHELOT. 1840, 1 vol. in-8.

Situation administrative et financière des monts-de-piété en Belgique, par D. ARNOULD. 1 vol. in-8. Bruxelles, 1845.

Situation administrative et financière des monts-de-piété en France, par le baron A. DE WATTEVILLE, in-8. Paris, 1846, Guillaumin.

COLONIES AGRICOLES.

Colonisation des classes pauvres en Algérie, par l'abbé LANDMAN. Paris, 184.., br. in-8.

Des colonies agricoles, par M. HUERNE DE POMMEUSE. Paris, 1832. In-8.

Sur les colonies agricoles de la Belgique et de la Hollande, par le comte Jean ARRIVABÈNE. In-8. Bruxelles, 1830.

BUREAUX DE BIENFAISANCE.

Des secours à domicile à Paris, par D. J. J. DUFILHO, administrateur du bureau de bienfaisance du 10e arrondissement. In-8, 1845.

Du paupérisme dans la ville de Paris, par M. VÉE, maire du

5e arrondissement. In-8, 1846. (Extrait du *Journal des Économistes.*)

Notice sur les indigents de la ville de Paris, par le docteur LEURET.
1834, br. in-4:

*Recueil des règlements et instructions pour l'administration des
secours à domicile de Paris.* 1 vol. in-4. 1829.

PAUPÉRISME ET MENDICITÉ.

*De la condition des classes pauvres à la campagne, des moyens
les plus efficaces pour l'améliorer,* par M. DUTOUQUET, bro-
chure in-8.

De la misère, de ses causes, de ses effets, de ses remèdes, par
M. le comte D'ESTERNO. 1 vol. in-8.

Du paupérisme, ce qu'il était dans l'antiquité, ce qu'il est de nos
jours; des remèdes qui lui étaient opposés; de ceux qu'il con-
viendrait de lui appliquer aujourd'hui; suivi d'une analyse
de la législation ancienne et moderne sur ce sujet, par M. DE
CHAMBORANT. Paris, Guillaumin, 1842, 1 vol. in-8.

Du paupérisme en France, et des moyens de le détruire, par
S. A. S. le prince de MONACO, duc du Valentinois. Paris, 1843,
in-8.

*Du paupérisme et de la mendicité, et des moyens d'en prévenir
les funestes effets,* par M. le baron DE MOROGUE, membre de
l'Institut. 1 vol. in-8, 1834, Dondey-Dupré.

Du paupérisme, par le docteur MARCHAND (d'Alençon). Paris,
Guillaumin, 1845, 1 vol. in-8.

Esquisse d'un ouvrage en faveur des pauvres, par Jérémie
BENTHAM, traduit par DUQUESNOY. Paris, 1802, in-8.

*Essai historique et moral sur la pauvreté des nations, la popu-
lation, la mendicité, les hôpitaux, les enfants-trouvés,* par
FODÉRÉ. Paris, Mme Huzard, 1825, in-8.

Essai sur les moyens de détruire la mendicité, par J. BOSC.
Paris, 1800, in-8.

Essai sur l'extinction de la mendicité en France, par M. Hippolyte
MANSION. 1820, 1 vol. in-12.

État des pauvres ou Histoire des classes travaillantes de la
société en Angleterre depuis la conquête jusqu'à l'époque
actuelle. Extrait de l'ouvrage de sir MORTON-EDEN, par LA-
ROCHEFOUCAULD-LIANCOURT. Paris, an VIII, in-8.

Extinction du paupérisme, par Louis-Napoléon BONAPARTE. 1844,
br. in-8.

Histoire des pauvres, de leurs droits et de leurs devoirs, et des lois concernant la mendicité, traduit de l'anglais de Ruggles, par Duquesnoy. Paris, an X (1802), 2 vol in-8.

L'ami de ceux qui n'en ont point, par l'abbé Méry. Paris, 1767, 1 vol. in-12.

Les moyens de détruire la mendicité en France, en rendant les mendiants utiles à l'État sans les rendre malheureux, par Malvaux. Paris, 1780, in-8.

Le visiteur du pauvre, par le baron de Gerando, couronné par l'Académie de Lyon et par l'Académie française. In-8, 1826.

Magasin des pauvres, des artisans, des domestiques et des gens de la campagne, par madame Leprince (de Beaumont). Lyon, 1775, 2 vol. in-12.

Mémoire sur la mendicité, par Bonnefoy. Paris, 1791, in-4.

Mémoire sur les moyens de bannir la mendicité, par Brogiran, 1791, 1 vol. in-8.

Mémoires sur les moyens de détruire la mendicité en France, par Volland. 1790, in-4.

Mémoires sur les pauvres mendiants et sur les moyens de les faire subsister, par l'abbé de Saint-Pierre. 1724, in-8.

Pensées d'un bon citoyen sur les besoins, les droits et les devoirs du pauvre, par l'abbé Baudeau. Paris, 1765, in-12.

Recherches sur les causes de l'indigence, par A. Clément. 1846, 1 vol. in-8. Paris, Guillaumin, rue Richelieu, 14.

Rapports du comité de mendicité de l'Assemblée constituante, 1790 *et* 1791, par le duc de Larochefoucaud-Liancourt. In-4.

Recherches sur les vraies causes de la misère et de la félicité publiques, par Aubert de Vitry. 1 vol. in-8, 1815.

Réflexions sur la mendicité, ses causes et les moyens de la détruire en France, par Montaignac. 1790, in-12.

Suppression de la mendicité à Rouen; lettre de M. Louis Barbet maire de cette ville, pair de France. 1841, br. in-8.

Sur l'association, l'économie politique et la misère, ou Considérations sur les moyens d'élever les classes pauvres à une meilleure condition matérielle et morale, par M. Joseph Garnier. In-8, 1846, Guillaumin. Extrait du *Journal des Économistes.)*

Traité des moyens de soulager et de prévenir l'indigence, par M. Ducpetiaux. Bruxelles, 1832, in-8.

Traité sur l'indigence; moyen d'en arrêter les progrès, par Dor. Paris, 1805, in-8.

TABLE DES CHAPITRES.

FIN DE LA TABLE.

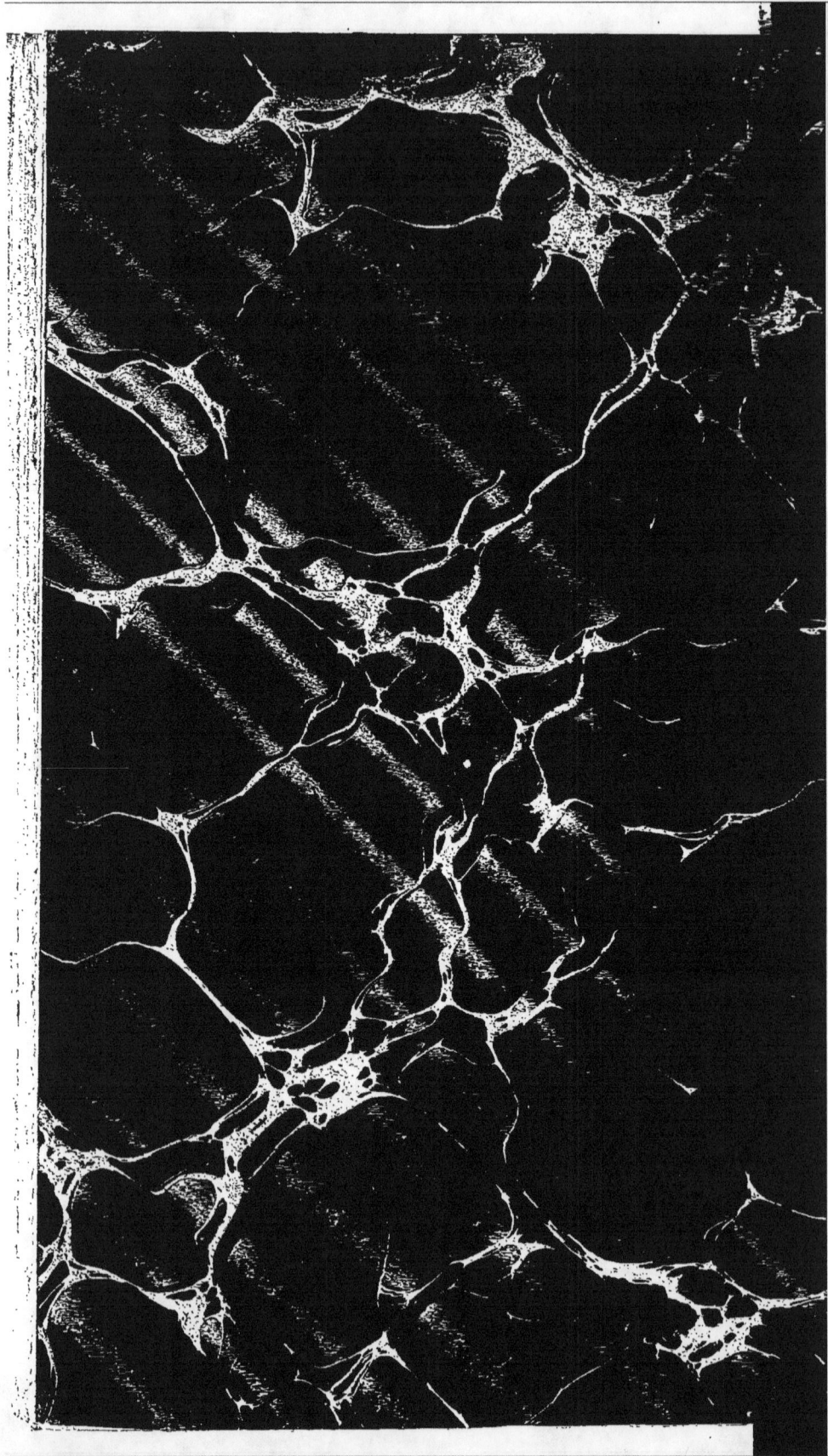

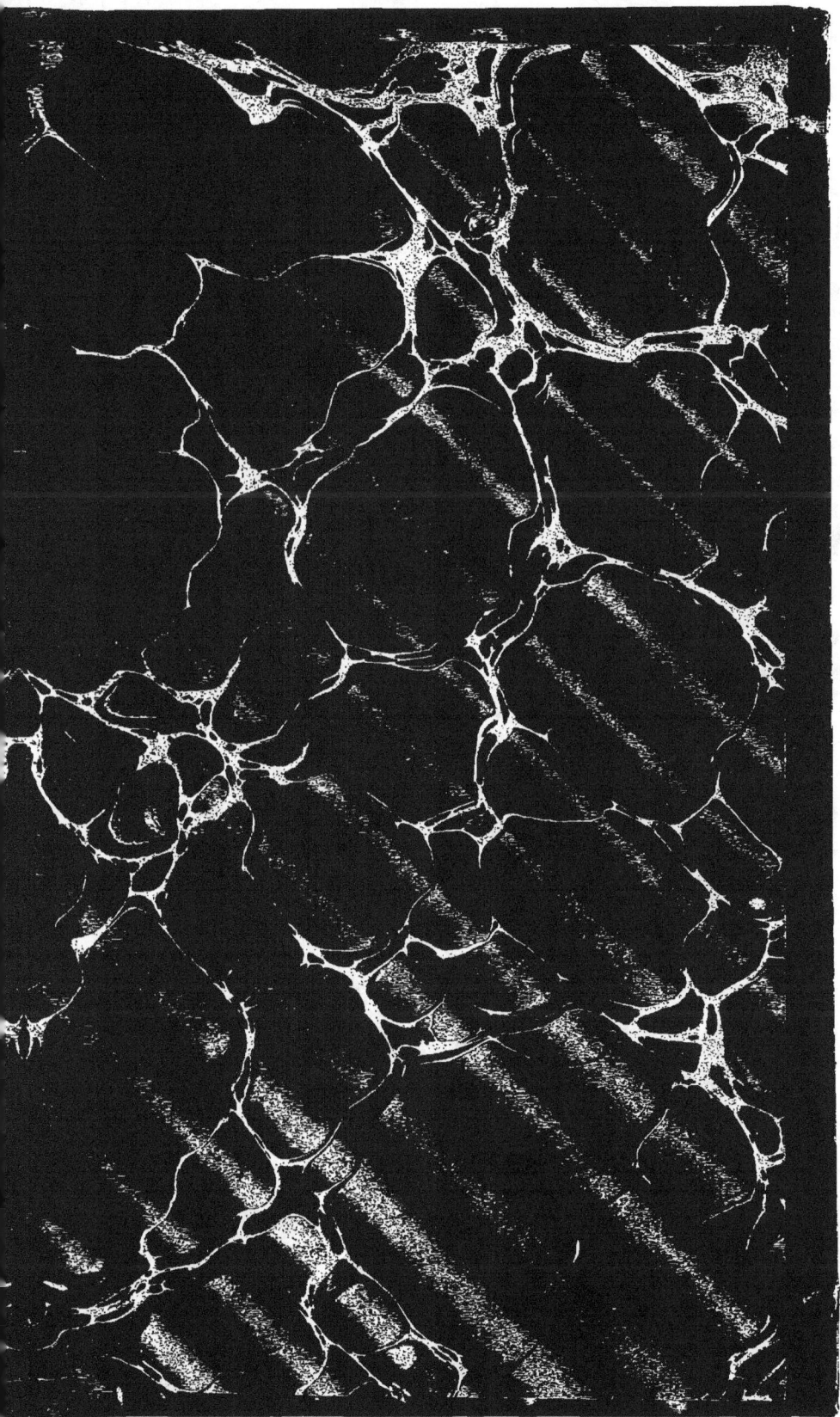

www.ingramcontent.com/pod-product-compliance
Lightning Source LLC
Chambersburg PA
CBHW050457270326
41927CB00009B/1789